ŒUVRES
DE FERMAT

PUBLIÉES PAR LES SOINS DE

MM. PAUL TANNERY ET CHARLES HENRY

SOUS LES AUSPICES

DU MINISTÈRE DE L'INSTRUCTION PUBLIQUE.

SUPPLÉMENT AUX TOMES I-IV.

DOCUMENTS INÉDITS PUBLIÉS AVEC NOTICES SUR LES NOUVEAUX MANUSCRITS

Par M. C. de WAARD.

PARIS,

GAUTHIER-VILLARS ET Cie, ÉDITEURS,

LIBRAIRES DU BUREAU DES LONGITUDES, DE L'ÉCOLE POLYTECHNIQUE,

Quai des Grands-Augustins, 55.

MCMXXII

ŒUVRES

DE FERMAT.

PARIS. — IMPRIMERIE GAUTHIER-VILLARS ET Cie,

62764 55, Quai des Grands-Augustins.

ŒUVRES
DE FERMAT

PUBLIÉES PAR LES SOINS DE

MM. PAUL TANNERY ET CHARLES HENRY

SOUS LES AUSPICES

DU MINISTÈRE DE L'INSTRUCTION PUBLIQUE.

SUPPLÉMENT AUX TOMES I-IV.

DOCUMENTS INÉDITS PUBLIÉS AVEC NOTICES SUR LES NOUVEAUX MANUSCRITS

Par M. C. de WAARD.

PARIS,

GAUTHIER-VILLARS ET Cie, EDITEURS,

LIBRAIRES DU BUREAU DES LONGITUDES, DE L'ÉCOLE POLYTECHNIQUE,

Quai des Grands-Augustins, 55.

MCMXXII

A LA MÉMOIRE

DE

PAUL TANNERY

TABLE DES MATIÈRES

DU SUPPLÉMENT AUX TOMES I A IV.

FIN DE LA TABLE DES MATIÈRES DU SUPPLÉMENT AUX TOMES I A IV.

AVANT-PROPOS.

La présente publication a été considérablement retardée par la guerre et par les crises.

M. de Waard découvrit, en 1914, à la Bibliothèque de Groningue, des inédits de Fermat dans un manuscrit que les Catalogues signalaient comme ne renfermant que des travaux arithmétiques des frères Schooten : ce sont les documents imprimés, dans le présent fascicule, sous les n^{os} V, VI, VII; il convient d'y joindre la réponse de Roberval à Fermat, imprimée sous le n° III. Il ne put publier quelques-unes de ses trouvailles qu'en 1917, dans les *Mémoires de l'Académie de Toulouse*. M. Ducrot, de la maison Gauthier-Villars, entra alors immédiatement en relations avec l'auteur et, peu après, l'administration accueillait favorablement le projet d'un supplément aux Tomes I-IV des *Œuvres de Fermat* publiées sous ses auspices.

Entre temps, M. de Waard faisait de nouvelles découvertes dans un manuscrit de la Bibliothèque de Florence, recueil de pièces mathématiques provenant de Viviani; en particulier, il retrouvait une pièce estimée perdue, le n^{o} X du présent fascicule, la plus importante de la série, car on y trouve un essai de démonstration de la méthode de maximis et minimis et la notion de dérivée seconde.

Le manuscrit de Florence reproduit à peu près le manuscrit de Groningue et ces deux recueils constituent les deux sources, les plus anciennes que l'on connaisse actuellement, pour l'établissement du texte de Fermat : d'où l'intérêt des variantes qu'ils apportent.

Sous les n^{os} I et II, l'auteur expose les raisons péremptoires d'attribuer à Fermat deux écrits anonymes : l'un, publié, sur la spirale de Galilée; l'autre, inédit, sur la chute des graves.

Il complète, sous les n°s IV, XI-XIII, les extraits, que j'ai donnés dans le Tome IV, de diverses correspondances contemporaines, renfermant des mentions de Fermat.

M. Gino Loria a bien voulu traduire pour ce supplément d'importantes remarques d'Angelo Genocchi sur la « Relation des découvertes en la science des nombres », inédit de Fermat, que j'ai publié en 1880 et qui demeure le document le plus précieux que l'on possède sur ses méthodes. On trouvera ce travail sous le n° XIV.

Les quelques inexpériences de langage, que le lecteur rencontrera dans le texte de M. de Waard, ne nuisent jamais à la clarté de l'argumentation : j'ai évité des remaniements, dont le labeur eût été injustifié pour une œuvre strictement scientifique.

CHARLES HENRY.

M. de Waard a trouvé tout récemment, trop tard pour les utiliser, une copie de *Ad locos planos et solidos Isagoge* et de *Ad methodum de maxima et minima Appendix*, dans le ms. Harleian 6083 du *British Museum*, que l'on suppose avoir été la propriété de Ch. Cavendish.

INTRODUCTION.

Quelques-uns des documents que nous publions ci-après sont l'œuvre de Fermat, les autres sont adressés à lui ou le concernent directement.

Nous avons indiqué, dans les notes qui précèdent chaque document, son lieu d'origine; pour ceux, dont les originaux se trouvent isolés, cette indication suffit; mais il est utile de dire ici quelques mots de ceux qui se trouvent réunis dans des recueils. Ces recueils sont au nombre de deux : l'un, d'origine flamande, se trouve à la bibliothèque de Groningue, l'autre à la bibliothèque nationale de Florence; tous deux renferment des copies d'écrits de Fermat et de Roberval, ainsi que des copies de lettres échangées entre eux et le Père Mersenne, datant de l'époque de la vie de Fermat, où celui-ci était dans la plénitude de son talent et de son activité.

Le manuscrit de la bibliothèque de Groningue, coté aujourd'hui 110, est constitué par un cahier de vingt-trois feuillets, petit in-folio, numérotés de 1 à 22, écrits au recto et au verso. Les écrits qu'il comprend datent de 1636 à 1642. Ce recueil nous paraît avoir été formé par le mathématicien François van Schooten, dont le nom revient plus d'une fois dans la présente édition (voir l'*Index* des noms à la fin du Tome IV). Né à Leyde, en 1616, il fut inscrit, comme étudiant, en 1631, à l'Université de cette ville. Entré en relation avec Descartes pendant le séjour du philosophe à Leyde, en 1635 et 1636, il reçut de lui, vers l'été de 1641, des lettres de recommandation pour un voyage en France. Durant son séjour à Paris, van Schooten put entrer en relation avec des mathématiciens de cette ville, eux-mêmes en correspondance avec Fermat. Aussi dut-il avoir eu des occasions de se procurer des écrits regardant le géomètre de Toulouse, peut-être par l'intermédiaire de Carcavi, mais plus probablement par celui de Mersenne (1). C'est ainsi qu'il put constituer à son usage personnel ce recueil (2). Après avoir visité aussi l'Irlande et l'Angleterre, van Schooten retourna en Hollande, probablement au printemps de 1643 : la conversation sur Fermat entre lui et Descartes, dont nous avons la relation (*Œuvres de Chr. Huygens*, t. II, 1889, p. 221-222 ou l'édition présente, t. IV, 1912, p. 122-123), eut lieu au cours d'une visite que le Flamand, retour de France, fit au philosophe à Endegeest, localité que celui-ci quitta à la fin d'avril 1643 (3). D'ailleurs on peut constater que van Schooten contribua réellement dans la suite à la divulgation des idées de Fermat : on a de lui un autre manuscrit qui contient quelques applications, écrites de sa main, de la méthode des *maxima* et *minima*, qui ont servi aux leçons qu'il donna en 1645 et 1646 au jeune Huygens (4), c'est-à-dire peu de temps avant sa nomination, en 1646, de professeur de mathématiques à l'Université de sa ville natale; et ce fut, en application du procédé du géomètre de Toulouse, qu'il donna la construction de la tangente à la conchoïde de Nicomède dans ses commentaires sur la *Géométrie* de Descartes, parus en 1659. Entre temps, van Schooten entretenait une correspondance assez nourrie avec les mathématiciens de France, comme il résulte de son commerce épistolaire avec Huygens; et c'est ce disciple, initié par lui aux méthodes de Fermat, qui lut en 1668, devant l'Académie des Sciences de Paris, sa propre démonstration de ces méthodes, onze ans avant que celles-ci

(1) *Voir* ce que dit van Schooten à propos de sa connaissance de Carcavi dans une lettre à Huygens, publiée dans les *Œuvres de Chr. Huygens*, t. I (La Haye, 1888), p. 410.

(2) On trouve quelques particularités sur le séjour de van Schooten à Paris dans divers écrits qu'il publia, dans les *Œuvres de Descartes*, éd. Adam et Tannery, t. III (Paris, 1899), p. 437, 450, 582, 631 et 642; t. IV, 1901, p. 232 et 395; t. XI *bis*, 1913, p. 20-22, et dans la *Briefwisseling van Constantyn Huygens, uitgegeven door Dr J. Worp*, t. IV (La Haye, 1915), p. 317.

(3) *Œuvres de Descartes*, éd. cit., t. XII, 1910, p. 126.

(4) *Œuvres de Chr. Huygens*, t. XI, 1908, p. 19.

fussent publiées (1679), la démonstration de Huygens n'étant imprimée à son tour qu'en 1693 (¹).

Après la mort de François van Schooten, survenue à Leyde le 29 mai 1660, ses manuscrits tombèrent sans doute entre les mains de son frère Pierre, qui lui succéda dans la chaire de mathématiques de l'Université de Leyde, et mourut en 1679. Il est en tout cas certain qu'une partie des manuscrits de François van Schooten, augmentée d'un certain nombre de ceux de son frère, entra en possession de Jacob Baart de la Faille, né à La Haye en 1757, professeur de mathématiques dans cette ville; puis, à partir de 1790, professeur à l'Université de Groningue, où il mourut en 1823. De son vivant, il donna la collection des manuscrits des deux van Schooten, au nombre de quinze, à la bibliothèque de l'Université; et ceux-ci figurent dans le catalogue des manuscrits de cette bibliothèque, imprimé en 1833 (t. I, p. 299).

Le manuscrit dont nous nous sommes servi, appartient à cette collection : il est écrit de la main de François van Schooten, ainsi qu'il résulte de la comparaison de l'écriture avec celle d'une lettre de lui à Huygens, qui est reproduite en fac-similé à la fin du Tome III des *Œuvres complètes de Chr. Huygens*. Quant aux titres des documents, le nom de Fermat est absent de ceux de ses écrits proprement dits, que le manuscrit contient dans les feuillets 1 à 11; dans les titres des lettres, l'auteur et le destinataire ne sont indiqués que par les initiales et rien d'autre n'indique qu'on est en présence de documents concernant Fermat. C'est ce qui a donné lieu à des indications trompeuses. A l'extérieur du cahier se trouve collé un placard en écriture du XVIIIe ou du XIXe siècle de l'ancien possesseur du manuscrit, avec le titre inexact de *Continentur hæc mss. a P. a Schooten et F. a Schooten fratribus* et une table des matières très abrégée; le catalogue des manus-

(¹) La « *Demonstratio regulæ de maximis et minimis a D. Huygens proposita et nova methodo explicata* » et la règle « *ad inveniendas tangentes linearum curvarum* » sont signalées avoir été lues en 1668, par DUHAMEL, *Regiæ scientiarum Academiæ, historia*, sec. éd. (Paris, 1701), p. 39. *Voir* aussi HUYGENS, *Œuvres*, t. IX (1901), p. 95, et la publication dans les *Divers Ouvrages de Mathématiques et de Physique par Messieurs de l'Académie royale des Sciences* (*Paris*, 1693).

crits de la bibliothèque de l'Université de Groningue, publié en 1898, donne (p. 42) une description du manuscrit qui laisse à désirer par son titre de *Petri et Francisci van Schooten fratrum Varia arithmetica*, rien dans ce titre ne permettant de soupçonner que le manuscrit contient des copies d'écrits de Fermat. C'est ce qui explique que l'attention n'ait pas été attirée jusqu'ici sur ces précieux documents.

Il en advint de même quant à notre second manuscrit, conservé à la Bibliothèque nationale de Florence, lequel comprend également un certain nombre de copies d'écrits du géomètre de Toulouse.

Dans les relations des géomètres de Paris avec les savants de l'Italie il avait été aussi bientôt question des travaux de Fermat (1). Nous y constatons que Cavalieri à Bologne avait reçu au commencement de l'année 1642 de Fermat lui-même, mais par l'intermédiaire de Mersenne, des renseignements sur les paraboles infinies (t. I, p. 195-198; t. IV, p. 71-81). Au cours de l'année 1643, Mersenne envoya même au Père Santini, à Gênes, tout un cahier, aujourd'hui perdu, contenant des écrits de Fermat (2). Enfin Torricelli étant entré en correspondance avec les géomètres de Paris dès l'été de 1643, Fermat lui proposa, par l'intermédiaire de Mersenne, en décembre 1643, un problème numérique; Torricelli eut depuis communication encore d'autres problèmes, qui avaient été envoyés par Fermat autrefois à Paris, quoique devant quelques-uns de ces problèmes, soit de caractère numérique, soit traitant de valeurs extrêmes, comme celui de trouver le point pour lequel la somme des distances à trois points donnés est *minima*, le géomètre de Florence ait échoué (3). Mais le commerce épistolaire ainsi

(1) *Cf.* aussi les prolégomènes aux documents I, II, IV et VIII publiés ci-après.

(2) Cet envoi comprit entre autres les traités *de Locis planis* et *de Locis ad superficiem*, comme il résulte d'une lettre de Mersenne à Torricelli, du 13 janvier 1644 (Boncompagni, *Intorno ad alcune lettere di Ev. Torricelli, del Padre Marino Mersenne e di Francesco du Verdus* dans le *Bullettino di bibliografia e di storia delle sc. mat. e fis.*, t. VIII, 1875, p. 412, ou *Œuvres de Fermat*, t. IV, p. 83). Le premier écrit (probablement le même que l'*Isagoge*) était copié par Mersenne avant l'hiver de 1640-1641 (t. II, p. 218-219, 221), le second était envoyé par Fermat à Carcavi le 6 janvier 1643 et remis par ce dernier à Mersenne (t. I, p. 111-117; t. II, p. 245).

(3) *Voir* Tome II, p. 263-264, et les Extraits du *Racconto* de Torricelli à la fin de ce Volume (Document XI, nos XXIII, XXIV et XXV).

commencé donna lieu encore à d'autres communications sur le travail de Fermat.

C'était vers la fin du mois d'octobre 1644 que Mersenne entreprit son voyage d'Italie, le seul qu'il ait fait en ce pays, quoiqu'on en ait dit. Après être allé voir Cavalieri à Bologne, il visita Torricelli à Florence vers le commencement du mois de décembre 1644 et lui montra la solution par Fermat d'un problème inséré dans un manuscrit, qui nous est décrit comme étant *de scrittura latina, ma di carattere franceze* et dans lequel nous reconnaissons l'écrit intitulé *ad Methodum de Maxima et Minima Appendix* (t. I, p. 153-158) (1). Puis, arrivé à Rome vers le Noël de la même année, le Minime y retrouva François du Verdus, l'ancien élève de Roberval, qui lui avait envoyé déjà de Rome à Paris la célèbre explication de l'expérience du vide, donnée par Torricelli dans des lettres de juin 1644 à son ami Michel-Angelo Ricci, et il y fit bientôt la connaissance personnelle de celui-ci, de Raffael Magiotti et d'Antonio Nardi.

Déjà, dans une lettre du 31 décembre 1644, Ricci pouvait faire part à Torricelli de sa joie que Mersenne lui avait promis la communication, non seulement de livres encore inconnus, mais aussi de manuscrits (2). En effet, parmi les savants de Rome ne circulait pas seulement alors l'écrit de Fermat, signalé plus haut, et dont Mersenne tâchait de faire parvenir à Torricelli, par l'intermédiaire de du Verdus, une copie complète (3), mais on y avait aussi sous les yeux un traité de Fermat qui est indiqué dans la correspondance comme celui de *Synereseos et Anastrophe* et qui s'identifie avec l'explication de la méthode des *Maxima* et *Minima*, imprimée au Tome I, p. 147-153. Une copie de ce dernier écrit fut annoncée par Mersenne à Torricelli dans une lettre du 10 janvier 1645, mais l'envoi différé à cause de la rareté des copies (4). Elle ne fut expédiée à Florence que le 4 février 1645, sans doute par

(1) *Voir* l'extrait du *Racconto* (Document XI) n° XXVI et la lettre de Torricelli à Ricci du 17 décembre 1644 (Extraits de la *Correspondance de Ricci et de Torricelli*, n° 1).

(2) Extraits de la *Correspondance de Ricci et de Torricelli* ci-après, n° 3.

(3) BONCOMPAGNI, *loc. cit.*, p. 416, 417, ou t. IV, p. 85.

(4) BONCOMPAGNI, *loc. cit.*, p. 388, 417, ou t. IV, p. 85, et 85-86.

l'intermédiaire de Ricci, qui devait encore entretenir Torricelli, à la prière de Mersenne, d'autres manuscrits de Fermat et de Roberval ([1]). En effet, dans sa lettre à Torricelli du 12 février, Ricci demande à son correspondant s'il lui plaît de voir encore d'autres écrits de Fermat, qui dépendent du traité sur la méthode des extrêmes déjà envoyé. Et tandis que Mersenne renouvelle ses offres à Torricelli dans le même mois de février ([2]), Ricci fait encore mention, dans une lettre à Torricelli du 26 février 1645, d'un Traité de Fermat sur le tracé des tangentes, lequel ne diffère sans doute pas de celui qui est imprimé au Tome I, p. 158-167 sous le titre de *Ad eamdem Methodum*, dont une copie fut envoyée par Ricci à Florence au courant de mars 1645 ([3]). Mersenne ayant quitté Rome à la fin de ce mois et visité à nouveau Cavalieri à Bologne ([4]), il est très probable que le Minime donna aussi au savant Gesuate communication des écrits de Fermat qu'il avait emportés en Italie. Mais de ceux-ci il nous est encore moins connu que des écrits remis à Santini et Torricelli.

Tandis qu'il ressort des lettres de Ricci une admiration pour le génie de Fermat, les documents, dont nous disposons, ne permettent pas de dire que Torricelli se montra très reconnaissant des envois de son ami. Dans ses réponses à Mersenne le géomètre de Florence n'y fit que deux fois une simple allusion ([5]), et il n'entre pas en plus de détails dans ses lettres à Ricci ([6]). On pourrait même conclure à une certaine négligence, aussi bien de la part de Torricelli que de celle de Cavalieri, en considérant les termes dans lesquels ils s'expriment au sujet du problème : trouver le point dont la somme des distances à trois points

([1]) *Voir* ci-après les Extraits de la *Correspondance de Ricci* sous le n° 6; puis Boncompagni, *loc. cit.*, p. 419, 421, ou t. IV, p. 86, 87.

([2]) Boncompagni, *loc. cit.*, p. 422, ou t. IV, p. 87.

([3]) Extraits de la *Correspondance de Ricci* ci-après.

([4]) *Opere di Evangelista Torricelli*, edite da Gino Loria e Giuseppe Vassura, vol. III (Faenza, 1919), p. 331; *cf.* aussi page 219, où il faut corriger la date du 12 août 1644 en celle de l'année 1645. *Voir* aussi les extraits de la *Correspondance de Ricci.*

([5]) Avertissement que l'envoi n'est pas encore reçu (Boncompagni, *loc. cit.*, p. 388, ou t. IV, p. 85-86); « *tractatum synereseos accepi sed nondum perlegi* » (*Ibid.*, p. 391, ou t. IV, p. 86).

([6]) Extraits de la *Correspondance de Ricci*, n^{os} **8** et **14**.

donnés est *minima* et dont Torricelli s'était occupé déjà autrefois. Ce problème était proposé précisément à la fin du traité *Synereseos* (t. I. p. 153), dont l'envoi à Florence nous est révélé expressément. Néanmoins Torricelli ayant trouvé enfin la solution du problème — qu'il identifie d'après ses lettres à Ricci, du 7 novembre 1646 (1), et à Vincenzio Renieri à Pise du 1er et du 8 décembre 1646 (2), à celui de trouver le point d'où les trois points sont vus sous des angles égaux, — le géomètre de Florence parle du problème dans une lettre à Mersenne du 1er février 1647 comme d'un quelconque « *propositum*, ut ego audivi, *a Clar. viro de Fermat* » (3). Et son ami Cavalieri, en publiant sa propre solution en 1647, dit également de ce problème : « *propositum*, prout mihi relatum est, *ab insigni Galliæ mathematico D. de Fermat* » (4). L'estime des deux grands géomètres italiens pour le travail de Fermat en général est manifeste. Elle ressort des impressions de Boulliaud, rapportées d'un voyage fait en Italie apparemment entre les années 1645 et 1647 (puisque Torricelli décéda le 24 octobre 1647, Cavalieri le 30 novembre 1647). Mais les écrits de Fermat, « *quorum copia ipsis facta erat* », comme l'écrivit Boulliaud dix ans plus tard à Fermat (t. II, p. 337), et auxquels cette appréciation de Cavalieri et Torricelli se rapporte, étaient sans doute différents de ceux qui avaient été remis ou envoyés par Mersenne et Ricci.

Après la mort de Torricelli, ses papiers tombèrent dans les mains de son ami Viviani. En effet, un aperçu du contenu des nombreux volumes manuscrits, laissés par Viviani et conservés à la Bibliothèque nationale de Florence, qui fut publié par M. Favaro à la fin d'une étude sur le dernier disciple de Galilée, et plus spécialement la description du volume 45 des manuscrits de Viviani (vol. CIII des *Discepoli*) (5), nous firent espérer d'y rencontrer des documents de Fermat. A notre

(1) *Ibid.*, n° 19; *cf.* aussi la lettre à Carcavi, t. IV, p. 89.

(2) Florence, Biblioteca naz., Mss. Galileiani, *Discepoli*, t. XL, f°s 7-9 et 9-10; *cf.* aussi la Note relative à l'extrait cité dans la Note 3.

(3) Extraits de la *Correspondance de Roberval, Mersenne et Torricelli*, n° 3.

(4) *Exercitationes geometricæ* (Bononiæ, 1647), p. 504-510.

(5) *Amici e correspondenti di Galileo Galilei XXIX Vincenzio Viviani* (*Atti del Reale istituto Veneto di sc., lett. ed arti*, t. LXXII, parte sec. 1912, p. 135).

prière, le très-révérend Père Giovannozzi, alors directeur des Écoles Pies, à Florence, voulut bien soumettre le volume cité à un examen préliminaire; nous sommes heureux d'offrir ici à notre savant correspondant nos plus vifs remerciments [1].

Dans le volume indiqué, qui porte le titre de *Scritti di diversi autori sopra varj soggetti matematici* et qui fut constitué, tel qu'il existe aujourd'hui, au milieu du XIXe siècle, la plupart des écrits, qui nous intéressent, se trouvent copiés par une main non italienne, des feuillets 75 verso à 117 verso. C'est seulement le titre inexact, et ne concernant que le premier écrit seul, de *Robervalli ad Locos planos et solidos Isagoge*, qui rappelle l'origine de la copie de cet écrit bien connu, qui est réellement dû au géomètre de Toulouse. Une seconde copie d'un écrit de Fermat, qui se trouve au lieu indiqué, se retrouve encore du folio 7 verso à 15 recto.

Or, voici la liste complète des écrits regardant Fermat dans le manuscrit de Florence, à laquelle nous ajoutons celle des écrits du recueil de Groningue qui le concernent. On y trouve les renvois à la présente édition. Nous désignons, comme dans tout le cours de ce travail, le manuscrit de Florence par F et celui de Groningue par G.

ÉCRITS PROPREMENT DITS.

	Dates approximatives.	Feuillets de G.	Feuillets de F.	Pages de l'édition de 1679.	Pages du Tome I de la présente édition.
1.	1635	19 r°–19 v°	110 v°–112 r°	144–145	84–87*
2.	1635	20 recto	112 r°–113 r°	—	87–89
3.	Avant la fin de 1637	1 r°–4 v°	75 r°–80 r°	1–9	91–103
4.	»	5 r°–6 r°	80 v°–82 v°	9–11	103–110
5.	Fin 1637	6 verso	83 recto	63–64	133–134
		7 recto	83–84	64–65	134–136
6.	Février 1638	7 r°–7 v°	84–85	65–66	136–139
7.	Avril 1638 (?)	7 v°–9 v°	85 v°–88 v°	[66–69]	[140–147]*
8.	1643 ou 1644 (?)	—	93 v°–96 r°	—	147–153
9.	21 avril 1644 (?)	—	115 v°–117 r°	—	153–158
10.	1640	10 r°–11 v°	89 r°–92 r°	69–75	158–167
			7 v°–15 r°		
11.	1642	20 v°–21 r°	—	—	167–169
12.	1642	21 v°–22 r°	—	—	—

(1) Depuis, le même savant a rendu compte lui-même de ses recherches, dans une Notice intitulée : *Scritti inediti di Pietro Fermat nella Biblioteca nazionale di Firenze.* (Estratto dagli *Atti della Pontificia Accademia Romana dei Nuovi Lincei*, Sessione IIa del 20 Gennaio 1918.)

Titres et remarques. — 1. *Propositio : per 4 puncta parabolem describere* (imprimé sous le titre de *Propositio D. de Fermat circa parabolen*). — 2. *Altera propositio ad D. B.* (imprimé sous le titre de *Loci ad tres lineas Demonstratio*). — 3. *Ad locos planos et solidos Isagoge.* — 4. *Appendix ad Isagogem topicam.* — 5. *Methodus ad disquirendum max. et min. et de Tangentibus linearum curvarum.* — 6. *Centrum gravitatis parabolici conoidis* (imprimé sous le titre de *Centrum gravitatis parabolici conoidis ex eadem methodo*). — 7. *Touchant la mesme méthode* (imprimé en traduction latine). — 8. *Analytica ejusdem methodi investigatio* (imprimé sous le titre de *Methodus de Maxima et Minima.* — 9. *Ad methodum de max. et min. Appendix.* — 10. *De Tangentibus linearum curvarum* (imprimé sous le titre de *Ad eandem Methodum*). — 11. *Problema missum* 10 *nov.* 1642. — 12. *Propriété d'une ellipse*

LETTRES.

	Dates.	Feuillets de G.	Feuillets de F.	Pages de l'édition de 1679.	Pages du Tome II de la présente édition.
1.	3 juin 1636...... .	—	113 r°–113 v°	121–122	12, l. 5–14, l. 2 *
2.	23 août 1636.......	12 verso	97 r°–97 v°	130–132	55, l. 16–56, l. 20 *
3.	22 septembre 1636..	12 v°–13 r°	97 v°–98 v°	136–137	71, l. 15 (§ 2)–74, l.18 *
4.	4 novembre 1636..	13 recto	98 v°–99 r°	146–147	85, l. 13–87, l. 9
5.	22 novembre 1636..	13 verso	99 r°–99 v°	—	—
9.	16 décembre 1636 ..	13 verso	99 verso	148–151	94, l. 23–95, l. 17 *
10.	15 juin 1638	12 recto	96 r°–97 r°	—	—
11.	Juillet 1638.........	16 r°–16 v°	103 v°–105 r°	—	—
12.	27 juillet 1638......	16 v°–17 r°	105 r°–106 r°	—	—
13.	5 août 1638.......	17 recto	106 v°–107 r°	—	—
14.	22 octobre 1638	17 v°–19 r°	107 r°–110 r°	—	169, l. 9 (§ 2)–175, l.21
15.	31 mars (?) 1643 ...	—	113 v°–115 v°	—	—

Remarques. — 2. Avec quelques omissions indiquées sous les *Variantes* à la fin de ce Volume. — 3. Passablement d'omissions; *voir* les *Variantes*, à la fin de ce Volume. — 4. Beaucoup d'omissions; *voir* les *Variantes*, à la fin de ce Volume. — 14. *Voir* aussi les *Variantes.*

Pour la restitution de l'histoire du manuscrit de Florence, nous faisons les remarques suivantes.

En tête de la pièce qui se trouve dans nos deux recueils, en français, mais qui a été publiée (édition de 1679, p. 66-69; Tome I, p. 140-147) en latin, il est écrit : *Hœc sequentia Latine vertenda sunt*, tandis qu'il est écrit vis-à-vis de la fin supprimée jusqu'ici dans les éditions : *quœ sequuntur usque ad finem paginœ delenda sunt*, et cette dernière apostille s'y trouve ajoutée deux fois, de deux mains différentes, non seulement par celle d'un reviseur, dont nous avons encore à parler, mais aussi de la main non italienne du copiste de tout le cahier. Un fait analogue se présente quand nous regardons les titres, qui sont, pour les écrits contenus dans nos deux recueils, souvent différents de ceux sous lesquels ils furent imprimés plus tard. Pour l'écrit *de Tangentibus linearum curvarum*, imprimé dans l'édition de Toulouse de 1679 (p. 69-73) et dans la présente édition (t. I, 1891 p. 158-167) avec le titre de *Ad eamdem Methodum*, nous savons que l'original (Paris, Bibl. nat., f.fr. nouv. acq. 3280, f°s 112-117) et une copie manuscrite (*Ibid.*, f. fr. nouv. acq. 6862, f°s 68-73) ne portent aucun titre. Celui donné dans nos deux recueils ressemble le plus à celui de *de Inventione tangentium in curvis*, employé par Fermat lui-même dans une lettre où il réclamait l'écrit original, qui avait été copié par Mersenne dans l'hiver de 1640-1641 (t. II, 1894, p. 219; *voir* aussi Tome II, p. 200, et les *Œuvres de Descartes*, éd. cit., t. III, 1899, p. 86). Toutefois celui sous lequel il est inséré dans l'édition de 1679 est reproduit dans le manuscrit florentin en marge par la main du copiste aussi. Ce fait semble prouver que les deux annotations dont nous parlons se trouvaient déjà sur l'original.

C'est peut-être de cet original, plus ancien que nos copies, que le reviseur ou aussi l'auteur des apostilles aura transcrit les autres annotations. En effet, une main, différente de celle qui écrivit le texte, y ajouta, comme annotation marginale à l'extrait de la lettre du 15 juin 1638 : *Delenda hæc epistola*, et en vue des extraits des lettres du 22 novembre 1636, juillet, 27 juillet et 5 août 1638 : *Deleatur*, tandis que ce dernier mot est répété dans la marge des copies des écrits qui sont édités pour la première fois dans la présente édition (t. I, 1891, p. 87-89, et t. II, 1894, p. 169-176). L'explication de ces additions est donnée par une apostille en tête du premier feuillet (75) du cahier et de la même main qui écrivit les annotations citées : *Ubi in margine adscriptum est* Deleatur *significat author scripta nolle ista*, ce qui prouve que ces apostilles datent du vivant de Fermat. Or l'écriture de ces apostilles, qui certainement n'est pas celle du géomètre de Toulouse, telle qu'elle se présente sur une photographie, qui nous fut envoyée de Florence, si on la compare avec celle de lettres de Carcavi, qui sont conservées à Leyde dans la collection Huygens, semble être très probablement celle du dépositaire des écrits de Fermat à Paris.

Sans doute Carcavi ne faisait ainsi que transmettre les vœux du géomètre lui-même pour une édition de ses œuvres. En effet, les instructions que l'original, aujourd'hui perdu, présentait et qui nous sont heureusement conservées dans les annotations marginales du manuscrit de Florence, sont suivies exactement dans l'édition des *Œuvres de Fermat*, publiées en 1679. Mais les éditeurs les ont dépassées aussi, puisqu'ils n'ont pas imprimé d'autres pièces comprises dans les recueils de Groningue et de Florence, qui n'ont pas d'apostilles.

La question s'impose de préciser la date de la composition du recueil autrefois en possession de Carcavi. On se demande d'ailleurs si nous sommes ici en présence d'un des recueils remis par Mersenne, au commencement de 1645, à Rome, à Ricci, ou, par l'intermédiaire de celui-ci, à Torricelli.

Il résulte de l'analyse du manuscrit de Groningue et de celui de Florence que les deux recueils se reproduisent en grande partie, aussi bien quant aux écrits proprement dits que quant aux lettres, dont ils présentent même les mêmes extraits. Ceci s'explique facilement par l'origine commune des deux manuscrits et l'hypothèse qu'ils sont presque contemporains. En effet, le fait que la composition du manuscrit de Florence est postérieure à celle de celui de Groningue, dressé dans l'hiver de 1642-1643, ne se manifeste que par peu de particularités. Le premier recueil présente la copie d'un écrit de Fermat adressé par celui-ci à Pierre Brûlart au printemps de 1643. En marge de l'endroit reproduit Tome I, p. 162, lin. 23 de la présente édition, s'y trouve ajouté le mot de *cycloïde*, nom qui ne fut mis à la connaissance des mathématiciens de Paris par Torricelli que dans l'été de 1643, à partir de quelle date la courbe donna lieu à de si tristes démêlés. Enfin on trouve dans le manuscrit de Carcavi la date du 21 *avril* 1644 en marge du titre *Ad Methodum de Maxima et Minima Appendix*, écrit qui fait suite immédiate à la lettre à Brûlart et qui termine le recueil. Rien ne s'oppose à supposer que cette dernière annotation indique la date, jusqu'ici inconnue, de l'envoi de l'écrit en question par Fermat à Carcavi, ce qui donnerait la raison aussi pour laquelle cet écrit, comme celui destiné à Brûlart, ne pouvait se trouver dans le recueil de Groningue. Et l'on peut fixer la date de la composition du recueil florentin dans l'été de 1644.

Cela posé, le recueil pourrait avoir été mis par Mersenne au commencement de 1645 à la disposition des savants d'Italie; en effet, le Père Giovannozzi, se fondant sur la correspondance seule de Mersenne et Torricelli, a cru que le cahier provenait des papiers laissés par Torricelli. A cette hypothèse si séduisante, nous objecterons cependant que d'après cette correspondance, à laquelle nous ajoutons celle de Ricci et Torricelli, celui-ci n'a eu communication que de trois de tous les écrits qui figurent dans le recueil en question : le traité *Synereseos et Anastrophe*, dont le vrai titre est celui de *Analytica eiusdem methodi investigatio*, l'*Ad Methodum de Maxima et Minima Appendix*, et probablement le traité *de Tangentibus linearum curvarum*, tandis que le recueil de Carcavi contient encore beaucoup d'autres écrits, même en langue française, que Torricelli avait avoué, précisément dans sa lettre de janvier 1645 (¹), n'entendre pas. On pouvait juger les titres de Ricci plus sérieux que ceux de Torricelli, à la propriété du cahier de Carcavi. En effet, au commencement de 1645, Ricci prit connaissance sans doute d'un plus grand nombre d'écrits de Fermat que Torricelli, et même, comme il résulte de sa lettre du 12 février 1645 (²), il avait sous les yeux un cahier que l'auteur, ou un autre, avait préparé pour l'impression, *come par che accenni di voler fare*, comme c'était le cas du recueil de Carcavi. Cependant la même lettre de Ricci fait voir que Mersenne lui avait remis aussi l'*Isagoge ad locos ad superficiem* (t. I, p. 111-117), dressé par Fermat au 6 janvier 1643, qui ne figure point dans le recueil florentin. La grave défectuosité, dont Ricci se plaignait au 4 février 1645, après avoir dressé sa propre copie de l'*Ad Methodum de Maxima et Minima Appendix*, ne s'applique sans doute pas à celui-ci.

(¹) Boncompagni, *loc. cit.*, p. 388, ou *Opere*, éd. cit., vol. III, 1919, p. 253.
(²) Extraits de la *Correspondance de Ricci* ci-après (Document XII, n° 9).

D'autre part, il est vrai que Carcavi, s'étant probablemeut engagé envers Mersenne de le tenir lui et ses amis d'Italie au courant des nouvelles scientifiques pendant l'absence du Minime, communiqua aux savants d'Italie d'autres problèmes de Fermat. C'était probablement par son intermédiaire et par celui de Mersenne ou de du Verdus que Ricci apprit la proposition d'autres problèmes sur des valeurs extrêmes ([1]), tandis que Torricelli eut connaissance, par l'intermédiaire de Carcavi, d'une lettre de Fermat sur les paraboles infinies, à laquelle le géomètre de Florence fait allusion dans sa réponse à Carcavi du mois de février 1645; de méme, il pouvait répondre à Ricci, le 25 février 1645, que la construction de la tangente à ces paraboles, retrouvée par celui-ci, parviendrait à Fermat ([2]). Il est connu aussi que Ricci entretenait depuis le départ de Mersenne une correspondance avec les géomètres de Paris. Mais tout ce que nous savons de cette correspondance aujourd'hui perdue, et ce qui résulte de la seconde lettre de Torricelli à Carcavi (t. IV, p. 88-89), formant avec celle de février 1645 tout ce qu'il nous reste de leur correspondance, selon toute apparence, peu fréquente, ne fait point supposer que cet échange de lettres fût accompagné de la part de Carcavi d'une remise de manucrits de Fermat, tels qu'ils sont contenus aujourd'hui dans le manuscrit florentin ([3]).

A l'hypothèse que le cahier de Carcavi, composé vers l'été de 1644, sortit de Paris avant la moitié du XVIIe siècle, s'oppose d'ailleurs encore un fait décisif. A la fin du traité mentionné qui porte la date du 21 avril 1644 et qui termine le recueil, se trouve écrit avec l'encre du texte et de la main du copiste (ainsi cette note doit s'être trouvée sur

([1]) *Voir* les extraits de la *Correspondance de Ricci et Torricelli* ci-après sous les nos 3 et 6 avec les notes y relatives.

([2]) *Ibid.*, n° 7, avec la note, et n° 11.

([3]) On ne sait que trop peu des relations entre Torricelli et Fermat lui-même qui s'établirent depuis l'été de 1646, lorsque Torricelli envoya à Paris quelques théorèmes sur les paraboles infinies (Paris, Bibl. nat., fonds latin 11196 fos 17 recto et suiv. et fonds latin, nouv. acq. 2338 fos 14 et suiv.) et à Carcavi d'autres sur les hyperboles infinies, spécialement destinés pour Fermat, qui lui envoyait après ses propres recherches sur ce sujet (t. II, p. 338 avec la note 1 et p. 377).

l'original) ce conseil de Fermat à Carcavi : « *Post hunc tractatum sequi debet tractatus quem ad te misi, cuius titulus :* Novus sitandarum (*sic*) et ulterioris ordinis radicum in analyticis usus. » C'est une allusion à l'écrit publié dans l'édition de 1679 (p. 58 et suiv.) et dans le Tome I (p. 181 et suiv.) de la présente. Pour des raisons apparemment suffisantes, on suppose cet écrit envoyé par Fermat à Carcavi le 20 avril 1650 (t. I, p. 428; t. II, p. 282-283 et 284-286; *Œuvres de Descartes*, éd. cit., t. V, 1903, p. 555). Il en résulte qu'à une certaine date postérieure à celle-ci le cahier se trouvait encore entre les mains de Carcavi.

D'ailleurs le fait d'une révision des écrits de Fermat, entreprise à nouveau entre les années 1650 et 1660, en vue d'une édition de ses œuvres, résulte de plus d'un document. Il apparaît d'une lettre de Fermat à Carcavi du 9 août 1654 (t. II, p. 299) que le premier désirait laisser à son ami tous les soins d'une telle édition, dont il était question encore en 1659, lorsque Carcavi écrivit le 14 août à Huygens : « *j'ay esté soigneux de ramasser avec soing tout ce que ce mien amy a envoyé ici, soit à moy, soit à d'autres particuliers. Je luy ay mesme fait voir ce ramas qu'il a corrigé de sa main, parce que je voulois le faire imprimer, mais j'en ay esté destourné par d'autres affaires. Je souheterois encore astheure faire la mesme chose, si messieurs les Elzevirs vouloyent gratifier l'autheur de quelques livres. Ils avoyent autrefois voulu donner un atlas de Blaeu. La chose n'est pas empirée depuis ce tems là...* » (Ch. Henry, *Pierre de Carcavy*, etc. dans le *Bull. di bibliogr. e di storia delle sc. mat. e fis.*, pubbl. da B. Boncompagni, t. XVII, 1884, p. 338, ou *Œuvres complètes de Chr. Huygens*, t. II, 1889, p. 457; *voir* la réponse de Huygens, *Ibid.*, p. 474). Et c'était à Léopold de Médicis, qui avait fondé en 1657 l'Académie del Cimento que Boulliaud écrivit le 19 décembre 1659 à propos de Carcavi : « *Mihi quoque dixit Dominum de Fermat tractatus geometricos, quos Celsitudini Tuæ Serenissimæ transmisi descriptos, recognoscere deque illis et aliis edendis cogitare* » ([1]).

C'est cette dernière relation qui nous apprend que d'autres recueils

([1]) *Lettere inedite di uomini illustri per servire d'Appendice all' opera intitolata :* « *Vitæ Italorum doctrina excellentium* » [da Angelo Fabroni], t. I (Firenze, 1775).

de manuscrits de Fermat parvinrent en Italie en dehors de ceux remis antérieurement à Santini, Ricci, Torricelli et Cavalieri. Toutefois les recherches dans la correspondance scientifique du cardinal Léopold, conservée aujourd'hui à la Bibliothèque nationale à Florence [Mss. Galileiani, Div. V, Accademia del Cimento (¹)], sur le sort de ces manuscrits envoyés par Boulliaud en Toscane, n'ont pas abouti. On n'a pas été plus heureux à l'égard d'un autre recueil d'écrits de Fermat, autrefois en possession de Lorenzo Magalotti, élève de Viviani de 1656 jusqu'à 1660 et plus tard secrétaire de l'Académie del Cimento. Ce manuscrit fut signalé en 1845 par Libri comme étant en possession de Mme la marquise Ginori (²). Le père Giovannozzi, qui a examiné à notre prière la collection de manuscrits laissés par Magalotti, conservée aujourd'hui à la bibliothèque Ginori-Venturi à Florence, en vue de rechercher les documents de Fermat, n'a pas pu retrouver (et M. Ch. Henry nous dit n'avoir pas été plus heureux en 1882) les pièces auxquelles le trop célèbre érudit a fait allusion (³). On ignore donc les relations qui peuvent exister entre les manuscrits envoyés par Boulliaud, le recueil de Magalotti et le cahier de Carcavi-Viviani, qui ne semble avoir pris place dans le Volume 45 des manuscrits de Viviani qu'à l'occasion de la mise en ordre des documents galiléens vers le milieu du XIXe siècle. Quelques indications amènent à supposer que ce ne fut pas par un envoi direct que les écrits de Fermat entrèrent en possession de Viviani. A notre vif regret, nous n'avons pas pu consulter le manuscrit de la bibliothèque Marciana de Venise, coté n° 7573 (⁴), qui contient, au feuillet numéroté 11, la description de la visite de Carcavi à Viviani à Florence le 10 février 1661, ce manuscrit

(¹) Cf. e. a. A. FAVARO, *Intorno ad alcuni documenti galileiani recentemente scoperti nella Biblioteca nazionale di Firenze* (*Bullettino di bibliografia e di storia delle sc. mat. e fis.* (t. XIX, 1886, p. 1-54).

(²) *Sur la vie et les manuscrits de Fermat* (troisième article) (*Journal des Savants*, novembre 1845, p. 694-695, la note 1).

(³) *Voir* aussi l'article cité ci-avant, p. XVI, la note.

(⁴) *Serie decimasettima di Scampoli galileiani raccolti da* ANTONIO FAVARO (Extrait des *Atti e Memorie della R. Accademia di sc., lettere ed arti in Padova*, nuova serie, vol. XXIII, p. 26-30.

ayant été éloigné de son dépôt à cause de la guerre. Un résultat négatif est présenté aussi par la consultation de la seule lettre de Carcavi à Viviani, datée de Paris le 27 février 1678, qui ne contient pas d'allusion à un envoi de manuscrits de Fermat ([1]), Mais pour la mise en doute d'un tel envoi direct, il suffit peut-être de remarquer que pour le possesseur d'alors du recueil de Carcavi, la paternité du travail de Fermat resta longtemps cachée. Ayant pris à son tour une copie du traité qui s'intitule dans nos manuscrits : *De Tangentibus linearum curvarum* (t. I, p. 158-167), Viviani attribuait cette copie (écrite de sa propre main et insérée aujourd'hui, comme on l'a vu, aux f°s 7 verso-15 recto du même Volume CIII des *Discepoli*, qui contient le cahier de Carcavi), à Ricci lui-même. En effet il ajouta en tête de sa copie : « *Si crede del Sr Michelangelo Ricci Romano* » et ce n'était que plus tard, après l'année 1679, qu'il pouvait ajouter : « *Anzi è di Monsù Fermat, stampata nelle sue opere* ».

Même pour les travaux de Fermat, déjà connus d'ailleurs, les deux recueils nouvellement retrouvés, ont une valeur effective : pour quelques-uns, désignés dans notre liste (p. XVI-XVII ci-avant) par un astérisque, l'édition de 1679 a été la seule source; pour beaucoup d'autres, il n'existait jusqu'ici qu'une seule source manuscrite, souvent postérieure. Ainsi le manuscrit Arbogast-Boncompagni (aujourd'hui à la Bibliothèque nationale à Paris, f. fr. nouv. acq. 6862) et le manuscrit Vicq-d'Azyr-Boncompagni, dont on trouve une description détaillée (t. I, p. XXII-XXX), ont été pour les éditeurs de la présente édition, comme ils l'écrivent (t. I, p. XXI), une des bases essentielles de leur travail. Il ressort de notre liste que nos deux recueils, celui de Groningue et celui de Florence, sont à présent, du moins pour les écrits proprement dits, les sources les plus riches : tandis que le manuscrit Arbogast-Boncompagni comprend six de ces écrits et que le manuscrit Vicq-d'Azyr-Boncompagni n'en comprend qu'un seul, les deux recueils nouvellement découverts donnent respectivement la

([1]) Florence, Biblioteca nazionale, Mss. Galileiani, *Discepoli*, t. CXLVI, f° 181.

copie de neuf et de dix écrits proprement dits de Fermat. D'ailleurs, ils sont aussi les sources les plus anciennes; ils nous donnent les écrits probablement dans leur ordre chronologique ([1]), avec leurs titres originaux, qui ne furent changés plus tard, sur le conseil de l'auteur, qu'en vue d'une édition. Nous donnerons donc à la fin de ce travail les variantes que nos manuscrits présentent par rapport aux textes publiés dans les Tomes précédents.

Aux inédits que nos deux recueils renferment, nous avons ajouté quelques autres écrits de Fermat provenant d'autre source, tâchant de recueillir ainsi *disjecti membra poetæ*. Nous exprimons nos plus vifs remerciements à la direction de la Biblioteca nazionale à Florence, et à M. Huet, bibliothécaire à la Bibliothèque nationale à Paris, à qui nous devons la copie exacte des écrits indispensables pour notre travail. Et notre reconnaissance n'est pas moindre envers M. Ch. Henry, qui a bien voulu reviser notre texte et les épreuves.

([1]) Les deux premiers écrits de notre liste (p. XVI) ne forment qu'une exception apparente, en ce que la première rédaction de 1635 fut adressée par Fermat à Beaugrand et l'auteur fut probablement obligé d'en dresser plus tard une seconde pour les autres géomètres de Paris.

C. DE WAARD.

I.

ÉCRIT ANONYME

SUR

LA SPIRALE DE GALILÉE

SON ATTRIBUTION A FERMAT.

(Tomes I, pp. 73 et 417; II, pp. 12 et 15.)

[Florence, Bibl. Naz., Mss. Galileiani, Parte IV, Tomo IV, f° 34 recto et verso. Le texte de l'écrit a été publié dans les *Atti e Memorie della R. Accademia di scienze ecc. in Padova*, Anno CCXCVI (1894-1895), nuova serie, vol. XI, p. 40-42.]

La trajectoire d'un point matériel pesant tombant relativement à la Terre, supposée animée du mouvement diurne, et se mouvant jusqu'au centre, fut construite déjà vers l'année 1510 par Léonard de Vinci dans sa Note *Del moto della freccia sospinta dall' arco*, comme application de la composition d'un mouvement rectiligne et circulaire (1). Toutefois, quoique sa construction montre des tours en spirales, le grand peintre toscan n'y a pas appliqué la loi de la chute des graves, telle qu'il l'entendait alors.

L'ignorance de cette loi devait faire échouer d'abord les efforts des savants qui s'occupèrent après lui du problème et n'avaient pas d'ailleurs connaissance du travail de leur prédécesseur. Le Père Scheiner, qui traita la question en 1614, la posa sous la forme suivante : « *Quare centrum sphæræ delapsæ sub æquatore, spiram describit in eius plano,*

(1) Venturi, *Essai sur les Ouvrages physico-mathématiques de Léonard de Vinci* (Paris, 1797), p. 7-8; *Les manuscrits de Léonard de Vinci. Manuscrits G, L et M de la Bibliothèque de l'Institut*, publiés en fac-similés par M. Charles Ravaisson-Mollien (Paris, 1890), f°s 54-55 (Ms. G).

sub aliis parallelis spiram describit in cono? sub polo descendit in axe, lineam giralem decurrens, in superficie cylinarica consignatam? » ([1]). Bientôt après, en 1618, Kepler arriva de son côté à une réponse beaucoup moins précise : « *Quidam sedulus astronomiæ cultor* — écrivait-il — *sed non satis consideratus, pingit casum lapidis versus Terram cis et ultra perpendiculum serpentinis flexibus fluctuantem, ut flexus numero respondeant gyrationibus Telluris, interim dum lapis in casu est* », en donnant en même temps, selon ses propres principes, un dessin de la courbe *rudi Minerva depictus* ([2]). Mais encore plus éloigné de la vérité était Galilée, sans doute à cause de sa connaissance trop imparfaite de la composition de deux mouvements inégaux, qui se manifeste entre autres dans sa défense des preuves de Kepler pour le mouvement de la Terre, dirigée en septembre 1624 contre Francesco Ingoli; c'est dans cette défense aussi qu'il prétend que la trajectoire d'une pierre jetée verticalement du pont d'un navire en marche est peut-être circulaire (*forse anco circolare*) ([3]).

Cette fausse opinion est répétée dans le *Dialogo sopra i due massimi sistemi del Mondo* du Maître, qui parut en 1632. En traitant dans la

Fig. 1.

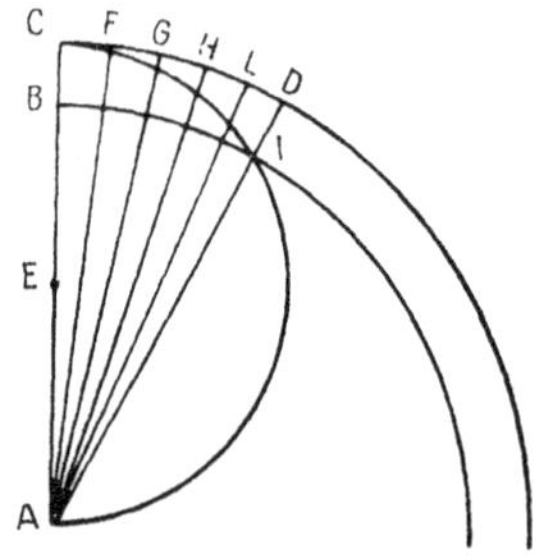

Giornata seconda (p. 158-161) de la question de la trajectoire d'une pierre tombant d'une certaine hauteur CB (*fig.* 1) participant au mouvement diurne de la Terre, l'auteur remarque que si le mouvement

([1]) *Disquisitiones mathematicæ*, etc. (Ingolstadii, 1614), p. 33.
([2]) *Epitome astronomiæ copernicanæ*, etc. (Lentiis, 1618), p. 133
([3]) *Le opere di Galileo Galilei*, ed. naz., vol. VI (Firenze 1896), p. 546.

vers la Terre était uniforme, cette trajectoire serait identique à une spirale d'Archimède; mais ce mouvement étant en réalité accéléré, il conclut que la courbe sera un demi-cercle CIA, dont l'extrémité passe par le centre A de la Terre et qui est parcouru par la pierre avec un mouvement uniforme (¹). Et néanmoins ce résultat n'est pas même une approximation admissible, ainsi que Galilée a voulu présenter sa solution du demi-cercle (*ella gli è sommamente prossima*); sa conclusion est d'autant plus surprenante, que l'auteur a eu connaissance de l'opinion plus juste de Scheiner, dont il fait mention dans la suite de son *Dialogo* (p. 214) et qu'il cite textuellement encore un peu plus loin (p. 237) (²).

A son problème Galilée n'avait pas appliqué la loi de la chute des graves, dont on trouve dans son Ouvrage le premier énoncé. C'est cette loi que les critiques doivent appliquer à la question. Mais il faudrait tout d'abord établir la vérité de la loi, dont on admettra du reste ensuite la validité, pour toute l'étendue de l'espace, aussi bien à l'extérieur qu'à l'intérieur de la Terre.

Quelles étaient donc les preuves de cette loi? Les expériences n'en confirmaient point l'énoncé. Galilée avait dit dans la *Giornata prima* du *Dialogo* qu'un boulet de canon parcourt dans un intervalle de moins de dix battements de pouls un espace de plus de deux cents bras (*in manco di dieci battute di polso passerà più di dugento braccia di altezza*, p. 14), ce qui n'est pas conforme à la vérité, si l'on pose que le bras de Florence équivaut à peu près à notre demi-mètre (³) et que l'heure selon Cardan et Kepler, comprend environ quatre mille de

(¹) Comp. aussi P. MANSION, *Sur une opinion de Galilée relative à la chute des corps* [*Annales de la Société scientifique de Bruxelles*, t. XVIII, 1re Partie (Bruxelles, 1894), p. 92-94].

(²) Encore plus tard le célèbre astronome Riccioli donna dans son *Almagestum novum* de 1651 et *Astronomia reformata* de 1665 la même solution du problème que Galilée, ce qui donna lieu à une série de controverses publiées par lui et son adversaire de Angelis (*OEuvres de Chr. Huygens*, t. VI, 1895, p. 105-106 et 328-332).

(³) La *miglia* équivaut à 3000 *braccia* selon le *Dialogo*, édition de 1632, p. 175-176; selon un passage de la page 246, la distance du palais de Sagredo jusqu'à la tour de Burano serait 6 *miglia*, tandis qu'on sait qu'elle est égale à 9km. *Voir* cependant ci-après page 6 la note 2.

ces battements ([1]). D'ailleurs Galilée s'était proposé dans la *Giornata seconda* de trouver le temps de la chute d'une boule de la Lune à la Terre, qu'on déduit facilement en nombres par l'application de la loi nouvellement découverte (étant supposée, comme le fit Galilée, la constance de l'accélération) quand on a trouvé par expérience le temps employé par un mobile qui parcourt un espace connu et quand on connaît la distance de la Lune jusqu'à nous. Or, l'expérience, bien des fois répétée, dit l'interlocuteur Salviati, a fait voir qu'une boule de cent livres *scende dall' altezza di cento braccia in cinque minuti secondi d'hora* (p. 219). Cependant la distance indiquée doit être en réalité plus que double. En effet, Galilée avait laissé croire à ses contemporains qu'il avait trouvé ces résultats par des expériences sur la chute directe, tandis qu'il y a toute apparence qu'il ne les avait que déduites de ses expériences sur le plan incliné, en agrandissant ses erreurs d'observation par l'application de la valeur ainsi trouvée au calcul de la chute directe sur un espace plus étendu.

Il va sans dire qu'un tel procédé fut la source de beaucoup de discussions entre les savants de l'époque. On admettait que toute loi sur la chute des graves dans le vide, quelle qu'elle soit, échappe d'abord à toute expérience rigoureuse, et ainsi qu'on ne pouvait se contenter d'une concordance approximative entre la loi énoncée et la chute dans l'air. Mais en regardant la grande discordance entre la proposition et l'expérience, qui ne pouvait pas être attribuée à la résistance de l'air ou à l'imperfection des chronomètres (battements du pouls, clepsydre ou sablier), les contemporains n'avaient pas tout à fait tort de regarder l'énoncé de l'illustre savant, non comme une loi prouvée, mais plutôt comme une hypothèse, qui reposait plus sur un principe hypothétique que sur des faits.

En France, Mersenne se mit en tête de ceux qui désiraient éclaircir les doctrines du Maître et spécialement il tâcha de vérifier la loi de la

([1]) H. Cardani, *Opus novum de proportionibus*, etc. (Basileæ, 1570), prop. 58, p. 50; *Epitome astronomiæ copernicanæ*, etc. *Auctore* J. Kepplero (Lentiis, 1618), p. 278-279.

chute des graves par des expériences nouvelles. Ayant traité de cette loi avec Descartes déjà précédemment ([1]), il s'adressa encore plus d'une fois au philosophe, en Hollande, au cours de l'année 1634 ; mais celui-ci, ayant été déjà amené par son affirmation de l'absence du vide à sa théorie fameuse de la matière subtile ([2]), nia d'avance toutes les expériences de Galilée, et après avoir vu la proposition de la chute des graves dans l'Ouvrage même, il écrivit au Minime en août 1634 qu'elle « *n'est jamais entièrement vraye, comme il pense la démonstrer* » ([3]). A cette époque Mersenne avait déjà fini sa paraphrase de l'Ouvrage de Galilée dans le *Liber secundus* de ses *Harmonicorum libri*, rédigée sans doute avant qu'il achevât en mars 1634 son grand Ouvrage de l'*Harmonie universelle*, qui comprend dans son *Livre second*, intitulé *Des Mouvements*, une autre paraphrase, qui se trouvait sous presse depuis l'été de 1634. La même année, le Minime publiait déjà un abrégé de la *Giornata prima* et *seconda* du *Dialogo* aux pages 158-166 et 201-214 de ses *Questions théologiques, physiques*, etc., dont l'achevé d'imprimer est d'août 1634 et en même temps il projetait une défense des opinions nouvellement condamnées de l'illustre Florentin ([4]).

C'est dans ces Ouvrages de Mersenne qu'il est parlé aussi de la spirale de Galilée (c'est-à-dire de la courbe en question). Mais en reproduisant dans la première partie de ses *Harmonicorum libri*, au corollaire second de la *Proposition XXIV*, l'opinion de Galilée sous le titre de *Velocitatem descensus gravium ad centrum posito motu Terræ annuo* (sic pro *diurno*) *definire* (p. 17-18), il ajoute déjà : « *Sunt autem plurima in hoc Corollario quæ postulant examen accuratius quam hîc afferri possit aut debeat.* » En effet, Mersenne ne tarda pas à remarquer que, dans la solution de Galilée, le point parcourt le rayon de la Terre

([1]) *Voir* ci-après, p. 23 et 24.

([2]) *Le Monde*, Chap. IV (*OEuvres de Descartes*, éd. Adam et Tannery, t. XI, 1909, p. 17-19, 20-23).

([3]) *OEuvres de Descartes*, éd. cit., t. I, 1897, p. 287, 297-298 et 304-305.

([4]) TAMIZEY DE LARROQUE, *Les Correspondants de Peiresc* : XIX. *Le Père Marin Mersenne* (Extrait de la *Revue historique et archéologique du Maine*, 1892-1894, p. 78, 81, 82-84, 90-91, 93-94, 98, 103, 107, 108, 109, 110, etc. de l'Extrait; *OEuvres de Descartes*, éd. cit., t. I, 1897, p. 578-579.

en même temps qu'un point de la superficie de la Terre parcourt un quart de cercle, c'est-à-dire en 6 heures. Après avoir donné donc un exposé de la doctrine de Galilée sur la courbe dans la *Proposition III* du *Livre second* de son *Harmonie universelle*, Mersenne fit l'examen promis dans la *Proposition IV* du même *Livre second* (p. 96-98), qui porte le titre de *Monstrer qu'il est impossible que les corps pesans, descendans iusques au centre de la Terre, descrivent le demi-cercle précédant, et donner la ligne, par laquelle ils descendroient, si la Terre tournoit en 24 heures autour de son essieu.* C'est là qu'il fit voir que la forme attribuée à la courbe par Galilée ne s'accorde ni aux nombres donnés par celui-ci, ni aux résultats de ses propres expériences. En effet, en envoyant à Peiresc le 15 janvier 1635 ([1]) le calcul de la chute d'une bombe de la Lune jusqu'à nous, il le pria de le « *communiquer à M. Galilée, si vous le jugez à propos, affin qu'il n'ayt pas la peine de faire le calcul de ses expériences.... Or il suppose que le boulet tombe cent brasses en 5″, d'où il s'ensuit que le boulet ne tombera que 4 brasses dans une seconde, quoyque je suis asseuré qu'il tombe de plus haut* » ([2]), et il ressort de plusieurs endroits du *Livre second* de l'*Harmonie universelle* (p. 85, 95, 108, 112, 144, 156, 221), que Mersenne

([1]) Tamizey de Larroque, *op. cit.*, p. 112, et *Le Opere di Galileo Galilei*, ed. naz., vol. XVI, 1905, p. 196-197.

([2]) Dans cette lettre, Mersenne remercie aussi son Mécène pour l'envoi de la grandeur de la brasse de Florence, « que j'avois tousjours supposée moindre d'un pouce et demi, suivant la relation de nos marchands et du nepveu ou cousin du Sr Galilée qui demeure à Lyon ». Plus tard, le Minime dira que la brasse de Florence répond *satis præcise* à 23 pouces de France et que le doigt est peut-être (*forte*) le $\frac{1}{24}$ de cette brasse [*Reflectiones physico-math.* (Paris, 1647), p. 218]. Alors cette brasse serait de $0^m,622$. Après l'époque de Galilée, le Grand-Duc Léopold a introduit une brasse pour toute la Toscane, qui avait la grandeur de $0^m,5508$ (*Le Opere di Galileo*, éd. Alberi, vol. XI, 1854, p. 192) et qui aura été peu différente de celle de Florence. Dans une lettre de Burattini à Pierre des Noyers, datée de Jaszdowa le 7 août 1665 et retrouvée sous les papiers de Boulliaud à la Bibliothèque nationale à Paris (f.fr. 13044, fol. 236-237), on lit : « Braccia 20 di Fiorenza sono a punto Piedi 35 $\frac{5}{8}$ di Francia, chiamati *du Roy* », passage auquel Boulliaud ajouta : « la brasse vaut 21 poulces 4 $\frac{1}{2}$ l. ou un pied 9 poulces 4 $\frac{1}{2}$ l., selon l'estimation de Mr Buratin » et le savant éditeur de cette lettre : « Due diverse misure erano con questo nome usate in Firenze : l'una era il braccio usato per misurare i terreni : il campione ne era esposto nel Palazzo del Bargello e correspondeva a linee 244,35 del piede di Parigi equivalente a $0^m,551202$; l'altro era il braccio da panno e correspondeva

avait trouvé qu'un poids tombe de 108 pieds du Roy, c'est-à-dire de $35^{m},083$ au bout des trois premières secondes. On lit dans ce même *Livre second*, dont un exemplaire imprimé fut envoyé à Peiresc le 17 septembre 1635 ([1]), touchant le corps tombant que « *suivant nos expériences et la raison doublée ou celle des sinus verses aux arcs, il arrivera au centre en* $19' 56'' \frac{1}{2}$, *pendant que la Terre fera* 4 *degrez*, $59' \frac{1}{8}$; *et si l'on suit l'expérience de Galilée il ira au centre en* $25' \frac{1}{2}$, *tandis que la Terre fera* 6 *degrez* $22' \frac{2}{3}$. *Et partant il décrira la ligne courbe* ABDEFC (*fig.* 2), *qui est grandement différente non seulement du demi-cercle, mais de quelque partie de cercle et d'arc que l'on voudra; car si l'on oste la portion* ABD, *le reste n'est guère différent d'une ligne droite, comme l'on void particulièrement dans la portion* EFC.

Fig. 2.

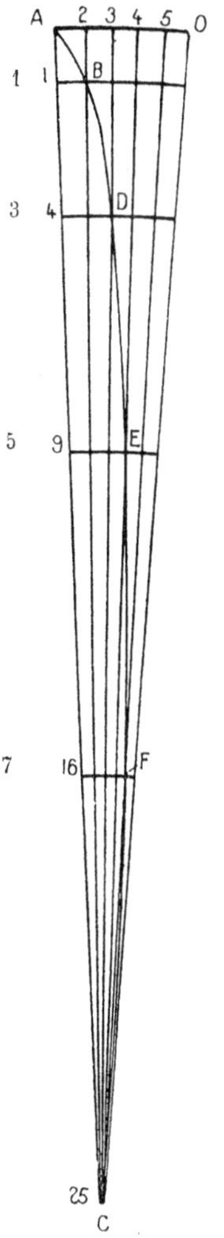

» *Or cette ligne se décrit en cette sorte :*

» *Je tire la ligne droite* AC (*fig.* 2) *qui représente le demi-diamètre de la Terre, dont* C *est le centre, et puis je mène la ligne* CO, *qui fait avec* AC *un angle de* 6 *degrez* $22' \frac{2}{3}$, *car si la ligne* AC *est* 100000, *la ligne* AO *fera* 11178. *Et puis je divise l'arc* AO *en* 5 *parties égales, dont chacune a un degré* $16' \frac{1}{3}$; *et la ligne* A[C] *en* 5 *parties inégales, dont la première en a une, la seconde* 3, *la troisième* 5, *la quatrième* 7 *et la dernière* 9 ([2]), *qui font en tout* 25, *c'est-à-dire le quarré de* 5. *Et par les sections je tire des arcs jusques à la ligne* OC, *de sorte que pendant que la Terre torne et fait l'arc* Az, *le poids tombe jusques à* B *en* $5' 6''$; *et*

a linee parigine 258,72 pari a $0^{m},583625839$ » [A. Favaro, *Intorno alla vita ed ai lavori di Tito Livio Burattini* (Venezia, 1896), p. 100]. Enfin la brasse de Florence aurait eu la valeur de $0^{m},5942$, selon Prony dans son *Évaluation des mesures linéaires* (*Annuaire du Bureau des Longitudes*, 1846, p. 62).

([1]) Tamizey de Larroque, *op. cit.*, p. 148; *voir* aussi p. 123, 130, 134, 147, 149-150, 150-151, 152-153 et 155-156.

([2]) Comp. à l'égard de cette division, la démonstration géométrique de la loi de la chute des graves ci-après (p. 21-22).

faisant l'autre arc 2,3 *en* 5′6″, *il tombe de* B *à* D, *c'est-à-dire* 3 *fois davantage; et puis en pareil temps il fait* DE, *qui contient* 5 *parties; et tandis que la Terre fait l'arc* 4, 5, *le poids tombe l'espace* EF, *et puis* FC, *etc.*, *en augmentant sa vitesse en raison doublée des temps.*

» *Si le poids tomboit de* 373248 *lieuës, c'est-à-dire de* 326 *demi-diamètres terrestres, il arriveroit en six heures au centre, et la ligne de sa cheute décriroit une figure fort proche du demi-cercle, supposé que la proportion fust en raison doublée, mais si elle estoit comme les sinus verses aux arcs, il feroit un demi-cercle parfait et hors de cette distance il feroit une hélice, si l'éloignement est plus grand que* 326 *demi-diamètres. Ce qu'il est facile de démonstrer, comme nous avons déjà fait ailleurs. Et l'on peut encore voir plusieurs supputations que j'ay fait sur ce sujet dans le livre* de Causis sonorum [1], *dans la* 24 *et* 27 Proposition.

COROLLAIRE.

» *L'on peut conclure de cette proposition que toutes les pensées et les expériences de Galilée ne favorisent nullement le mouvement journalier de la Terre. Et que les poids ne tomberoient jamais en demi-cercle, mesme de la distance que nous avons supposée, que lorsqu'ils seroient sous l'Équateur, et qu'ils tomberoient seulement en ligne droite sous les Poles.* »

C'est d'ailleurs au texte précédent que Mersenne renvoie le lecteur lorsqu'il ajoute, au commencement de 1636, au volume imprimé de ses *Harmonicorum libri* une Préface dans laquelle il donna sous la *Propositio I*, intitulée *Lineam lapidis versus centrum proprio nutu cadentis, supposito diurno Terræ motu, describere*, un développement des énoncés du corps de cet Ouvrage.

Enfin il existe encore un autre exposé sur la spirale de Galilée, qui est constitué par le premier document d'une collection de trois manuscrits, sans date ou nom d'auteur, qui se trouvent dans les

(1) Titre du *Liber secundus* des *Harmonicorum libri*, cités ci-avant.

manuscrits galiléens de la Bibliothèque nationale à Florence. Dans la publication du texte de ces écrits par M. Favaro, en 1894, on regrette vivement l'absence de tout commentaire de la main du savant éditeur des *Œuvres de Galilée*. C'est ce qui nous oblige de justifier ici notre opinion sur l'auteur du premier de ces trois manuscrits, en précisant plus loin les circonstances dans lesquelles ces écrits ont été envoyés à Galilée.

L'écrit en question débute par une remarque sur une ancienne spéculation philosophique de Galilée, que celui-ci attribue à Platon. Le Créateur, ayant posé le centre dans le Soleil immobile aurait formé toutes les planètes en un même lieu, leur aurait donné une inclinaison à se mouvoir vers le Soleil suivant une ligne droite et aurait changé leur mouvement rectiligne en circulaire uniforme avec les vitesses déjà acquises à la fin de leur chute, lorsqu'elles eurent obtenu le degré de vitesse qu'il avait préalablement fixé ([1]). Or nous savons que cette spéculation de Galilée (qu'il peut avoir confondue aussi avec le problème de la spirale et mise en rapport avec sa solution erronée du demi-cercle) est combattue précisément par Mersenne, qui douta aussi à bon droit des titres de Platon à la paternité de cette idée dans la *Proposition VI* du *Livre second* de son *Harmonie universelle* (voir aussi la *Proposition VII*, p. 108), dans la *Propositio II* de la *Præfatio*, ajoutée à ses *Harmonicorum libri*, et dans sa lettre à Peiresc du 4 décembre 1635 ([2]). D'ailleurs l'auteur du document s'appelle le « commentateur » des opinions de Galilée — nom qui s'applique très bien à Mersenne par ses longues paraphrases du travail du savant italien, quoiqu'on puisse l'appliquer aussi à Frenicle, si c'est à celui-ci qu'on veut attribuer cette traduction française du *Dialogo*, que Déodati nous apprend, dans une lettre à Galilée du 16 mai 1634, alors en train d'être rédigée, mais qui fut suspendue l'année suivante, comme c'est

([1]) *Dialogo*, etc., éd. de 1632, p. 12-13, 21-22; Galilée revenait à cette idée dans ses *Discorsi* de 1638, p. 254-255; *voir* d'ailleurs P. Mansion, *Sur une opinion de Galilée relative à l'origine commune des planètes* [*Annales de la Société scientifique de Bruxelles*, t. XVIII, 1re partie (Bruxelles, 1894), p. 46-49, 90-92].

([2]) Tamizey de Larroque, *loc. cit.*, p. 407-408.

Frenicle qui est indiqué plus tard par nom comme auteur d'une traduction et commentaires de l'ouvrage de l'astronome de Florence ([1]). Mais ne sachant pas plus de ces commentaires restés inédits, nous ne pouvons que penser à Mersenne si l'auteur de notre écrit relève enfin ses nombreuses expériences sur la chute des graves, dont le Minime a parlé dans le *Livre second* de son *Harmonie universelle* et à plusieurs endroits de ses autres ouvrages et dont il avait écrit, dans une lettre du 17 septembre 1635 à Peiresc, à l'égard de leur discordance avec celles de Galilée : « *Du moins suis-je assuré que les miennes ont esté répétées plus de* 30 *fois et quelques-unes plus de cent fois devant de bons esprits ; que tous ont conclu comme moy, sans en excepter aucun* » ([2]).

Or voici cet autre document sur la spirale de Galilée que nous attribuons à Mersenne :

PROPOSITIONS EXTRAITES DES *DIALOGUES* DE GALILÉE ENTRE QUELQUES AUTRES, OÙ IL SE TROUVE QUELQUES DIFFICULTÉS.

[Florence, Bibl. Naz., Mss. Galileiani, Parte IV, Tomo IV, f°s 28 recto-30 recto. Le texte de l'écrit a été publié dans les *Atti e Memorie della R. Accademia*, ecc. *in Padova*, Anno CCXCVI (1894-1895), nuova serie, tome II, p. 34-35.]

. . . .

« *Aux pages* 158 *et* 159 *il dit :* [1°] *qu'il est assez probable qu'une pierre tombant du haut d'une tour iusques au centre de la Terre, descrit un demy cercle, d'où il s'ensuit que les mobiles qui tombent ne descrivent*

([1]) *Le Opere di Galileo Galilei*, ed. naz., vol. XVI, 1905, p. 96 et 231. Dans une Note relative à ce passage de la lettre, on a attribué la traduction à Carcavi. Le titre de Frenicle à la paternité d'une traduction commentariée du *Dialogo* résulte des lettres du même Déodati et de Thévenot, adressées à Viviani en février 1657 et mars 1661 (*voir* A. Favaro, *Ragguaglio di manoscritti galileiani nella collezione Libri-Ashburnham*, et Favaro, *Documenti inediti per la storia dei manoscritti galileiani* dans le *Bullettino di bibliografia e di storia delle sc. mat. e fis.* du prince Boncompagni, resp. t. XVII, 1884, p. 876, et t. XVIII, 1885, p. 152 et 158).

([2]) Tamizey de Larroque, *op. cit.*, p. 148.

point en leur cheutte une autre ligne qu'une simple circulaire; 2e *qu'il ne se meut plus vite en tombant que s'il fût demeuré au haut de la tour;* 3e *que le mouvement de ce mobile ne s'augmente point en tombant, mais demeure uniforme comme s'yl n'eust bougé de sa place.*

» *Et en la page* 160 *il dit qu'il ne veut pas asseurer que le mouvement des choses pesantes vers la Terre se fasse précisément de cette fasson, mais bien que sy la ligne des mobiles qui tombent n'est justement celle-là, elle an approche de bien près.*

» *Galilée s'est encore icy beaucoup mespris, charmé comme il est croyable de la beauté des conséquences qu'il tire de sa proposition. Car il est aisé à veoir, tant par sa figure de la page* 159 (1) *que par la suitte de son discours et par l'exposition de la figure, que le mobile, en passant par le diamètre* [*de*] CIA, *dans sa cheutte le parcourt en six heures, puisque ce doit estre en mesme temps que le point de la tour* C, *et d'où le mobile est party, fait un quart de cercle par le mouvement journallier. Et parce que Galilée ne détermine point la hautteur de la Tour, et n'a point aussy d'égard au diamettre de la Terre, il s'ensuivroit de cette proposition que quelque hauteur que peut avoir la Tour, quand mesme elle arriveroit iusques à la Lune, ou mesme iusques au Soleil, ou encore plus loing, le mobile n'emploiroit tousiours que le mesme temps à descendre iusques au centre; et que, quand la Terre ne seroit pas plus grosse que* ☿, *ou bien n'auroit que cent lieuës de diamettre ou moins, le mobile ne devroit pas employer moins de temps à passer de la surface du cors iusques au centre. Ce qui n'est pas croyable, et Galilée n'en apporte aucune preuve.*

» *Mais sy on suppose les expériences de l'espace que parcourent les cors pesans en tombant, et que les espaces parcouruës soient en raison doublée des temps, comme il asseure l'avoir descouvert pages* 17 *et* 217, *on ne trouvera que* 20 *minutes d'heure un peu moins pour le temps qu'un boulet de canon employroit à descendre iusques au centre de la Terre, pendant lequel temps la Terre ne fait que* 5°, *qui est bien loing de* 90°. *Et parce que les observations de Galilée ne s'accordent pas aux nostres et qu'il fait ce mouvement un peu plus lent, le temps de la cheutte du mobile*

(1) *Voir* la figure 1 (p. 2).

seroit plus de 25′ ½ selon son observation, pendant que la Terre feroit 6° 22′. D'où s'ensuivroit que la ligne descrite par le mobile sera beaucoup différente du demy cercle et elle seroit assez notablement courbe près de la circonférence, mais aprochant du centre, il seroit difficile de la distinguer d'une droicte à la veue.

» *Or Galilée tire de là une autre conséquence qui est que la nature ne se sert point du tout des lignes droictes pour reunir à leur tout les parties qui en ont esté séparées, mais de circulaires seulement. Car encore qu'on recoive sa proposition pour véritable, cette ligne circulaire n'auroit lieu que soubs l'équateur, ne considérant que le mouvement journallier, car, si on y mesloit l'annuel, il s'en faudroit beaucoup que la ligne fût circulaire en quelque endroit de la Terre que fust le mobile. Ne posant donc que le journallier, ie dis que de dessoubs les pôles les cors pesants tomberoient par une ligne droicte, laquelle par conséquent ne seroit pas tout-à-fait banie de la nature; et dans les parallèles ce seroient des lignes courbes, qui approcheroient de la circulaire d'autant plus qu'ils seroient près de l'équateur.* »

. . . .

Probablement, cet écrit de Mersenne devait servir de lettre circulaire depuis l'été de l'année 1635, époque à laquelle le Minime inaugura à Paris la première Académie de mathématiciens (¹). Il devait intéresser au plus haut degré des savants comme Carcavi, qui ayant visité Galilée à Arcetri au commencement de l'année 1635, lui envoya après son retour en France en mai ou juin 1635 des observations, sans doute de sa propre part, sur certaines propositions de l'Ouvrage du grand Florentin (²), et se proposait de faire une édition de toutes les œuvres de Galilée à ses propres frais. Ayant quitté Toulouse pour devenir membre du Grand Conseil à Paris, où il se fixa dans le mois de mars ou d'avril 1636 (³), Carcavi fit aussi

(¹) Plus tard il fera de même à l'égard des *Discorsi* de Galilée. *Voir* l'article de M. Ch. Henry, *Galilée, Torricelli, Cavalieri, Castelli* (*Reale Accad. dei Lincei, Memorie della Cl. di sc. mor. stor. e fil.*, s. III, t. V, 1880, p. 14-15 de l'extrait).

(²) *Le Opere di Galileo Galilei*, ed. naz., vol. XVI, 1905, p. 271 et 289.

(³) *Voir* sa lettre à Galilée du 15 avril 1636 (*Le Opere di Galileo Galilei*, ed. naz. vol. XVI, 1905, p. 416).

la connaissance de Mersenne; d'ailleurs nous savons que c'était précisément par Carcavi que Mersenne entra en correspondance avec Fermat en avril 1636 et que c'était probablement dans la première lettre, qu'il adressa au géomètre de Toulouse que le Minime, lui envoyant peut-être en même temps son écrit précédent, lui demanda des éclaircissements sur la courbe qui l'avait occupé tant de fois.

En effet les éditeurs de la *Correspondance de Fermat* ont déjà remarqué qu'il s'agit de la Spirale de Galilée (dont l'équation en coordonnées polaires est $\rho = a - b\varphi^2$), lorsque Fermat déclare dans sa réponse à Mersenne du 26 avril 1636 (t. II, 1894, p. 5) que la courbe en question est une hélice. Dans une lettre du 3 juin 1636, Fermat promit ensuite au Minime de lui envoyer la démonstration de cette hélice, qui est « *de grand discours et de grande recherche* », et qui contiendrait « *autant que deux des plus grands traités d'Archimède* »; d'ailleurs il explique la renonciation à son projet en ajoutant qu'il dressera sur la courbe « *un traité exprès, où je vous ferai de nouvelles hélices* », c'est-à-dire les spirales de degré supérieur $\frac{R - \rho}{R} = \left(\frac{\varphi}{2\pi}\right)^n$, formées algébriquement à l'imitation des paraboles de degré supérieur $y^n = 2px$ et dont la spirale de Galilée représente le cas particulier $n = 2$, si l'on admet la loi que les espaces parcourus par le poids sont en raison carrée des temps, sans se soucier du fait que les composantes de la gravité ne sont constantes que dans le cas où la trajectoire du poids est infiniment petite à l'égard des dimensions de la Terre.

Dans l'écrit suivant, qui forme le troisième des écrits contenus dans le cahier de la Bibliothèque nationale de Florence, dont nous avons parlé plus haut, l'auteur donne non seulement la construction, mais aussi la quadrature de la courbe. En écrivant l'équation de la spirale sous la forme $\rho = R\left\{1 - \left(\frac{\varphi}{2\pi}\right)^2\right\}$, il réduit l'évaluation de l'intégrale

$$S = \frac{1}{2}R^2\int_0^{2\pi}\left\{1 - \left(\frac{\varphi}{2\pi}\right)^2\right\}^2 d\varphi,$$

dont la valeur est $\frac{8}{15}\pi R^2$, à l'usage de l'inégalité

$$\frac{(16^2-15^2)^2+(16^2-14^2)^2\ldots\ldots(16^2-1^2)^2}{16\times16^4}<\frac{8}{15}<\frac{(16^2-15^2)^2+(16^2-14^2)^2\ldots\ldots(16^2-0^2)^2}{16\times16^4},$$

qui résulte d'un théorème dont Fermat se servit, selon ses lettres à Roberval dès le mois de septembre 1636, et qui fut retrouvé vers cette époque aussi par celui-ci, qui nous a laissé une relation postérieure, mais précieuse, sur la quadrature des spirales infinies ([1]). C'est déjà toute cette méthode de quadrature qui peut confirmer la thèse que nous sommes en présence d'un écrit du géomètre de Toulouse. La mention au commencement de ce document de la courbe de Menelaos qui est semblable à celle émise déjà par Fermat dans sa lettre à Mersenne du 3 juin 1636, où il la croyait identique à la spirale parabolique, ne peut que corroborer notre thèse sur la paternité de l'écrit.

Ajoutons que cet écrit ne peut pas avoir été compris dans l'envoi de Fermat à Paris, dans lequel il avait parlé de la quadrature des spirales nouvelles. En effet, contrairement au contenu de notre écrit, Fermat n'y avait donné que les résultats seuls de ses recherches, en omettant les démonstrations. Cet envoi étant parvenu à Paris avant le 4 novembre 1636, Fermat pria à cette date Roberval d'aller voir son traité chez Mersenne et de travailler avec Beaugrand aux questions qui y étaient proposées, comme il le fit le 16 décembre suivant. A ces questions appartenait peut-être aussi la construction des tangentes : plus tard Beaugrand dira que la construction de la tangente à la spirale d'Archimède par voie d'analyse lui fut proposée par Fermat ([2]) et nous savons aussi que Fermat proposa la construction de la tangente à la spirale de Galilée, à Roberval et à Etienne Pascal dans un nouvel écrit, dont les éditeurs ont fixé la date au mois de janvier ou de février 1637 (t. I, p. 73 et 417; t. II, p. 12, note 2). Encore plus tard,

([1]) *Voir* l'extrait de sa lettre à Torricelli de 1646-1647 que nous donnons ci-après sous le n° 2 du Document XIII.

([2]) *Voir* ci-après le Document VIII.

Roberval et Mersenne n'avaient pas encore vu les démonstrations des quadratures des spirales infinies ([1]). En effet, il résulte d'un document que nous publions plus loin que le présent écrit forme un envoi à part destiné pour Carcavi seul. Sa date ne se peut préciser entre le 3 juin 1636 et le commencement de l'année 1637.

La démonstration offre l'intérêt de représenter le bilan des résultats sur le problème auxquels était parvenu Fermat à cette époque. Le fait que l'écrit ne porte ni nom d'auteur ni date et qu'il fut publié en 1894 sans aucun commentaire est sans doute la raison pour laquelle il n'a pas été reconnu jusqu'ici comme un travail du géomètre de Toulouse.

Cùm Galilæus (magni ingenii uir) in suis *Dialogis* dubitanter asseruisset graue (supposito diurno Telluris motu) naturaliter descendens, semicirculum descripturum, nobis occasio fuit attentius ueritatem inquirere, jamque demonstrato huius opinionis errore ([2]), veram lineam damus, quæ, ni fallor, eadem est quæ a Menelao apud Pappum ([3]) *mirabilis* appellatur.

Sit in Tellure circulus ABKC (*fig.* 3), quem hîc æquatorem supponimus, et sit grauis alicuius motûs principium in A fiatque descensus usque ad centrum E in tempore quod ad tempus 24 horarum se habeat ut arcus AKC ad totam circuli circonferentiam (supposito diurno Telluris motu tantum, non autem annuo), dico a graui descendente describi non semicirculum, sed *helicem* quamdam, qualis est A, D, 21, 18, 15, 12, etc., quæ in figura punctis notatur, cuius (supposità proportione descensus grauium a Galilæo assignata) hæc est proprietas, *ut ducta a centro quæcumque rectâ* EK, *secante*

([1]) Document XIII n° 2 ci-après et *Œuvres complètes de Chr. Huygens*, éd. cit., t. I, (La Haye, 1888), p. 94.

([2]) Allusion aux remarques de Mersenne, citées ci-avant, p. 5-12.

([3]) PAPPUS, *Collectiones mathematicæ*, Lib. IV, Probl. VII, Prop. XXX [ed. de Commandinus (Pisauri, 1580) f° 61 recto].

helicem in puncto 21 *et circonferentiam circuli in* K, *ductis etiam rectis* EA *et* EC, *recta* EK *ad rectam* K 21 *sit in ratione duplicata circonferentiæ* AKC *ad circonferentiam* AK ([1]). Alia proprietas insignis hæc est *ut spacium helice* AD 21 E *et rectâ* EA *contentum, ad sectorem* AKCE *sit ut numerus octo ad numerum quindecim.*

Fig. 3.

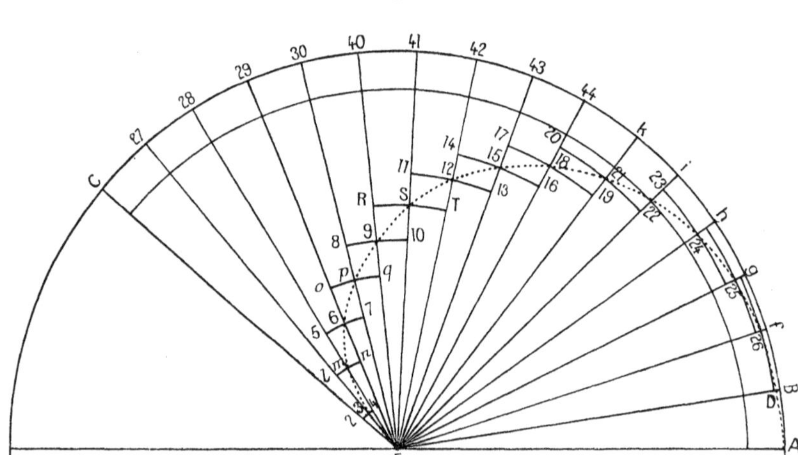

Prima proprietas facile probatur ex naturâ ipsius helicis. Diuiso enim arcu AKC in quotlibet partes æquales, ductisque a centro ad puncta divisionum semidiametris, diuiso etiam tempore descensûs in tot partes æquales et posito quod linea BD, quam percurrit grave in primâ parte temporis, sit unius mensuræ, erit linea *f*, 26, quam in duobus primis temporibus percurrit graue, quatuor mensurarum; *g*, 25 novem mensurarum; *h*, 24 sexdecim mensurarum; *i*, 23 vigintiquinque mensurarum; K, 21 triginta sex mensurarum; atque ita secun-

([1]) A savoir que l'équation de la courbe est $\frac{R-\rho}{R} = \left(\frac{\varphi}{\alpha}\right)^2$, si α représente l'angle CEA.

dum naturalem ordinem numerorum quadratorum. Unde patet conclusio ([1]).

Secundæ proprietatis demonstratio difficillima est. Fit autem inscribendo et circonscribendo ipsi helici sectores circulorum, quales sunt inter inscriptos quidem E, 3, 4; E, *m*, *n*; E, 6, 7; E, *p*, *q*; E, 9, 10; E, S, T; E, 12, 13; E, 15, 16, etc.; inter circumscriptos autem E, 2, 3; E, *l*, *m*; E, 5, 6; E, *o*, *p*; E, 8, 9; E, R, S; E, 11, 12, etc., quod ita fieri potest ut inscripti a circumscriptis deficiant minori quantitate quâlibet propositâ, ut factum est ab Archimede ([2]).

Quo facto inscriptorum hic erit ordo. Exponantur tot numeri quadrati ab unitate naturali ordine sese sequentes 1, 4, 9, etc. donec multitudo illorum æqualis sit multitudini partium æqualium in quas arcus AKC diuisus est, siue multitudini sectorum æqualium AEB, BE*f*, *f*E*g*, etc., quæ multitudo in nostra figura est sexdecim atque ideo ultimus numerus quadratus erit 256. Ab hoc ultimo demantur continue minora quadrata suo ordine, nempe 225, 196, 169, 144, etc.; remanebunt hi numeri 31, 60, 87, 112, 135, etc. usque ad 255. Horum omnium numerorum quadrata simul sumpta, nempe

(1) On remarque que Fermat, comme Galilée et Mersenne, ne s'est occupé de la trajectoire que dans l'intérieur de la Terre, où il admet aussi la loi de Galilée. D'ailleurs, dans sa déduction, il ne s'est point soucié de la question brûlante *de lapsu lapidis circa centrum mundi* qui occupait déjà les savants du moyen âge. Dans son *Dialogo* Galilée avait démontré que la vitesse, acquise par un pendule au point le plus bas de sa trajectoire, représente un élan (*impeto*) qui est suffisant pour la faire monter jusqu'à la même hauteur que celle d'où elle est tombée. Ainsi une pierre qui tombe vers le centre de la Terre et qui se peut mouvoir à partir de ce centre comme dans un canal droit, acquerra par sa chute précisément une vitesse qui suffit à la faire remonter, ou, pour mieux dire, à la faire aller jusqu'à l'autre point de la superficie de la Terre; elle devrait effectuer un mouvement oscillatoire illimité (édition de 1632, p. 222-223). On ne reconnaît pas ce raisonnement dans la déduction de Fermat, qui doit être corrigée d'ailleurs en ce que la gravité n'agit pas du centre constamment, mais diminue en proportion directe de la distance du corps à ce centre (*voir* ci-après, p. 28-33).

(2) *Circuli dimensio*, Prop. I, Théor. I; *de Spiralibus*, Prop. XXI, Probl. VIII et suiv. (*Archimedis Opera quæ extant*, etc., ed. Rivault (Parisiis, 1615), p. 128-129 et 384 et suiv.

961, 3600, 7569, etc., una cum quadrato numeri 256, scilicet 65536, maiorem habent rationem ad ipsum quadratum 65536 sexdecies sumptum (videlicet secundum numerum partium æqualium arcûs AKC quam octo ad quindecim. Eadem autem quadrata 961, 3600, 7569, etc., simul sumpta absque quadrato 65536 ad hoc idem quadratum 65536 sexdecies sumptum minorem habent rationem quam 8 ad 15. Et hoc verum est in qualibet multitudinis numerorum quadratorum, maiori vel minori quam sexdecim.

Iam verò positâ rectâ CE mensurarum 256, erit linea 27,3 mensurarum 225; linea 28, M mensurarum 196; linea 29,6 mensurarum 169; et sic deinceps. Ideoque E, 3, latus primi sectoris tam inscripti quam circumscripti, erit 31; E, *m*, latus secundi, erit 60; E, 6, latus tertii 87, etc., secundum ordinem numerorum præmissorum. Primus ergo sector ad secundum eam rationem habet quam numerus quadratus 961 ad numerum quadratum 3600, quia similes omnes sectores; et secundus ad tertium ut numerus quadratus 3600 ad numerum quadratum 7569; et sic deinceps. Et summa omnium sectorum circumscriptorum ad sectorem AEB, sexdecies sumptum, hoc est ad totum sectorem AKCE, maiorem habebit rationem quam 8 ad 15, inscriptorum verò minorem : defficiunt autem inscripti à circumscriptis minori quantitate quâlibet propositâ. Unde patet spacium helice et rectâ EA contentum ad sectorem AKCE se habere ut 8 ad 15.

Tota difficultas consistit in probando lemmate præmisso de summa numerorum quadratorum a numeris 31, 60, 87, etc., comparata numero quadrato 65536 sexdecies sumpto. Quod lemma reperient verum qui in eius demonstratione laborare voluerint (1).

(1) *Voir* sur ce lemme ci-avant page 14 et pour sa démonstration l'extrait de la lettre de Roberval donné ci-après (Document XIII, n° 2).

Atque etiam si sector AKCE semicirculo maior esset, vel etiam si non sector, sed totus esset circulus, et helix integram revolutionem absoluisset, vera esset demonstratio, modo spacium illius helicis cum tota suo sectore vel toto circulo comparatum esset. Immo qui demonstrationem viderint, poterunt idem considerare in multis revolutionibus eiusdem helicis.

Si motûs principium non fuerit in æquatore, describetur helix circa conum, cuius helicis spacium ad superficiem conicam suis terminis inclusam, prædictam servabit rationem, nempe 8 ad 15. Quod eodem modo demonstrabitur.

Ajoutons que la copie de Florence porte la suscription suivante : *Invenit tangentem in hac helice. Et habet demonstrationem de motu gravium in planis inclinatis,* qui est écrite de la même main que la copie du texte, dans laquelle nous n'avons pu retrouver celle de Carcavi, quoique cette annotation soit sans doute de lui. Nous avons déjà vu Fermat s'occuper de la construction de la tangente à la spirale de Galilée ; on verra dans la note suivante comment l'annotation sur la démonstration des plans inclinés corrobore notre thèse, qui attribue la pièce précédente à Fermat (1).

(1) *Voir* ci-après le Document IV. La communication de l'écrit précédent à Mersenne est confirmée par l'allusion que le Minime y fit dans les *Observations nouvelles*, ajoutées au printemps ou dans l'été de 1638 aux exemplaires non vendus, dans son *Harmonie universelle* (t. II, 1894, p. 15).

II.

ÉCRIT ANONYME INÉDIT

SUR

LA CHUTE DES GRAVES

SON ATTRIBUTION A FERMAT.

(Tome II, p. 26, 28, 37, 55.)

(Florence, Bibl. Naz., Mss. Galileiani, Parte V, Tomo VII, f°s 98 recto à 100 verso.)

Selon le regretté Duhem (1), la règle qui permet d'évaluer l'espace parcouru, en un certain temps, par un mobile mû d'un mouvement uniformément varié, se trouverait clairement formulée déjà dans l'Ouvrage où Nicolas Oresme posait les principes essentiels de la Géométrie analytique ; elle fut discutée dans les nombreux commentaires qui, en Italie, au commencement du xve siècle, visaient les traités produits par la Dialectique d'Oxford et aussi dans les divers Ouvrages de Physique produits par la scolastique parisienne. Toutefois on n'avait pas encore eu l'idée d'appliquer cette règle à la chute des corps et c'est seulement plus tard, par le moyen de la règle formulée par Oresme, que la loi de cette chute fut trouvée par un élève des scolastiques parisiens, le dominicain espagnol Soto, qui la publia dans ses *Questions sur la Physique d'Aristote*, imprimées en 1545, c'est-à-dire vers l'époque où, en Italie, Tartaglia y consacra ses efforts.

(1) *Études sur Léonard de Vinci*, troisième série (Paris, 1913).

Tout récemment, le juge le plus compétent en la matière a nié l'influence de ces écrits sur les idées de Galilée ([1]). On doit reconnaître toutefois que Cardan et Benedetti rapprochaient la date de la découverte en propageant l'opinion que, dans le vide, tous les graves parcourent la même distance dans le même intervalle de temps, regardant leur chute comme produite par un mouvement uniforme qui reçoit continuellement une impulsion nouvelle. C'était par ce dernier principe, et en appliquant celui de l'indépendance de l'effet de la pesanteur et du mouvement antérieurement acquis, que Galilée réussit à nouveau à déterminer l'excès résultant de ce mouvement, excès qu'il vérifia par l'observation de la chute au long du plan incliné — arrangement qui diminuait la résistance de l'air et retardait la chute suffisamment pour y pouvoir appliquer la mesure. Ainsi, dans une lettre à Guidobaldo del Monte, datée de Padoue, le 29 novembre 1602, il énonça à son protecteur le tautochronisme des chutes par des cordes inclinées différemment sur le diamètre perpendiculaire d'un cercle, et, dans une autre lettre à Sarpi du 16 octobre 1604, il pouvait déclarer *gli spazii passati dal moto naturale essere in proporzione doppia dei tempi, e per consequenza gli spazii passati in tempi eguali essere come i numeri impari* ab unitate ([2]).

En résolvant le problème de la sommation des actions continuelles d'une vitesse qui s'accroît par le temps, ce qui est le problème fondamental de la Dynamique, Galilée faisait le raisonnement suivant :

Supposons que le mobile, partant du lieu de repos A (*fig.* 4), représenté par zéro, acquiert pendant son parcours vers B, qui se fait pendant le premier intervalle de temps (par exemple une minute), cinq degrés de vitesse. Divisons cet intervalle en cinq moments égaux ; comme la vitesse s'augmente à chaque moment de quantités égales, et devient 1, 2, 3, 4, 5, donc tous les espaces seront ensemble

$$0 + 1 + 2 + 3 + 4 + 5 = 15.$$

([1]) A. Favaro, *Léonard de Vinci a-t-il exercé une influence sur Galilée et son école?* (*Scientia*, vol. XX, 1916, p. 247-265); A. Favaro, *Galileo Galilei e i Doctores parisienses* (*Rendiconti della Reale Accad. dei Lincei*, vol. XXVII, seduta del 21 aprile 1918).

([2]) *Le Opere di Galileo Galilei*, ed. naz., vol. X, 1900, resp. p. 99 et 115.

Or, le mobile étant arrivé en B, supposons qu'il poursuit son cours pendant le second intervalle de temps (qui est égal au premier) avec un mouvement uniforme dont la vitesse est égale à celle qu'il avait acquise en dernier lieu, c'est-à-dire à 5. Il s'ensuit que, le nombre des termes étant resté 6, la somme des espaces contenus dans la ligne Bc sera 30, et le mobile, se mouvant pendant le même intervalle de temps, avec une vitesse égale à celle du plus haut degré 5, passera par un espace qui sera le double de celui qu'il a parcouru depuis son lieu de repos A jusqu'à B par le mouvement accéléré. Soit donc $Bc = 2AB$ et $cC = AB$, l'espace BC, parcouru dans l'intervalle second, sera égal à 3 AB; et ainsi de suite CD = 5 AB, etc.

Fig. 4.

Cette même loi des *spatia ut quadrata temporum* fut prouvée aussi par Descartes à la fin de l'année 1618, lors de son séjour à Bréda, suivant les principes et à la prière de son ami Beeckman, par le moyen de l'aire d'un triangle rectangle qui porte de petits triangles différentiels ([1]). Et ce fut par un procédé analogue que la loi fut prouvée à nouveau par Galilée aussi, après qu'il eut connaissance, en 1622, de la méthode des indivisibles de son ami Cavalieri.

Il va sans dire cependant que toute démonstration, quelle qu'elle fût, devait être inadmissible pour ceux qui n'admettaient pas les prémisses.

Notamment, la plupart des philosophes niait le vide pour des raisons philosophiques : c'était précisément une des objections les plus puissantes qui militait contre le vide que la vitesse d'un corps tombant y serait à chaque moment infinie et une telle vitesse n'existe pas, disait-on, dans la nature. Cette raison était objectée ultérieurement par exemple par Mydorge ([2]). En 1643, au nom de la Société des Mathématiciens de Paris, on objectait par la bouche de Mersenne contre les *Discorsi* de Galilée, parus en 1638 :

([1]) *Œuvres de Descartes*, éd. cit., t. X, 1908, p. 58-61, 75-78 et 219-220.
([2]) *Op. cit.*, t. II, 1898, p. 592-593, 618-619, 632-633; t. III, 1899, p. 11.

Supponit corpora gravitare in vacuo pag. 73, quod falsum est ([1]).

Mais aussi, en admettant le vide pour un moment, le mot du poète *vires acquirunt eundo*, appliqué aux corps tombants par Galilée et Descartes, pouvait être contesté quand on l'interprétait dans ce sens que le mouvement s'augmentait toujours également. Descartes lui-même, qui croyait son résultat encore valable en 1629, lorsqu'il était sujet de discussion entre lui et Mersenne ([2]), semble l'avoir rejeté à l'époque où il rédigeait son *Monde*, bouleversant en 1631 toute son ancienne démonstration par la remarque que, même dans le vide, il soit faux « *que la force qui faisoit mouvoir cette pierre agissoit tousiours esgalement, ce qui repugne apertement aux lois de la Nature : car toutes les puissances naturelles agissent plus ou moins selon que le sujet est plus ou moins disposé à recevoir leur action; et il est certain qu'une pierre n'est pas également disposée à recevoir un nouveau mouvement ou une augmentation de vitesse, lorsqu'elle se meut desia fort viste et lorsqu'elle se meut fort lentement* ». Vers la même époque, Mersenne fut amené à d'autres conclusions absurdes, en raison des inconvénients de l'observation directe de la chute des graves ([3]).

Une seconde objection était celle que, pour garder dans le vide les proportions des nombres 1, 3, 5, 7, etc., il était nécessaire que le grave tombât par tous les degrés de tardiveté et que cela n'était point, puisque la pierre avait au commencement de sa chute déjà une certaine vitesse.

La preuve du théorème que les corps tombants passent par tous les degrés de vitesse troubla déjà Cavalieri, qui en demanda une démons-

([1]) Ch. Henry, article cité à la page 12, note 1, p. 14.

([2]) *OEuvres de Descartes*, éd. cit., t. I, 1897, p. 71-74, 75, 88-89 et 90-95 ; Descartes commit alors une faute assez étrange dans la déduction de la loi.

([3]) Ainsi dans sa lettre à Jean Rey du 1er septembre 1631, le Minime s'oppose à l'opinion de ceux qui croyent « *que le mouvement des choses graves est plus viste vers la fin qu'au commencement : l'expérience me fait voir le contraire, car un boulet de canon descend aussi viste vers les vingt-cinq premiers pieds de roy que les vingt–cinq derniers* », en admettant cependant qu'un « *charbon tombant de vos mains ira aussi viste à terre qu'un sembable morceau de plomb* » [*Essais de Jean Rey*, éd. Maurice Petit (Paris, 1907), p. 79-80].

tration plus exacte à Galilée dans une lettre du 21 mars 1626 ([1]). La question a d'ailleurs du rapport avec celle-ci, si *grave sibi imprimit motum primo momento* qui fut posée plus d'une fois par Mersenne entre autres, à Descartes. Le philosophe répondit au Minime, le 4 novembre 1630, que cette thèse était pour lui une conséquence nécessaire de certains principes qui lui paraissaient évidents ([2]). Toutefois, il assurait bientôt, dans ses lettres à Mersenne d'octobre ou de novembre 1631, qu'il est faux de supposer « *que le mouvement qui s'y fait soit au premier instant qu'il commence le plus tardif qui se puisse imaginer et qu'il s'augmente tousiours par apprès esgalement* » ([3]). En effet, selon lui, on ne pouvait rien déterminer de la vitesse d'un corps tombant, sans avoir déterminé ce qu'est la pesanteur ([4]), à laquelle il consacra vers cette époque tout un chapitre de son *Monde* ([5]). Il la croyait produite par la matière subtile tournant fort vite autour de la Terre; si cette matière ne tournait point, aucun corps ne serait pesant ([6]) et ainsi dans le vide, que le philosophe d'ailleurs rejetait, la pesanteur serait nulle ([7]). En réalité, la matière subtile chasse, selon Descartes, les corps vers le centre avec plus de force lorsqu'ils n'ont point encore commencé à descendre que lorsqu'ils descendent déjà; enfin, s'il arrive qu'ils descendent aussi vite que la matière subtile se meut, elle ne les poussera plus du tout et, s'ils descendent plus vite, elle leur résistera ([8]). Il s'ensuit que les corps pesants sont moins poussés par la matière subtile à la fin de leur mouvement qu'au commencement ([9]); mais il est impossible de déterminer la vitesse dont chaque corps pesant descend au commencement, car cela dépend de la vitesse de la matière subtile ([10]).

([1]) *Le Opere di Galileo Galilei*, éd, naz., vol. XIII, 1903, p. 312.
([2]) *OEuvres de Descartes*, éd. cit., t. I, 1897, p. 176.
([3]) *Op. cit.*, t. I, 1897, p. 222, 230-231.
([4]) *Op. cit.*, t. I, 1897, p. 228, 392; t. II, 1898, p. 385.
([5]) Chapitre XI (*OEuvres*, éd. cit., t. XI, 1909, p. 75 et suiv.); *cf.* t. I, 1897, p. 324.
([6]) *OEuvres de Descartes*, éd. cit., t. II, 1898, p. 635.
([7]) *Op. cit.*, t. II, 1898, p. 385, 442, l. 17-18.
([8]) *Op. cit,*, t. II, 1898, p. 544; t. III, 1899, p. 10, 134-135.
([9]) *Op. cit.*, t. III, 1899, p. 37-38 et 79.
([10]) *Op. cit.*, t. III, 1899, p. 36.

Plus correctes étaient les opinions énoncées par Galilée dans son *Dialogo* qui tâchait de prouver que la pierre a eu au commencement de sa chute une vitesse moindre que n'importe quelle vitesse donnée. Selon ce qu'il dit dans le *Dialogo primo*, l'état de repos est le degré de tardiveté infinie (*quiete è il grado di tardità infinita*) (p. 13); il n'est pas impossible pour la Nature et Dieu de donner immédiatement la vitesse au corps qui passe de l'état de repos à celui de mouvement, *ma dirò bene che* de facto *la natura non lo fà; talchè il farlo verrebbe ad esser' operazione fuora del corso naturale, e però miracolosa* (p. 13). C'est ce qui est prouvé par Galilée par la remarque *che si possano notar piani tanto poco elevati sopra l'orizonte, che'l mobile, cioè la medesima palla in qualsiuoglia lunghissimo tempo si condurrebbe al termine, già che per conduruisi per il piano non basta tempo infinito; ed il moto si fa sempre più lento, quanto la declività è minore. Bisogna dunque necessariamente confessare potersi sopra il termine* C (voir *fig.* 6 à la page 20) *pigliare un punto tanto ad esso* C *vicino, che tirando da esso al punto* B *un piano, la palla non lo passasse nè anco in vn' anno* (p. 20), d'où il conclut que *finalmente la tardità si conduca a essere infinita, che è quando si finisce l'inclinazione, e s'arriua al piano orizontale* et il suit enfin *che il cadente partendosi dalla quiete, passa per tutti gl' infiniti gradi di tardità* (p. 21). En effet, entre le repos et un degré quelconque de la vitesse se trouve une infinité de degrés de vitesse plus petits, par lesquels le corps passe sans persister en aucun d'eux (p. 14), ce que Galilée explique dans le *Dialogo secondo* en représentant la vitesse et les laps de temps du mouvement par les côtés d'un triangle. *Essendo posto*, dit-il, p. 224, *il termine* A (*fig.* 5) *come momento minimo di velocità, cioè come stato di quiete, e come primo instante del tempo susseguente* AD, *è manifesto che, avanti l'acquisto del grado di velocità* DH *fatto nel tempo* AD, *si è passato per altri infiniti gradi minori e minori guadagnati negli infiniti instanti, che sono nel tempo* DA, *corrispondenti agli infiniti punti, che sono nella linea* DA. *Però per rappresentare la infinità dei grade di velocità, che precedono al grado* DH, *bisogna intendere infinite linee sempre minori e minori che s'intendano tirate dagli infiniti punti della linea* DA *parallele alla* DH, *la quale infinità di linee ci rappresenta in ultimo la superficie del triangolo* AHD. *E così intenderemo qualsivoglia spazio passato dal mobile con moto, che, cominciando dalla quiete, si vadia uniformemente accelerando, aver consumato*

Fig. 5.

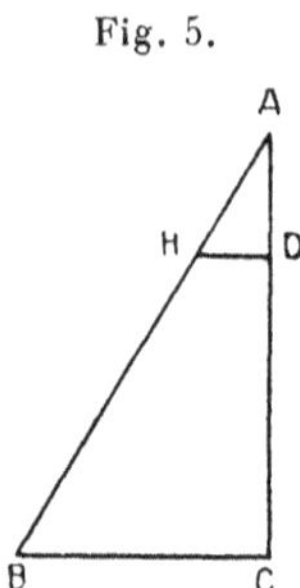

ed essersi servito di infiniti gradi di velocità crescenti conforme alle infinite linee, che, cominciando dal punto A, *s'intendono tirate parallele alla linea* HD. Toutefois, Galilée maintenait son opinion ancienne ([1]) en niant aussi à présent, comme le firent Mydorge et Descartes ([2]), l'existence d'une vitesse infinie : il énonce l'opinion inexacte que, même dans le vide, la chute ne peut pas durer jusqu'à l'infini, ce qu'il tâche de démontrer aussi (p. 222 et 225-226).

Les opinions de Galilée, telles qu'elles furent publiées en 1632, ne tardèrent pas de mettre les mathématiciens en embarras. En effet, son principe, appliqué au mouvement naturel et disant que les vitesses s'augmentent proportionnellement à la distance du poids au point du départ, semble impossible en ce qu'il en suit que le poids ne peut acquérir une vitesse finie qu'après un laps de temps infini et son principe contredit les conséquences qu'il en veut tirer. La démonstration géométrique de la loi nouvellement publiée et citée plus haut n'est pas trop claire. L'addition des vitesses diverses sans rien de plus pour l'évaluation de l'espace parcouru est permise seulement lorsqu'il s'agit de vitesses moyennes et celles-ci ne sont point représentées par

([1]) *Le Opere di Galileo Galilei*, ed. naz., vol. I, 1890, p. 328 et 411.
([2]) *Voir* ci-avant p. 22-23 et *OEuvres de Descartes*, éd. cit., t. III, 1898, p. 592-593.

les nombres indiqués dans la figure, puisque ces vitesses moyennes devaient être dans chaque intervalle proportionnelles aux termes de la série des nombres impairs 1, 3, 5, 7, etc., ce qui n'a pas lieu. Il est vrai que cette incorrection s'élimine en passant à la limite, mais Galilée s'était abstenu ici de toute explication.

Les géomètres français discutaient bientôt de telles difficultés. Déjà, le 1er novembre 1632, Gassend écrivit de Lyon à Galilée que son exemplaire du *Dialogo*, reçu en octobre par l'intermédiaire de Déodati, était encore le seul que l'on eût à Paris et, au nom de Mersenne, il sollicitait une communication *circa ponderum cadentium inæqualem velocitatem* (1). Vers la même époque, Mersenne interrogea aussi Descartes (2). Un des premiers sans doute, qui s'occupa de l'énigme du degré de vitesse du poids tombant au commencement de sa chute, fut Antoine de Ville, Toulousain de naissance, mais dont nous ignorons s'il avait eu des rapports avec Fermat ou Carcavi, qui était admis conseiller à Toulouse le 20 juillet 1632. Ingénieur militaire au service de la République vénitienne et de grande estime auprès des savants italiens, il adressa le 4 janvier 1633 à Galilée une lettre, dans laquelle il rendait tout au long compte de ses remarques sur le *Dialogo;* en admettant que les corps qui vont à leur perfection (*al suo tutto*) passent de l'état du repos par tous les degrés de tardiveté avant d'acquérir la vitesse, il le nie cependant pour un mouvement retardé (*una sosta*), qui a moins de vitesse à la fin qu'au commencement (3). Aussi Gassend et Boulliaud discutèrent plus d'une fois sur la cause pour laquelle, dans la chute, le mouvement est plus lent au commencement que vers la fin (lettre de Boulliaud à Gassend du 21 juin 1633) (4). Enfin, c'était depuis le commencement de l'année 1634 que Mersenne traitait la question de l'intervalle de temps employé par le corps pendant sa chute jusqu'au centre de la Terre, avec l'astronome belge Wendelin,

(1) Petri Gassendi *Diniensis ecclesicæ præpositi et in Academia Parisiensi Matheseos professoris Epistolæ*, etc., t. VI (Lugduni, 1658), p. 53-54.

(2) *Œuvres de Descartes*, éd. cit., t. I, 1897, p. 261.

(3) *Le Opere di Galileo Galilei*, ed. naz., vol. XIV, 1904, p. 16.

(4) Petri Gassendi, etc., *Epistolæ*, t. VI, 1658, p. 410.

qui trouva pour cet intervalle un laps de temps de 12 minutes au lieu de celui de 6 heures supposé par Galilée et qui assurait encore plus tard à Gassend avoir trouvé la démonstration de la loi des *spatia in ratione duplicata temporum* avant la publication du Maître ([1]).

En dehors de ces considérations, nous possédons celles de Mersenne, qui rendait compte des démonstrations de Galilée sur le théorème en question dans le *Livre second* de son *Harmonie universelle*, dans lequel il inséra une *Proposition VII* portant le titre de *Expliquer les mouvemens des poids sur les plans inclinez à l'horizon, avec la proportion de leurs vitesses ; et déterminer si le poids, qui tombe, passe par tous les degrez possibles de tardiveté* (*p.* 108-112). En effet, en considérant ces plans, « *il est certain que le poids descend d'autant plus lentement que le plan est plus incliné, par exemple il va plus lentement sur* AB (*fig.* 6) *que sur* CA, *de sorte que l'on en peut donner un si peu incliné à l'horizon, que*

Fig. 6.

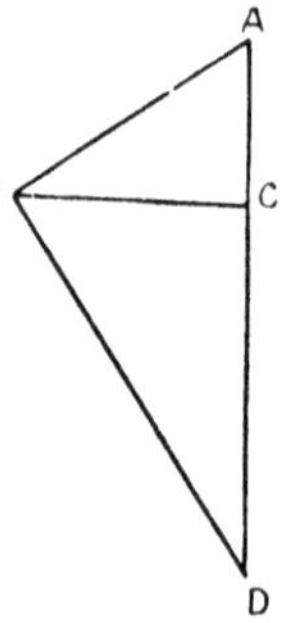

le mobile ne fera que 15 *pieds de Roy dans un an, ou en cent ans, ou en tant de tems que l'on voudra ; ce qui monstre une extrême tardivité* ». Et en rapprochant les énoncés de Galilée sur le moment des graves au long des plans de diverse inclinaison à ses propres expériences, le Minime se met au calcul de l'angle BAC pour quelques exemples, et trouve que ce sont « 4 *dixiesmes et* 21 *onziesmes* ([2]), *qui donnent*

([1]) *De Briefwisseling van Constantijn Huygens uitgegeven door* Dr *J. Worp*, t. II, 1913, p. 174-175, 455 et 511 ; t. III, 1914, p. 167, 210, 217-218 et 249. Gassend, *Epistolæ*, t. VI, 1658, p. 166, 428, 455 et 460.

([2]) Subdivisions de la *seconde* et des mots formés de manière analogue.

l'inclination du plan AB *sur lequelle le poids estant en* B, *aura acquis une vistesse capable de faire* 30 *pieds en cent ans. Or estant tombé en* C *par la perpendiculaire* AC, *il aura seulement la mesme vitesse; par conséquent il passe par tous les degrez de tardivité avant que d'avoir acquis un certain degré de vitesse, attendu que l'on peut encore moins incliner le plan* AB. *Et mesme si l'on prend la vitesse du mobile lorsqu'il est en* E, *que je suppose éloigné de* A *de* 3 *pieds* $\frac{3}{4}$ *(car* AE *est le quart de* AB), *il ne fera* AE *qu'en* 50 *ans et ne fera que* 15 *pieds en cent ans, s'il continue dans cette mesme vitesse, laquelle fera aussi diminuer la vitesse de la cheute perpendiculaire* AC *en mesme proportion* ».

On a vu plus haut que cette partie de l'Ouvrage de Mersenne était achevée d'imprimer en septembre 1635 et que c'était au mois d'avril 1636 que le Minime entra en correspondance avec Fermat par l'intermédiaire de Carcavi en lui proposant entre autres une question qui correspond à la *Proposition VI* du *Livre second* de son *Harmonie universelle*. Mais on verra que des considérations comme celles de la *Proposition VII* de l'Ouvrage de Mersenne, ont été un sujet de discussion dans un écrit que nous publions ci-dessous et dans lequel on défend contre Galilée l'opinion, qui était entre autres aussi celle de Descartes, que le grave possède déjà une vitesse lorsqu'il commence à descendre. L'auteur y ajoute un raisonnement qui a pour but de prouver l'inexactitude de la loi de la chute des graves telle qu'elle était énoncée par le savant de Florence, qui n'avait pas admis la variabilité de l'accélération et celle du poids d'un corps en raison de sa distance au centre de la Terre. En laissant pour le moment les raisons pour lesquelles nous tenons l'écrit pour une communication de Fermat à Mersenne en réponse à des considérations des mathématiciens de Paris, nous ferons sur la loi probable de l'attraction, dont ces variabilités dépendent, les remarques suivantes.

Le postulat de la convergence des actions de la pesanteur vers le centre de la Terre était posé par Archimède comme base de sa doctrine de l'équilibre des corps flottants; mais en étudiant les conditions de l'équilibre du levier, il suppose les lignes de directions de ces actions parallèles entre elles. Au moyen-âge, ce sont, entre autres, Albert de Saxe et Léonard de Vinci qui défendent la doctrine de la convergence de ces lignes et l'on en tire déjà des conséquences pour le poids variable d'un corps : selon Blaise de Parme, l'inclinaison mutuelle des divers poids des parties d'un grave fait que le poids total du grave est d'autant plus petit que le corps est plus voisin du sol (¹).

La question se présenta à Cardan à plus d'une reprise. Dans l'Ouvrage des proportions, qu'il publia dans sa vieillesse, il l'applique à la chute d'un corps au long des plans inclinés, qui peuvent avoir une inclinaison si petite que le point C (*fig.* 7) a plus de distance au centre

Fig. 7.

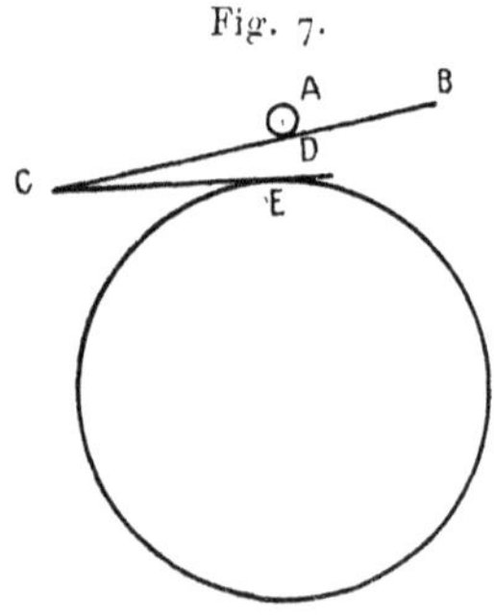

de la Terre que le point D et néanmoins le corps pesant *feretur ex* D *in* C *motu naturali, ut demonstratum est, ergo per purum motum naturalem poterit* A *removeri a centro mundi. Hoc volui proponere, ut intelligeres in plano vero* CE *non moveri a sponte, quia* C *necessario altior est* D ; *si ergo movebitur, non erit* CE *recta, sed pars proportionis circuli superficiei Terræ, quæ sensu a recta distingui non poterit* (²). D'ailleurs, ayant traité déjà autrefois, dans son ouvrage *De subtilitate*, paru en 1552, de la fameuse question « un levier, qui a les deux bras AM, MB et aussi les poids égaux, retourne-t-il à sa position horizontale après avoir été touché en B (³)? », il conclut qu'un corps pèse d'au-

(¹) Duhem, *Les origines de la Statique*, t. I (Paris, 1905), p. 150-151 ; t. II, 1906, p. 56, 58, 81-84 et 174.

(²) *Opus novum de proportionibus*, etc. (Bas., 1570), p. 85.

(³) *De Subtilitate*, éd. de Lyon, 1580, p. 37 et suiv.

tant plus qu'il se trouve plus proche du centre de la Terre ([1]). A cet égard le raisonnement de Guidobaldo del Monte était le suivant : Soient C (*fig.* 8) le centre de la Terre, AC et BC les lignes convergentes de

Fig. 8.

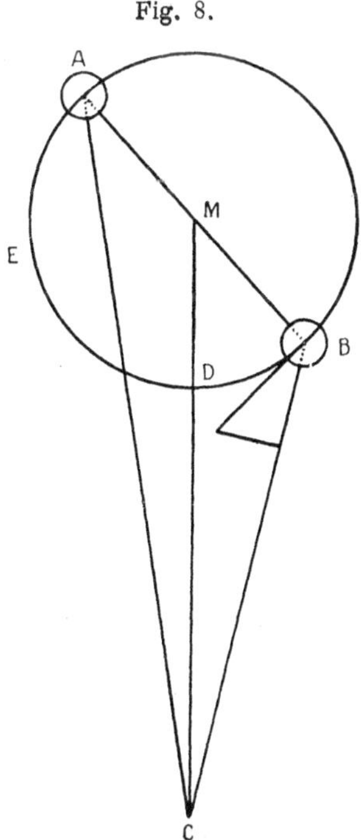

direction, l'angle CBD — dit-il ([2]) — sera plus petit que l'angle CAE, donc la chûte de B par BD sera moins oblique que celle de A par AE et par conséquent le poids en B pèsera plus que celui en A, ce qui est contraire aux opinions de Jordan de Nemore et de Tartaglia (*quod est penitus oppositum eius, quod ipsi ostendere conati sunt*). Toutefois l'opinion de ceux-ci fut défendue à nouveau par Benedetti qui disait que le poids d'un corps ne varie pas en raison inverse, mais en raison directe de sa distance au centre de la Terre.

Ces réflexions étaient d'ailleurs connues en France du moins, depuis l'année 1626, lorsque Mersenne y consacra une partie de sa *Synopsis*

([1]) *Opus novum*, etc. (Bas., 1570), p. 103-104.
([2]) *Mechanicorum Liber* (Pisauri, 1577), f° 19 verso.

mathematica [1]. Or, Galilée ayant négligé dans ses propositions sur le plan incliné la convergence des lignes de direction telle qu'il l'admettait dans son étude sur la spirale, et n'ayant point admis la variabilité de l'accélération aussi hors de la Terre, on reprit la doctrine de Guidobaldo del Monte, dont l'Ouvrage est cité plus d'une fois à cette époque par Mersenne [2], pour élucider la théorie du Maître émise dans le *Dialogo* de 1632.

On retrouve le récit de nombreuses expériences sur le plan incliné faites par Mersenne, dans ses deux Ouvrages, dont les manuscrits étaient achevés en 1634 : les *Harmonicorum libri* et l'*Harmonie universelle*, dont une bonne partie de la *Proposition VII* déjà citée (108-112 du *Livre second*), leur fut consacrée. « *Je doute* » — ajouta-t-il dans le Corollaire premier de cette proposition — « *que le Sieur* Galilée *ayt fait les expériences des cheutes sur le plan puisqu'il n'en parle nullement, et que la proportion qui donne, contredit souvent l'expérience; et désire que plusieurs esprouvent la même chose sur des plans différens avec toutes les précautions, dont ils pourront s'aviser, afin qu'ils voyent si leurs expériences respondront aux nostres, et si l'on en pourra tirer assez de lumière pour faire un théorème en faveur de la vitesse de ces cheutes obliques, dont les vitesses pourroient estre mesurées par les differens effets du poids, qui frappera dautant plus fort que le plan sera moins incliné sur l'horizon, et qu'il approchera davantage de la ligne perpendiculaire* »; et dans le Corollaire second : « *Ceux qui ont veu nos expériences et qui y ont aidé, sçavent que l'on n'y peut proceder avec plus de justesse, soit pour le plan qui est bien droit et bien poli, et qui contraint le mobile de descendre droit, ou pour la rondeur, et la pesanteur des boulets et pour les cheutes; d'où l'on peut conclure que l'expérience n'est pas capable d'engendrer une science, et qu'il ne se faut pas trop fier au seul raisonnement, puisqu'il ne respond pas toujours à la vérité des apparences, dont il s'éloigne bien souvent. Ce qui n'empêchera pas que je ne parle du plan*

(1) DUHEM, *op. cit.*, t. I, 1905, p. 295-299; t. II, 1906, p. 123 et suiv.

(2) *Les questions théologiques, physiques,* etc. Paris, 1634), et *Les Méchaniques de Galilée* (*Ibid.*, 1634).

également incliné, tel qu'il doit estre, afin que les corps pesans le pressent et pèsent également sur chacun de ses points. » En effet, Mersenne relève dans les *Propositions VIII* et *IX* de ces deux Ouvrages l'application de la théorie de la convergence des lignes de direction au plan incliné et détermine aussi (*Harmonie universelle,* Livre second, Prop. IX, p. 119-121; *Harmonicorum libri,* Præfatio, *Propositio* IV) la forme du plan également incliné, c'est-à-dire de la ligne qui coupe les lignes de direction convergentes sous des angles égaux; et c'est dans cette première construction de la spirale logarithmique qu'il déclare *qu'un poids se mouveroit perpétuellement par ce plan également incliné sans pouvoir jamais arriver au centre de la Terre, autour duquel le plan torneroit toujours sans y arriver; et conséquemment que ce plan ne se rencontre en nul lieu de la nature, qui ne fait rien en vain, et qui donne un terme ou un centre à chaque chose* » (1).

C'est depuis cette époque que la doctrine de la convergence des lignes de direction allait jouer, avec celle de la pesanteur qui s'y rattache, un rôle essentiel dans le développement de la Statique, en provoquant chez les savants français d'importantes découvertes.

Son application à la question géostatique fut rendue fameuse par Beaugrand, secrétaire du roi à Paris. Dans l'automne de l'année 1635, visitant, comme Carcavi, Galilée à Arcetri, Cavalieri à Bologne, Castelli à Rome, il leur communique son idée que l'attraction est proportionnelle à la distance des corps au centre de la Terre, qu'un corps pèse d'autant moins qu'il se trouve plus proche de ce centre et que le centre de gravité a dans le corps un lieu variable, opinions qui furent partagées aussi par Cavalieri et par Castelli (2). De même Fermat, l'ami intime de Beaugrand, se montra partisan de ces idées, comme il

(1) Descartes était moins heureux dans sa réplique aux assertions de Mersenne sur la courbe (*Œuvres de Descartes*, éd. cit., t. I, 1897, p. 439, 446-447; t. II, 1898, p. 233, 360 et 390).

(2) *Voir* sur la communication de ces idées par Beaugrand à Galilée et Castelli sa lettre à Galilée du 3 novembre 1635 (*Le Opere di Galileo Galilei*, ed. naz., vol. XVI, 1905, p. 336-337), la lettre de Castelli à Galilée du 30 novembre 1635 avec une démonstration

apparaît de la correspondance qu'il engagea avec les mathématiciens de Paris, depuis le mois d'avril 1636, par l'intermédiaire de Carcavi; toutefois non sans que le géomètre de Toulouse critiquât, avec Desargues et Guy de la Brosse, la manière dont Beaugrand avait défendu ses opinions dans un opuscule qui parut à Paris en mai 1636 (1).

Les propositions de Fermat nous sont conservées dans un écrit qu'il joignit à une lettre à Carcavi, aujourd'hui perdue, et dans un second écrit envoyé à Carcavi aussi, par l'intermédiaire de Mersenne. C'est dans ce second écrit, ainsi que dans la lettre ajoutée du 24 juin 1636 à Mersenne, que Fermat nous apprend (t. II, 1894, p. 19 et 23), qu'il soupçonnait depuis longtemps Archimède de n'avoir pas apporté toute la précision désirable dans l'étude des Mécaniques; se souvenant sans doute des expressions de Guidobaldo del Monte (2), dont l'ouvrage est cité à la fin du second écrit latin, Fermat y admet que la descente des graves par des lignes parallèles est vérifiée sensiblement dans l'expérience courante, à cause de la grande distance du centre de la Terre ; « *mais il y a plaisir à chercher les vérités les plus menues et les plus subtiles et d'ôter toutes les ambiguïtés qui pourraient survenir* » (*Ibid.*, p. 19). En effet les deux écrits de Fermat reçurent un bon accueil de Castelli, auquel ils furent envoyés aussi par Carcavi (3); mais, depuis le mois de juillet 1636, une vive polémique éclata entre Fermat d'un côté, et Etienne Pascal et Roberval de l'autre, à propos des dé-

par Beaugrand lui-même (*op. cit.*, p. 351-354); les lettres de Cavalieri à Castelli du 19 décembre 1635 (Ch. Henry, article cité à la page 12 ci-avant la note 1, p. 16-17) et Rocca du 30 décembre 1635 (*Le Opere di Galileo Galilei*, ed. naz., vol. XVI, 1905, p. 368); enfin le jugement de Magiotti (*Ibid.*, p. 382-384).

(1) *Voir* d'ailleurs sur les idées de Beaugrand et l'accueil qui leur fut fait par les géomètres français : *Œuvres de Descartes*, éd. cit., t. II, 1898, p. 645-647; Duhem, *op. cit.*, t. II, 1906, p. 156 et suiv., et *Le Opere di Galileo Galilei*, ed. naz., vol. XVII, 1906, p. 110.

(2) *Nisi fortasse dixerint* — celui-ci ajouta à l'exposé de la doctrine de la convergence des lignes de direction — *hæc omnia propter maximam a centro mundi usque ad nos distantiam, adeo insensibilem esse, ut propter insensibilitatem tanquam vera supponi possint* [*Mechanicorum liber* (Pisauri, 1577), f° 15 verso].

(3) C'était à celui-ci sans doute que s'adressait la lettre de Castelli insérée dans les *Œuvres de Fermat*, éd. cit., t. II, 1894, p. 26.

monstrations mécaniques de Fermat ([1]), polémique à laquelle prit part aussi Mersenne ([2]), et, depuis l'année 1638, Descartes, soit dans des lettres, soit dans diverses recherches spéciales sur la question de *Sçavoir si un corps pèse plus ou moins, estant proche du centre de la Terre qu'en estant éloigné,* dans lesquelles il conclut à la variabilité du lieu du centre de gravité et revient à la proportionnalité en raison inverse du poids avec la distance au centre, énoncée autrefois par le marquis del Monte ([3]).

Dans sa lettre à Mersenne du 24 juin 1636 (t. II, 1894, p. 20), Fermat conclut : « *Je vous prie de relire ma proposition des graves et de m'en dire votre avis* », faisant ainsi allusion à une proposition jusqu'ici inconnue. Et à la réception de l'Ouvrage mécanique de Roberval, inséré par Mersenne dans son *Harmonie universelle*, il répondit au géomètre de Paris en août 1636 : « *Vous m'accorderez que ce mouvement sur les plans inclinés se peut prouver encore plus précisément* » (t. II, 1894, p. 35).

C'est que Fermat peut très bien avoir eu en vue par ces expressions le travail, jusqu'à présent inédit, que nous faisons suivre ci-après, également d'après une copie de la Bibliothèque nationale de Florence, écrite de la même main inconnue que le document précédent. La suscription de celui-ci que nous avons attribuée à Carcavi (ci-avant, p. 19) concerne sans doute le présent écrit, qui en est une suite naturelle et qui peut donc être daté de la même époque. Et d'ailleurs, les documents que nous reproduisons (IV, lettres 1-5) nous fourniront la preuve décisive que ce travail, qui ne porte ni date, ni nom d'auteur, est réellement dû à Fermat qui d'ailleurs l'avait

(1) *Voir* pour ses démonstrations, en dehors de la correspondance citée, Duhem, *op. cit.*, t. II, 1906, p. 159-178, et les *Œuvres de Blaise Pascal,* éd. Brunsvicg, Boutroux et Gazier, t. I (Paris, 1908), p. 169-193.

(2) *Harmonie universelle*, seconde Partie (Paris, 1637), Livre VIII, Prop. 18, p. 63, et *Nouvelles observations phys. et math.*, à la fin de la partie seconde (5e *observation*, p. 17).

(3) *Œuvres de Descartes*, éd. cit., t. I, 1897, p. 446-447 ; t. II, 1898, p. 182-189, 222 et suiv., 227-228, 238 suiv., 242 suiv., 270 et 448-449.

communiqué vers l'époque indiquée à Carcavi seul, sans le vouloir livrer à la divulgation (*cfr*, p. 48 ci-après).

De lineâ seu Helice quam describit grave naturaliter descendens secundum proportionem motûs a Galilæo assignatam ([1]), a nobis multa probata sunt ([2]); sed quia accuratius perpendenti hæc proportio gravium naturaliter descendentium non satis patet, immo geometricis demonstrationibus repugnare videtur, aliquam in experiendo fallaciam irrepsisse facile crediderim. Quis autem rationem sensibus non prætulerit?

Propositionem geometricam huic experientiæ repugnantem (et si hæc non placeat aliam dabimus) præmisso postulato construemus.

Postulatum hoc sit : *Nullum motum fieri absque celeritate aliquâ corporis moti.*

Quiescat enim in 1ª figura corpus A. Si celeritas, vel a se, hoc est a pondere suo, vel a vi magnetica Telluris quæ ipsum attrahat ([3]), vel a quâcumque aliâ vi esternâ non mutuetur, nunquam movebitur.

Moveatur enim, si fieri potest, a puncto A in punctum B.

Existimat Galilæus corpus A nullam celeritatem in puncto A habere; acquiri tamen ipsi dum movetur.

(1) *Voir* le Document I ci-avant.

(2) Fermat parle de ses expériences mécaniques dans ses lettres à Pascal, Roberval et Mersenne de 1636 (*Œuvres*, éd. cit., t. II, 1894, p. 55 et 58).

(3) L'assimilation de la Terre à un aimant était en vogue depuis la publication de l'Ouvrage de Gilbert : *de Magnete magnetisque corporibus et de magno magnete Telluris* (Londini, 1600), cité par Galilée dans le *Dialogo*, éd. de 1632, p. 393 et suiv., et par Fermat dans son écrit latin du 24 juin 1636 (t. II, 1894, p. 24). Dans leur longue lettre à Fermat du 16 août 1636, Etienne Pascal et Roberval ont discuté tout au long les trois causes possibles de la pesanteur et leurs conséquences différentes (t. II, 1894, p. 37-41; *voir* d'ailleurs les *Œuvres de Descartes*, éd. cit., t. II, 1898, p. 224; et Duhem, *op. cit.*, *t.* II, 1906, p. 169 et suiv.).

Igitur aut in primo jnstanti acquiritur ipsi velocitas sive celeritas, aut in determinato tempore, verbi gratiâ cùm est in B.

Si in primo instanti acquiritur ipsi celeritas, ergo cùm incipit moveri, habet celeritatem. Est enim instans jndivisibilis. Hoc autem est ex nostrâ sententiâ et contra Galilæum.

Fig. 9.

Prima figura.

Superest igitur, ut dicat Galilæus, celeritatem acquiri in certo tempore, verbi gratiâ cùm est in B. Quod non videtur admittendum (quæ enim ratio cur potius in B quam in E aut alio puncto incipiat celeritas?). Hoc autem ex ipso Galilæo implicat contradictionem : fiat BE tripla EA, celeritas corporis A cùm est in B, est dupla celeritatis eiusdem corporis A cùm est in E ex Galilæo; igitur A in E habet celeritatem contra positiones.

Quia ergo in certo tempore acquiri corpori descendenti celeritatem non est admittendum, ut iam diximus (et patet quia motus sine celeritate non fit), superest et ad tuendam tum veritatem, tum Galilæi sententiam, ut celeritatem corpori in principio motûs tribuamus.

Hoc posito non videtur nobis posse constare propositio Galilæi.

Exponatur in 2ª figura recta descensûs AF. Descensus gravis naturaliter descendentis ab A in F, fiat in tempore *S*. Grave idem, si uniformi celeritate (eâ videlicet quam possidet in principio motûs) descenderet ab A in F, maius tempus absumeret in descensu. Fiat igitur hic motus uniformis in tempore R et sit R ad S proportio tripla, verbi gratiâ (de quâlibet enim demonstratio concludet).

Inveniatur numerus quadratus cuius ad suum latus proportio sit maior proportione R ad S, verbi gratiâ 25. Exponantur tot numeri impares ab unitate quot quadratum 25 constituunt : 1, 3, 5, 7, 9, et recta AF in portiones AB, BC, CD, DE, EF dividatur, quæ proportionem servent numerorum 1, 3, 5, 7, 9. Recta igitur AB vigetiesquinque in tota AF continetur.

Fig. 10.

2ª *figura*.

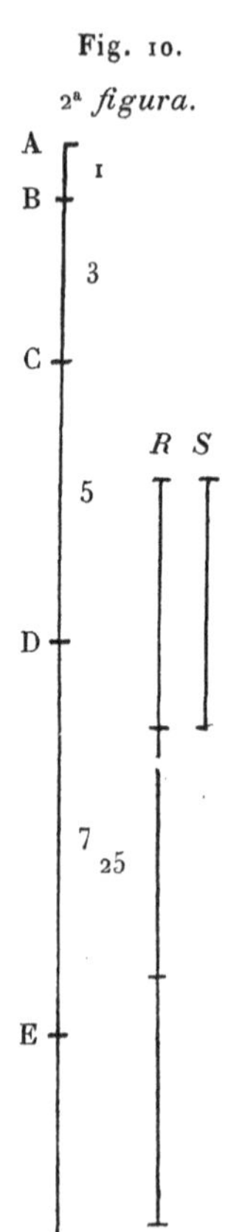

Tempus autem motûs uniformis ab A in B est maius tempore motûs naturalis ab A in B et

ut AF ad AB ita tempus motûs uniformis ab A ad F
ad tempus eiusdem motûs uniformis ab A ad B;

ergo maior est proportio temporis motûs uniformis ab A ad F ad tempus motûs naturalis ab A ad B quàm AF ad AB, hoc est quàm 25 ad 1. Est autem

ut tempus motûs naturalis ab A ad B
ad tempus motûs naturalis ab A ad F ita 1 ad 5,

si vera sit propositio Galilæi. Ergo ex æquali maior est proportio temporis motûs uniformis ab A ad F ad tempus motûs naturalis ab A ad F quàm 25 ad 5. Est autem 25 ad 5 maior quam R ad S; longè igitur maior erit proportio temporis motûs uniformis ab A ad F ad tempus motûs naturalis ab A ad F quàm R ad S. Ponebatur tamen æqualis; non potest igitur constare hæc a Galilæo propositio.

Hisce demonstratis superest nobis alia eiusdem Galilæi

quæstio excutienda *de motu gravium in planis inclinatis* (1), miro certe ingenii acumine, ut et cætera eius inventa, ab eo excogitata. Sed quod ab eo satis attente considerata non sit, hæc nos movent ut credamus quæ locum habebunt, licet subsisteret proportio accelerationis in descensu gravium ab eo assignata.

Fig. 11.

3ª *figura.*

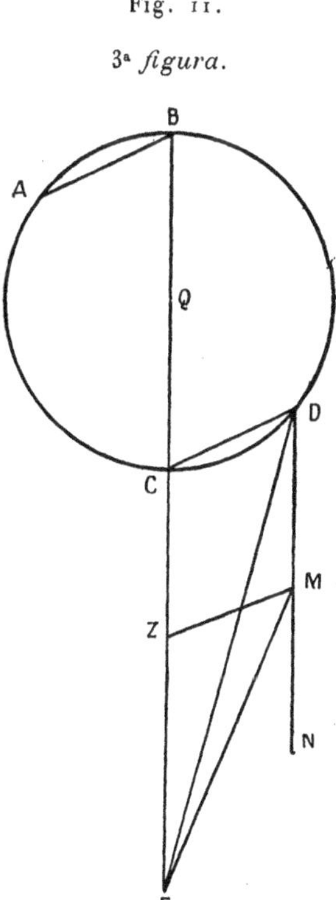

Exponatur in 3ª figura circulus ACD cuius diameter BC ad centrum Terræ E dirigatur; ducatur utcumque recta BA. Existimat Galilæus grave a puncto B naturaliter descendens, quo tempore percurrit diametrum BC, eodem tempore in plano inclinato percurrere rectam BA et hæc ipsius propositio

(1) Comp. la suscription ajoutée à la copie de notre premier document (ci-avant, p. 19).

refertur pag. 18 in *Dialogis* Ital. (¹). Exponatur deinde in eâdem figurâ recta CD, utcumque ducta; idem Galilæus existimat grave a puncto B naturaliter descendens quo tempore percurrit diametrum BC, eodem in plano inclinato percurrere rectam DC, et hæc ipsius sententia ab eodem refertur pag. 445 eiusdem libri (²).

Et primò quidem videntur hæ duæ propositiones se invicem destruere.

Nam sit verbi gratiâ recta CD parallela ideoque æqualis rectæ BA; iungatur DE, et ipsi BE parallela ducatur DN. Propter parallelas BA, CD anguli ABC, BCD sunt æquales; propter parallelas autem BC, DN anguli BCD, CDN sunt etiam æquales, ergo æquales sunt ABC, CDN. Maior igitur ABC quàm CDE. Sed quo maior est angulus inclinationis ad lineam directionis, eo minor est in descensu per plana inclinata velocitas. Ergo cùm BA, DC sint æquales, citiùs idem grave à D ad C, quàm à B ad A perveniet.

Patet igitur duas has Galilæi propositiones non posse simul esse veras; ideoque videtur sibi contradicere quod et etiam veritati.

Posteriorem propositionem primum ita subvertimus.

In eadem 3ª figura intelligatur circulus una cum rectâ CD centro appropinquasse. Et sit punctum C in Z, recta CD in ZM; iungatur ME. Certum est, et ab eodem Galilæo usurpatur pag. 218 et 219 eiusdem libri, grave naturaliter descendens per lineam directionis ab initio descensûs idem spacium eodem

(¹) Galilée ne donna la démonstration de cette assertion que plus tard dans les *Discorsi* (éd. de 1638), p. 180 et suiv.

(²) On trouve le théorème mentionné dans la *Giornata quarta* du *Dialogo* sous le titre des *Problemi maravigliosi di mobili discendenti per una quarta di cerchio, e dei discendenti per tutte le corde di tutto il cerchio*. Mersenne avait traité cette question dans le *Livre second* de son *Harmonie universelle* (Paris, 1636), p. 221 et suiv.

tempore percurrere, sive sit proximum centro terræ, sive ab eo distans.

Sit igitur punctum B in hoc novo situ in puncto Q. Hoc supposito, si verum sit quo tempore grave à puncto B descendit ad C, eodem à puncto D descendere ad punctum C, et quo tempore à Q descendit ad Z, eodem ab M descendere ad Z, ergo, cùm à puncto B ad C eodem tempore descendat quo à puncto Q ad Z (supponendo B et Q initia motuum), igitur à puncto D ad C eodem tempore descendet quo à puncto M ad punctum Z. Propter parallelas autem anguli ZMN, CDM sunt æquales; maior autem angulus EMN angulo EDM, minor igitur angulus ZME angulo CDE. Ideoque grave in puncto M super rectam MZ citiùs descendet quàm super rectam DC quia in hoc casu propius est lineæ directionis. Cùm igitur rectæ DC, MZ sint æquales, citiùs idem grave a puncto M perveniet ad Z quàm à puncto D ad C.

Non videtur igitur posse constare posterior propositio Galilæi. Unde patet *quo propius circulus appropinquat centro, eò citiùs grave per lineam* DC *ad punctum* C *perventurum.*

Quod 4ª figura longè adhuc clarius confirmat, in quâ sit cen-

Fig. 12.
4ª *figura.*

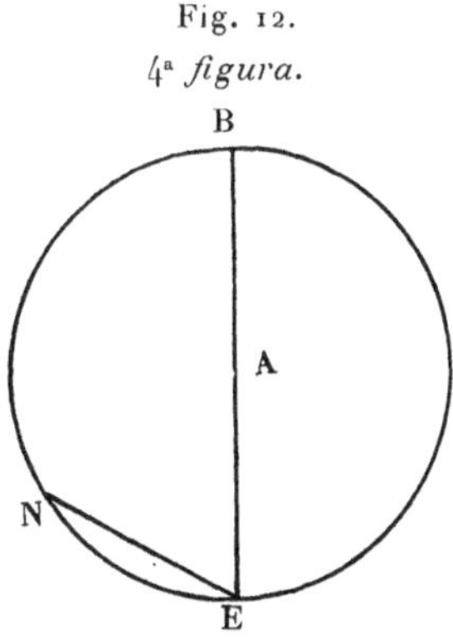

trum Terræ E in extremitate diametri et fiat AE æqualis NE. Grave in puncto N constitutum in hoc casu descendens per rectam NE, descendit per lineam directionis. Ergo si descendat à puncto A, ad centrum eodem tempore perveniet quo à puncto N; igitur citiùs quàm si a puncto B descenderet.

Sed hæc non evertunt primam Galilæi propositionem. Immo videtur sane nullum ex eâ absurdum sequi, quia, verbi gratiâ, in 3ª figura angulus ABC inclinatione, sive appropinquet circulus centro Terræ sive ab eodem removeatur, idem permanet.

Eius tamen propositionis errorem 5° diagrammate subtilius investigamus.

Fiat constructio circuli NM, centrum Terræ sit E; recta utcumque NM, secta in B; eique parallela utcumque ADZ; fiat et recta AD æqualis NB. Iungantur BE, DE et sit AZ æqualis NM.

Cùm propter parallelas anguli MNE, ZAE sint æquales, ergo, si vera sit propositio Galilæi primo loco posita, eâdem quâ iam usi sumus argumentatione, probabimus, circulo moto, eo tempore quo grave ab N descendit ad M, eodem ab A descendere ad Z; et quo descendit ab N ad B, eodem descendere ab A ad D. Probabimus etiam grave in D, ab A perveniens, esse eiusdem velocitatis atque à puncto N ad punctum B perveniens. Sed ex constructione patet angulum BEN minorem esse angulo AED : sunt autem æquales DAE, BNE, ergo minor est EDA quàm EBN, ideoque ZDE maior quàm MBE. Igitur grave, cùm in D, ex Galilæo, eiusdem sit velocitatis atque in B, ergo citius descendet à puncto B super rectam BM quàm à puncto D super DZ. Ideoque rectam NM citius quàm AE percurret, quod mihi videtur absurdum.

Ergo non potest constare utraque Galilæi propositio.

Si demonstrationem exactissimam requiras secandæ erunt rectæ NM, AZ in partes quotcumque æquales, nam semper accidet mutari angulus inclinationum. Et si *sextam* figuram construas eodem raticinio concludes *in primo Galilaei casu, quo propior ſit centro terræ circulus, eò motum per planum*

Fig. 13.

5ª *figura*.

Fig. 14.

6ª *figura*.

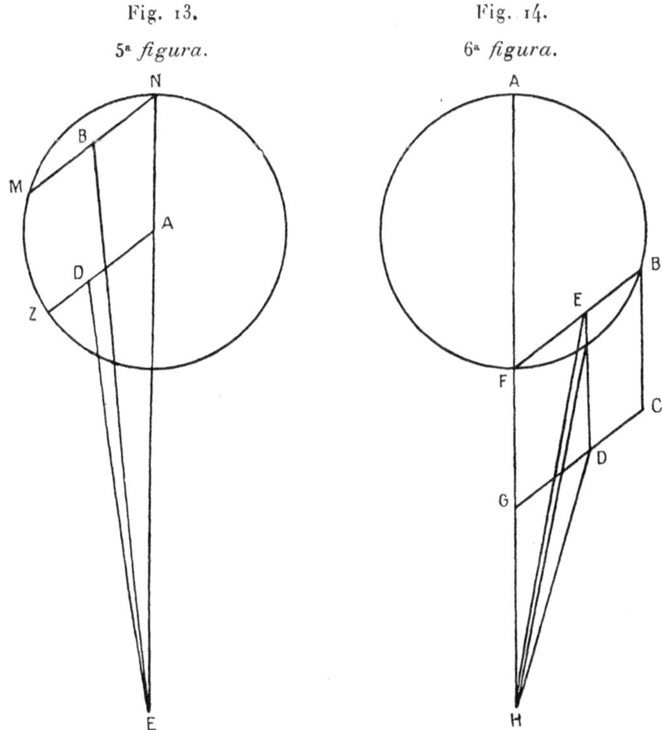

inclinatum fieri tardiorem; in secundo, quo propior ſit centro terræ circulus, eò motum per planum inclinatum fieri citiorem, quæ res non vacat admiratione.

Omittimus Galilæum supposuisse in plano horizontali nullum fieri motum, cùm tamen unicum sit punctum in quo grave in quolibet plano quiescit (¹).

(¹) *Voir*, pour le mouvement d'un point sur le plan horizontal, l'explication de Cardan, ci-avant, p. 30. Fermat en a traité dans un écrit latin de décembre 1636 (t. II, p. 88-89, *cf.* p. 91). *Voir* aussi DUHEM, *op. cit.*, t. I, 1904, p. 185, 186, 215 et 225; t. II, 1906, p. 77, 84, 119, 124-125 et 177. En effet il n'y a de vraie horizontale, ou ligne normale à la direction de la pesanteur, que le cercle.

ANNÉE 1636.

III.

POINTS D'INFLEXION

DE

LA CONCHOÏDE DE DROITE.

ROBERVAL A FERMAT.

PARIS, 22 NOVEMBRE 1636.

(Tome II, p. 72, 82, 86, 91.)

[Groningue, Bibl. de l'Université, Ms. 110 (coll. Van Schooten) f° 13 verso. — Florence, Bibl. Naz., Mss. Galileiani, *Discepoli*, Vol. CIII, f°s 99 recto-99 verso. — En haut : *Extrait d'une lettre de Mr R. du* 22 *novembre* 1636. Le Ms. de Florence porte en marge : *Deleatur*. — L'extrait suivant a été publié dans les *Mémoires de l'Académie de Toulouse*, s. XI, t. 5, 1917, p. 74-75, d'après la première seule des deux sources.]

La construction de la tangente à la conchoïde de Nicomède fut proposée par Fermat à Roberval dans une lettre du 22 septembre 1636 (t. II, p. 72). Le géomètre de Paris, probablement déjà en possession de sa méthode mécanique pour le tracé des tangentes (qu'il gardait cependant encore secrète), lui répondit le 11 octobre 1636 avoir trouvé la solution du problème par voie d'analyse il y avait longtemps et pria Fermat de considérer deux points de la courbe, où l'on ne peut pas mener des tangentes (t. II, p. 82). Dans sa réponse du 4 novembre 1636, Fermat déclare croire à une équivoque de la part de

Roberval (t. II, p. 86-87 et l'Introduction ci-avant, p. XVIII), à quoi Roberval répondit par le passage suivant, auquel, à son tour, Fermat répondit le 7 décembre 1636 (t. II, p. 91-92) (¹).

Sur le suiet de la Géométrie, ie ne vous parleray que de la Conchoïde, et ie vous diray que i'ay bien entendu vostre proposition, et qu'il semble que vous ne l'ayez encor considerée que fort légèrement, quand vous dites qu'elle est convexe intérieurement, ou vers la partie qui regarde le pôle, et qu'il n'y a aucun point d'exclus de ceux qui sont en icelle, d'où on ne puisse mener une tangente.

Car soit la Conchoïde ABC, vous treuverez qu'il y a un

Fig. 15.

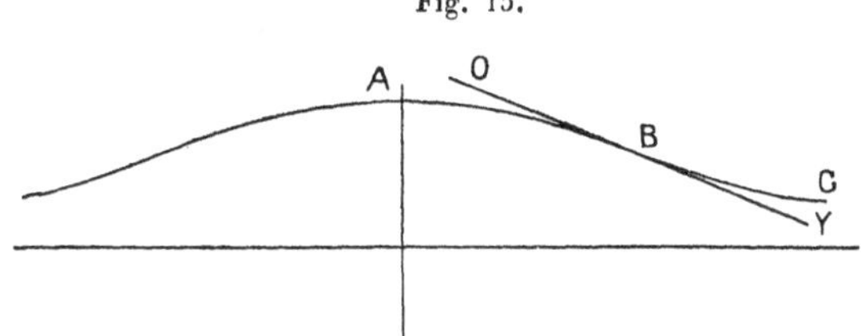

certain point en icelle comme B, tel que depuis A iusques en B, elle est *convexe en dehors*, et depuis B par C à l'infiny, elle est *convexe en dedans*, ce qui est admirable. Et encor plus que par le point B, il ne se peut mener de ligne droite qui la touche, mais une comme OBY, qui fera les angles au sommet OBA, YBC, chacun moindre qu'aucun angle rectiligne donné. Il en sera de mesme de l'autre part, et ce sont ces deux points d'où ie vous mandois qu'on ne pouvoit mener de tangentes.

(¹) *Voir* sur la construction de la tangente à la conchoïde de droite aussi le Document VIII ci-après.

ANNÉE 1637.

IV.

EXTRAITS

DE

LA CORRESPONDANCE DE GALILÉE

SUR LA SPIRALE.

(Tome II, p. 17, 66, 176, 342.)

On a vu que Carcavi envoya, dès l'année 1635 et avant son départ pour Paris, certaines remarques sur le *Dialogo* à Galilée (ci-avant, p. 12) et que c'était probablement lui aussi qui fit de même pour les études de Fermat sur le centre de gravité des corps, les envoyant à Castelli (p. 34). Il ressort de l'extrait suivant d'une lettre de Carcavi à Galilée, qu'il a envoyé aussi au savant de Florence l'écrit de Fermat sur la spirale que nous avons publié ci-avant comme Document I. L'envoi était relevé déjà par Mersenne aux pages 57-58 du Volume des *Ballistica* qui fait partie de ses *Cogitata physico-mathematica* de 1644 (t. II, 1894, p. 17). Dans une Note publiée en 1890, M. Tannery a émis des doutes sur la vérité de l'assertion de Mersenne : « Si cet envoi avait eu réellement lieu, le fait aurait quelque importance, parce que Torricelli a donné comme sienne l'invention des spirales déjà faite par Fermat. Mais je considère comme certain, et en cela M. Favaro m'a fait connaître qu'il partageait mon opinion, que l'envoi de la démonstration n'a pas été fait par Mersenne. Ce dernier a dû croire qu'elle avait été communiquée à Galilée par Beaugrand, qui s'en était probablement chargé vis-à-vis de Fermat. Toutefois aucune preuve ne subsiste qu'il ait accompli la commission, et l'on doit au moins douter qu'il l'ait faite » (*Bulletin des Sciences mathématiques*, s. II, t. XIV, 1890, p. 125) (1). A l'égard de la lettre de Fermat d'avril 1636 (t. II, 1894, p. 17 la note 1), M. Tannery déclare « qu'il n'en serait pas moins intéressant de retrouver d'autres mentions relatives à cette spirale de Galilée » (l'*Intermédiaire des Mathématiciens*, t, III, 1896, p. 213). C'est ce que nous avons fait par la publication du document même et les extraits ci-après sous les n°s 1-5, qui nous fournissent la preuve absolue de la paternité de Fermat à l'égard du document en question.

---

1. CARCAVI A GALILÉE.

PARIS, 22 FÉVRIER 1637.

(Florence, Bibl. Naz. Mss. Galileiani, Parte VI, Tomo XIII, f° 10. — Autographe. — La lettre a été publiée dans *Le Opere di Galileo Galilei*, ed. naz., Vol. XVII, 1906, p. 32-33.)

...Finalmente li mandai una propositione geometrica d'uno mio amicissimo e sçavante con la quale dimostrava che 'l grave (supponendo el moto diurno della terra) nel suo movimento non poteva descrivere el mezzo cerchio, anzi una helice, la quale è tanto stimata, che credo facilmente che V. S. havrà caro di vederla. E se li piace, l'invierò ancora alcune

(1) L'ignorance de Torricelli à l'égard du travail de Fermat sur la spirale de Galilée semble ressortir de sa réponse faite au mois de septembre 1647 à Gio-Battista Renieri, qui lui avait fait remarquer que la parabole ne se présente comme solution du problème qu'au cas où l'on suppose les directions de la pesanteur aux divers points de la superficie de la terre parallèles (*voir* l'opinion de Galilée ci-après p. 52-53 et *Le Opere di Evangelista Torricelli*, éd. cit., vol. III, 1919, p. 460-461 et 478-479). *Voir* d'ailleurs sur les études de Torricelli sur les spirales de degré supérieur la Note relative à la lettre de Roberval à Torricelli de 1646-1647 (Document XIII, n° 2).

altre demonstrationi del detto mio amico intorno alle sue propositioni del moto, le quali non sono ancora state viste di nissuno....

---

2. CARCAVI A GALILEE.

PARIS, 3 MARS 1637.

(Florence, Bibl. Naz. Mss. Galileiani, Parte VI, Tomo XIII, f° 11. — Autographe. — La lettre a été publiée dans *Le Opere di Galileo Galilei*, ed. naz., Vol. XVII, 1906, p. 38-39.)

La lettre suivante de Carcavi à Galilée fut accompagnée sans doute par l'envoi de l'écrit de Fermat que nous avons publié ci-avant sous le n° II. En effet cet envoi était promis par Carcavi dans sa lettre précédente et Galilée y répondit aussi par sa lettre du 5 juin 1637 (ci-après, n° 3).

Molto Ill^{e} Sig^{r} mio, Pad^{n} mio Colend^{mo},

Mi rallegro con V. S. che la cagione d'inviarli le propositioni promesse nella mia lettera del 28 di Febraio (1), e che sono capitate hoggi nelle mie mani, mi dia commodità di confessarli ancor una volta che la sua cortesissima lettera mi ha liberato da un gran fastidio, et d'assicurarla che come seppi che quelle che io li scrissi di Tolosa eranno andate a male, n'hebbi tanto disgusto, quanto contento ricevo trattenendomi della amorevolissima memoria che ella si degna tener di me. Per corrispondenza della quale mi è parso dover mandarli quelle propositioni, pensate da un gentilhuomo assai stimato, ma particolamente nella geometria, el quale m'hè tanto amico, che el ha recusato di communicare questi et

(1) Il s'agit de la lettre précédente qui est réellement du 22 février.

altri suoi pensieri intorno alla materia di movimenti ad ognun altro fuor di me; e quantumche sia opinione contraria a quella di V. S., ho stimato che lei la verrà con la solita amorevolezza sua e con qual suo candore d'animo che non ha pari. Io ho detto che quel gentilhuomo è mio amico, perchè veramente l'è, e non s'affatica in queste materie che per la consideratione di V. S. e per avisarla di quello che li pare necessario inanzi che sia fornita la stampa del suo trattato *de Motu* (1). Delle qualità di queste demonstrationi, doppo haver parlato del' authore e dove concorre il giuditio di V. S., non occorre di inviare il mio parere : dirò solo ch'io sono stato ancora mosso di mandarglieli dal suo vero amico el Sig^r Deodati....

---

3. GALILÉE A CARCAVI POUR FERMAT.

ARCETRI, 5 JUIN 1637.

(Florence, Bibl. Naz., Mss. Galileiani, Parte V, Tomo IV, f°s 1-3 et aussi f°s 4-8. — Deux copies de mains différentes. — La lettre a été imprimée déjà dans l'édition d'Albèri des *Opere di Galileo Galilei*, vol. VII, 1848, p. 155 et suiv.)

Déjà, en septembre 1636, le libraire Louis Elzevier avait emporté de Venise le manuscrit des *Discorsi*, avec lequel il fut signalé bientôt à Paris (*voir* ci-dessous la note 1). Ceci explique que Galilée ne put tirer profit des remarques de Fermat pour l'impression de cet Ouvrage, dans lequel il traite à nouveau du degré de vitesse d'un grave qui commence à descendre (éd. de 1638, p. 159-161), de la loi de la chute des graves (*Ibid.*, pp. 169 et suiv.) et de l'idée de Platon sur l'origine des planètes, dont l'exposé a subi dans cet Ouvrage une

(1) Carcavi entend le manuscrit des *Discorsi*, qui fut imprimé en 1638, mais dont on avait connaissance à Paris depuis l'automne de 1636, selon une lettre de Carcavi à Galilée du 6 novembre 1636 (*Le Opere di Galileo Galilei*, ed. naz., vol. XVI, p. 514).

modification (p. 254-255). L'influence des remarques de Fermat ne se laisse soupçonner que dans une apostille manuscrite ajoutée par Galilée à un exemplaire imprimé du *Dialogo* de 1632, après sa proposition des degrés infinis de vitesse entre le repos et un degré quelconque de la vitesse, pour élucider son opinion que la nature ne donne pas aux corps tombants immédiatement un degré déterminé de vitesse (*Le Opere di Galileo Galilei*, ed. naz., vol. VII, 1897, p. 45). Toutefois, l'attitude du savant de Florence fait ressortir suffisamment la lettre suivante de Galilée à Carcavi, à l'égard des considérations de Fermat. Nous ajoutons à la lettre une traduction française qui a sa valeur, puisqu'elle est contemporaine de l'original perdu. Cette traduction se trouve dans un des recueils de lettres adressées à Mersenne et reliés aux armes des Minimes de Paris, qui sont conservés à la Bibliothèque nationale à Paris (fonds fr. nouv. acq., 6204, f°s. 122-125), mais c'est à tort que cette traduction, due sans doute aux soins de Mersenne, porte à sa fin « *D'Arcetry, le* 15e *juin* 1638 ».

. . . .

Vengo hora alle opposizioni che l'amico di V. S. fa ad alcune delle mie proposizioni.

Le quali opposizioni io ammetto, trattone una, per vere e concludenti, ma non già per non prevedute e da me inopinate, perchè è gran tempo che, havendo con estrema ammirazione veduta e studiata la Spirale d'Archimede, la quale egli compone di due moti equabili, uno retto e l'altro circo-

Je viens maintenant aux oppositions que M[r] vostre amy faict à quelqu'unes de mes Propositions.

Lesquelles oppositions (excepté vne) j'accorde pour vrayes et concluantes, mais non pas sans les auoir prévuës et préméditées. Car il y a longtemps qu'ayant veu et estudié auec vn' extrême admiration la ligne Spirale d'Archimède (qu'il compose de deux mouuements esgaux, l'vn droict et

lare, mi cadde in pensiero la Spirale composta del circolare equabile e del retto accelerato secondo la proporzione dell' accelerazione dei gravi naturalemente descendenti, la quale io mi persuado haver dimostrato esser in duplicata proporzione di quella del tempo : e questa è la Spirale dell' amico di V. S. (3).

E sebene nel *Dialogo* (4) vien detto poter esser che mescolato il retto del cadente con l'equabile circolare del moto diurno, si componesse una semicirconferenza che andasse a terminar nel centro della Terra, ciò fu detto per scherzo, come assai manifestamente apparisce, mentre vien chiamato un *capriccio* et una *bizzarria*, cioè *iocularis quædam audacia*.

Desidero per tanto in questa parte esser dispensato, e mas-

l'autre circulaire) je me représente ladicte ligne Spirale composée du mouuement circulaire égalable (1) et du droict hasté (2), selon la proportion de l'aduancement et hastiueté des poids naturellement descendans, laquelle j'estime auoir desmontrée estre en proportion double à celle du temps. Et cette cy est la ligne Spirale de Vostre Amy (3).

Et bien que dans mon *Dialogue* (4) il soit dict qu'il peult estre que le mouuement droict du tombant estant meslangé auec le circulaire esgalable du mouuement journalier, il se composast vne demye circonferance qui allast se terminer au centre de la Terre, cela fust dict par gausserie, comme il se veoid assez clairement ayant esté appelé vn *caprice* et *bizarrerie*, c'est-à-dire vne certaine liberté de jeu.

C'est pourquoy je désire en cet endroict estre excusé, et

(1) En marge : *del circolare equabile.*
(2) En marge : *del retto accelerato.*
(3) *Voir* ci-avant le Document I.
(4) Ci-avant, p. 2-3.

sime tirandosi dietro questa, dirò poetica finzione, quelle tre inaspettate conseguenze, cioè che il moto del mobile sarebbe sempre circolare; *secondariamente* sempre equabile; 3° che in questo apparente moto *deorsum* niente si moveva di più di quello che si faceva mentre era in quiete.

Aggiungo hora, che sebene dalla composizione del moto equabile orizontale col retto perpendicolarmente descendente con l'accelerazione fatta nella proporzione da me assegnata, si descriverebbe una linea che andando a terminar nel centro sarebbe Spirale, niente di meno sin che noi ci trattenghiamo sopra la superficie del globo terrestre, io non mi perito di assegnare a tal composizione una linea parabolica, asserendo tali esser le linee che da i proietti vengono descritte. La qual mia asserzione potrà somministrar materia d'impugnarmi assai maggiore del moto di mezo cerchio,

principallement mettant après ceste fiction (que je diré poiëtique) ces trois conséquences inespérées, sçauoir : que le mouuement du mobile seroit tousjours circulaire, *secondement* tousjours égalable, *tiercement* qu'en ce mouuement apparent d'ambas rien ne ce mouuoit de plus que ce qui ce fesoit lorsqu'il estoit en repos.

J'adjouste maintenant que, bien que (de la composition du mouuement égalable horizontal auec le droict descendent perpendiculairement auec l'aduancement ou hastiueté faictes dans la proportion que j'ay donnée) on descriue vne ligne qui hallant se terminer au centre seroit spirale, néantmoins, jusques à ce que nous nous entretenions sur la superficie du globe terrestre, je ne me repens point de donner à telle composition vne ligne parabolique, soustenant que telles sont les lignes descriptes par ces projects. Laquelle mienne proposition pourra fournir matière pour me com-

il quale almeno facevo pure andare a terminar nel centro, dove anco son sicuro che andrebbero a terminare i proietti. E pur la linea parabolica si va sempre più e più slargando dall' asse, che è la perpendicolare al centro.

batre encore plus grande que le mouuement du demy cercle, lequel pourtant je fesois au moins aller ce terminer jusques au centre, là où je suis encore asseuré que les projects iroient ce terminer. Comme aussy la ligne Parabolique va tousjours de plus en plus s'esloignant de l'essieu, qui est la perpendiculaire au centre.

Hora qui potrà V. S. e l'amico suo maggiormente maravigliarsi di me, che, conoscendo e confessando l'error mio, pur vi vo perseverando (1).

Or, Monsr, vous pourrez et vostre amy d'aultant plus, vous estonner de moy que cognoissant et confessant mon erreur, néantmoins je vais toujours y persevérant (1).

Tutta via spero d'impetrar

Touttesfois j'espère obtenir

(1) Il est évident que la parabole n'est pas une solution suffisante du problème qui nous occupe, même pas pour l'espace à l'extérieur de la Terre. En supposant le centre du Soleil à distance infinie, elle peut convenir, sous certains rapports, au problème de l'origine des planètes, attribué à Platon (*voir* ci-avant, p. 9), comme il était résolu depuis vingt ans par Kepler. Quant à la solution du problème de Fermat, nous avons déjà vu qu'il s'est abstenu de considérer la variation de l'accélération dans l'intérieur de la Terre avec la distance des corps au centre, ce qui est la cause pour laquelle les vitesses aux points différents des trajectoires sont différentes. En tenant compte de cette correction, on remarque que le mouvement oscillatoire, dont il a été question plus haut (p. 16, la note 2) persiste, mais le mouvement de la pierre répondra aux lois des petites oscillations, pour lesquelles le centre de la Terre est un point asymptotique. Après la publication de la description de la courbe et le résultat obtenu grâce à Fermat, par Mersenne d'abord en 1638, puis, en 1644, dans ses *Cogitata physico-mathematica* (*Ballistica*, p. 49-52, 57-58, prop. X, cor. 2; *voir* aussi ses *Reflectiones phys.-math.* de 1647), on trouve des considerations qui ont des rapports avec les précédentes dans la discussion de la courbe faite par Cabeo (*Comment. meteor.*, t. I, Roma, 1646, p. 89), par Renieri (*voir* ci-avant, p. 47, la note 1), par Borelli, qui conclut que la courbe n'est pas régulière (*de Vi percussionis*, Bononiæ, 1667, p. 109) et de Angelis (*voir* ci-avant, p. 3, la note 2).

perdono dalla loro benignità, e tanto più me lo prometto, quanto comprendo che gl'avvertimenti loro derivano dal desiderio di farmi cauto, acciò che io non incorra in quelli errori nei quali incorrono e sono incorsi tutti i più intelligenti mecanici, e l'istesso Archimede, massimo ingegno e sovrumano; il quale supponendo, come egli fa ne' suoi *Equeponderanti* e nella *Quadratura mecanica della Parabola*, e come fanno tutti gl' ingegneri e architetti, supponendo, dico, che i gravi descendano per linee parallele, danno occasione di dubitare che gli sia stato ignoto come tali linee non sono altramente equidistanti, ma vanno a concorrere nel centro commune delle cose gravi.

Da questa veramente falsa supposizione traggono origine, s'io non erro, le obbiezzioni fattemi (²) dall amico di V. S.,

pardon de vos bontéz et me le promets d'aultant plus que je reconnois que vos sentimens procèdent du désir que vous avez de me rendre plus aduisé affin que je ne sois surpris dans les erreurs où tombent et sont tombéz tous les plus intelligens éz Méchaniques, et mesme Archimède donc d'vn esprit grand et surnaturel; lequel supposant, comme il faict dans ses *Equilibres* (¹) et dans sa *Quadrature méchanique de la Parabole*, et aussy comme font tous les jngénieurs et architecte, supposant, dis-je, que les poids descendent par lignes parallalles, ilz donnent occasion de doubter qu'il leur a esté cogneu comme telles lignes ne sont en aucune façon esgallement distantes, mais vont à concourir au centre commun des choses graues et pesantes.

Et sy je ne me trompe, les objections qui m'ont esté faictes par Vostre Amy (²), prennent leur origine de cette

(¹) En marge : *Equiponderanti.*
(²) *Voir* ci-avant, p. 39 et suiv.

le quali nell' avvicinarsi al centro della terra aqquistano tanta forza et energia, e tanto variano da quello che noi in superficie con errore, benchè leggiero, supponghiamo, che quelli che qua su noi chiamiamo piani orizontali, finalmente nel centro doventano linee perpendicolari, e di linee non inclinate degenerano in linee totalmente inclinate. Aggiungo di più, come V. S. e l'amico suo in breve potrà vedere dal mio libro che già *stat sub prœlo* (1), che io argomento *ex suppositione*, figurandomi un moto verso un punto, il quale partendosi dalla quiete vadia accelerandosi, crescendo la sua velocità con la medesima proporzione con la quale cresce il tempo; e di questo tal moto io dimostro concludentemente molti accidenti. Soggiungo poi, che se l'esperienza mostrasse che tali accidenti si ritrovassero verificarsi nel moto

supposition certainement faulse, lesquelles en s'approchant du centre de la Terre acquièrent tant de force et virtu, et s'esloignent tant d'iceluy, que nous supposons en la superficie avec erreur (bien que legère) que les plans que nous appellons hautes horizontaulx, finalement deviennent dans lesdites lignes perpendiculaires, et de lignes qui ne sont point penchées elles degenerent en lignes totallement penchées. J'adjouste de plus (comme Vous et Vostre amy le pourréz veoir en bref par mon liure qui est ja sous la presse) (1) que j'argumente auec supposition, me figurant vn mouuement vers un poinct, lequel sortant de son repos, aille s'aduançant et augmentant sa vistesse en la mesme proportion que croist le temps; et de ce mouuement ainsy, je desmontre conclusiuement plusieurs accidens. A quoy j'adjouste encore que sy

(1) Les *Discorsi e dimostrazioni matematiche intorno a due nuove scienze attenenti alla meccanica e i movimenti locali*, emportés de Venise par Louis Elsevier (*voir* ci-avant, p. 49, la note 1) et publiés à Leide en juillet 1638.

dei gravi naturalmente descendenti, potremmo senza errore affermare questo essere il moto medesimo che da me fu definito e supposto; quanto che no, le mie dimostrazioni, fabricate sopra la mia supposizione, niente perdevano della sua forza e concludenza; sì come niente progiudica alle conclusioni dimostrate da Archimede circa la Spirale il non ritrovarsi in natura mobile che in quella maniera spiralmente si muova. Ma nel moto figurato da me è accaduto che tutte le passioni, che io ne dimostro, si verificano nel moto dei gravi naturalmente descendenti; si verificano, dico, in maniera, che mentre noi ne facciamo esperienze sopra la terra, et in altezze e lunghezze da noi praticabili, non s'incontra niuna sensibile diversità; la qual però diversità, sensibile, grande et immensa si farebbe nell' avvicinarsi e grandemente approssimarsi al centro.

l'expérience monstroit que tels accidens se trouvastent estre verifiéz dans le mouuement des choses graues naturellement descendentes, nous pourrions certainement asseurer que c'est le mesme mouuement qui a esté par moy deffiny et supposé. D'aultant plus que mes desmonstrations qui ont esté faicte sur ma supposition, ne perdoïent rien de leure force et concequence; tout ainsy qu'il ne préjudicie point aux conclusions démonstrées par Archimède touchant la ligne Spirale de ne se point trouuer en la nature de mobile qui se meuue spiralement. Mais dans le mouuement que j'ay représenté, il est arriué que touttes les passions que j'en faict veoir se veriffient au mouvement des graues naturellement descendans; et ce veriffient, dis-je, en telle sorte, que, pendant que nous en faisons expérience sur la Terre ez haulteurs et longueurs par nous vsitez, il ne s'y rencontre aulcune diuersité sensible; laquelle diuersité pourtant se rendroit apparente, grande et immense en s'approchant beaucoup du centre.

Et ancorchè l'amico suo ammetta che nel farne esperienze riescano senza errore, ma che con tutto ciò vuole anteporre la ragione al senso, che può ingannarsi (1), io gli monstrerò qualche esperienza che pure dovrebbe farsi sensibile e senza inganno del senso.

Et encore que vostre Amy accorde qu'en faisant les expériences elles réussissent sans erreur, et qu'auec tout cela il veuille preposer la raison au sens qui se peult tromper (1), je luy monstreray quelque expérience qui se deburoit rendre sensible et sans aulcune tromperie du sens.

Pendano da due fili egualmente lunghi due gravi, quali sarebbero, per esempio, due palle d'archibuso; e l'uno di questi fili sia attaccato nella più sublime altezza che haver si possa, e l'altro nella più bassa, posto la lor lunghezza essere di 4 o 5 piedi. E stando due osservatori, l'uno nel luogo altissimo e l'altro nell' infimo, allarghino dallo stato perpendicolare esse palle, e dato loro l'andare libero nell' istesso momento di tempo, vadano numerando le loro vibrazioni, continuando la moltitudine di quelle

Il fault suspendre à deux filets esgallement longs deux poids, comme seroient par exemple deux balles d'harquebuze, et l'vn de ces filets soit attaché à la plus grande haulteur que l'on puisse auoir, et l'autre à la plus basse, supposé que leur longueur soit de quatre ou cinq pieds. Et y ayant deux obseruateurs, l'vn pour le plus hault, l'autre pour le plus bas, qu'ils esloignent les deux balles de leur estat perpendiculaire, puis les laissant retrouuer librement ensemble en mesme moment de temps, qu'ilz comptent leurs

(1) *Voir* ci-avant, p. 36.

per molte centinara; chè troveranno riscontrarsi talmente i numeri di quelle, che nè in molte centinara, nè anco migliara, si troverà lo svario di una sola: argomento necessariamente concludente, che ciascheduna di esse si fa sotto tempi eguali. E perchè quello che accade in questi movimenti per archi di cerchi, accade ancora nelle corde a quelli suttese, casca a terra tutto quello che l'amico di V. S. dice accadere deve sopra piani inclinati, paralleli tra di loro et egualmente lunghi, dei quali l'uno fusse più vicino al centro della terra che l'altro; cade, dico, assolutissimamente, mentre siano posti amendue fuori della superficie del globo terrestre.

allez et retours, et continuant la multitude d'icelles par plusieurs centaines, ilz recongnoistront leurs nombres se rencontrer tellement, qu'en plusieurs centaines, voire mesme des millions, il ne s'y trouuera différence d'vne seule: argument nécessairement concluant que toutes et chascune d'icelles se font en temps esgaux. Et pource que ce qui arriue en ses mouuemens par arcs de cercles, arriue aussy à leurs chordes, par ainsy se ruyne et tombe par terre tout ce que vostre Amy dict debuoir arriver sur les plans inclinez, parallelles entre eulx et égallement longs, l'vn desquels seroit plus proche du centre de la Terre que l'autre; il tombe, dis-je, très absolument, pourvu qu'ilz soient mis tous dehors de la superficie du globe terrestre.

Quello poi che dovesse accadere tra due simili piani [1] dei quali l'uno fusse fuora della superficie terrestre, e l'altro

Et celui qui deburoit escheoir entre deux plans esgaulx [1], l'vn desquelz seroit hors la superficie terrestre, et l'autre tel-

[1] *Voir* ci-avant, p. 40 et suiv.

tanto adentro che andasse a terminare anco nell' istesso centro, io per adesso non voglio dire quello che me ne creda; ma non ho sin ora ragione che necessariamente mi convinca ad ammettere che il mobile che va a terminare nel centro passasse il suo spazio in tempo più breve che quell' altro mobile il suo. Ma più dirò, che appresso di me non è bene risoluto e chiaro che un mobile grave arrivasse più presto al centro della terra partendosi in lontananza da quello di un sol braccio, che altro simile che si partisse da lontano mille miglia. Questo non affermo, ma lo propongo come paradosso, per la destruzzione del quale forse l'amico suo haverà o troverà dimostrazione necessariamente concludente.

lement dedans qu'il allast se terminer encores dans le mesme centre, je ne veux pour le présent dire ce que j'en croy; mais je n'ay pas jusques à présent de raison qui me conuainque et contraigne nécessairement d'accorder que le mobile qui va se terminer au centre, trauerse son espasce en moings de temps qu'vne autre mobile le sien. Mais je diré de plus que pour moy je ne tiens pas pour bien résolu et esclaircy qu'vn mobile graue arriue plutost au centre de la Terre n'en estant esloigné que d'vne seulle brassée, que vng autre semblable qui s'y porteroit distant de 3oo lieues. Je n'affirme pas cela, mais je le propose comme parradoxe, pour lequel destruire peult estre que vostre Amy aura ou trouuera des démonstrations nécessairement concluants.

A quello poi che ei produce (¹) per destruzione del mio asserto, cioè che il grave

Et toutesfois, quant à ce qu'il produit (¹) pour ruyner ce que je mes en auant (c'est à sçauoir

(¹) *Voir* ci-avant, p. 36-37.

partendosi dalla quiete passi necessariamente per tutti i gradi di tardità, non so veramente applicare il suo postulato, mentre domanda che li sia conceduto, non darsi moto senza velocità : dove mi pare che tale proposizione importi quel medesimo che se altri dicesse, non darsi linea senza lunghezza. E si come partendosi dal punto, che manca di lunghezza, non si può entrare nella linea senza passare per tutte le infinite linee, minori e minori, che si comprendono tra qualsivoglia linea segnata e 'l punto, così il mobile che si parte dalla quiete, che non ha velocità alcuna, per conseguire qualsivoglia grado di velocità deve passare per gl' infiniti gradi di tardità compresi tra qual si sia velocità e l'altissima et infinita tardità.

qu'vn poids sortant du lieu de son repos passe nécessairement par tous les degréz de tardifueté) je ne sçaurois comment applicquer son intention quand il demande qu'on luy accorde qu'il ne se donne point de mouuement sans vistesse, là où il me semble que telle proposition emporte la mesme chose que sy on disoit qu'il ne se donne point de ligne sans longueur. Et tout ainsy comme partant d'vn poinct (qui n'a point de longueur), on ne peult entrer dans vne ligne sans passer par toutes les infinies et plus petites lignes contenues entre quelque ligne que ce soit donnée, et ledict poinct, de mesme le mobile qui part du lieu de son repos (qui n'a vistesse aucune) pour acquérir quelque degré de vistesse que ce soit, doibt passer par les degréz infinis de tardifueté compris entre quelque vistesse que ce soit et la très grande ou extrême tardifueté.

Sia l'angolo compreso dalle linee AB, AC (*fig.* 16) e passi per

Soit l'angle compris par les lignes AB et AC (*fig.* 16), et que

il punto A la linea DE, la quale si intenda descendere in FG, mantenendosi sempre parallela a sè stessa; è manifesto che di essa linea DE nell' angolo A non ve ne è parte che habbia lunghezza alcuna. Ma nel descendere e trasferirsi in FG vengono di lei intercette tra le AB, AC parti maggiori e maggiori,

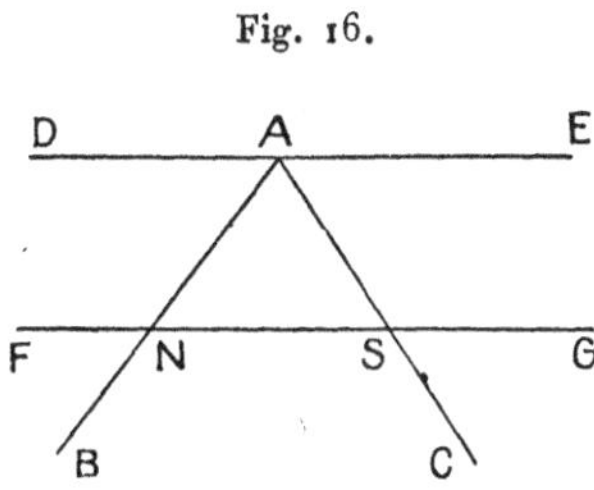

Fig. 16.

secondo che maggiore si fa lo spazio della scesa; et in questo esempio la parte intercetta è la NS. Ora è manifesto, nissuna linea potersi assegnare di così poca lunghezza, sì che altre infinite minori e minori non ne siano stato comprese tra le AN, AS verso l'angolo A. Onde l'asserire nel moto della traversale FG essersi passato per tutte le immaginabili lunghezze comprese tra la NS e l'angolo A, sì che nissuna se ne sia lasciata

la ligne DE passe par le point A, laquelle ligne il fault entendre qu'elle descends vers FG, demeurant tousjours parallelle à soy mesme, il est constant qu'il n'y a partye de ceste ligne DE dans l'angle A qui ayt aucune longueur. Mais en descendant et se transportant vers FG, elle vient à estre entrecouppée par la ligne AB et AC en partyes plus grandes et plus grandes selon que l'espace de la descente est plus grand; et en cet exemple la partie entrecoupée est la ligne NS. Maintenant il est clair et manifeste qu'aucune ligne ne se peult assigner de sy petite longueur qu'il n'y en ayt encore d'autre infinie moindre et plus petite comprise entre la ligne AN et AS vers l'angle A. C'est pourquoy d'assurer que

in dietro, mi pare proposizione lontana da ogni dubbio.

au mouuement de la ligne traversière FG, elle soit passée par toutes les longueurs imaginables comprises entre la ligne NS et l'angle A, de sorte qu'il n'y en ayt aucune obmise et delaissée; il me semble que c'est vne proposition esloignée de tout doubte.

E così, mentre io stabilisco uno instante di tempo, nel quale partendosi il mobile dallo stato di quiete, nel quale si trovò nell' assegnato instante, et entrando in moto, il quale debba andarsi accelerando con quella proporzione che cresce la quantità del tempo, la quale nel detto instante era nulla; sì come non si può assegnare così piccolo spazio di tempo che di minori non ne siano decorsi dopo il primo instante segnato, così partendosi il mobile dalla quiete non trapassa quantità alcuna di velocità segnata, che per minori ancora non si sia ritrovato.

Et ainsy en establissant vn instant de temps dans lequel le mobile sortant de l'estat de son repos (où il se trouuoit en l'instant donné) et entrant dans le mouuement qui se doibt aduancer et haster auec telle proportion que croist la quantité ou longueur du temps (laquelle en ce mesme instant estoit nulle) tout ainsy qu'il ne se peult donner vng sy petit espace de temps qu'il n'en soit passé encore de moindre depuis le premier instant donné, de mesme le mobile en partant du lieu de son repos, ne passe aucune quantité de vistesse donnée qu'il n'en n'ayt trauersé encore de moindre.

Vorrei che V. S. proponesse all' amico, se egli ammette

Je voudrois, Monsieur, que vous proposasiez à vostre Amy

meco che un mobile che vadia perdendo continuamente di velocità, come, per esempio, fa un grave proietto perpendicolarmente in su, passi ad un tal grado di velocità poco minore della sua più tosto che a uno minore assai; come, per esempio, una palla di piombo, che tirata in alto va continuamente perdendo di velocità, sia per trapassare prima da 10 gradi a 9, che a 6 o 4. Credo che egli concederà, non essere ragione alcuna di trapassare immediatamente da 10 a 6, saltandone e interponendone li gradi 9, 8, 7, sì come stimo io e credo che egli ancora concederà. Consideri adesso che quella palla, andando continuamente et successivamente perdendo di forza e di velocità, si riduce finalmente allo stato di quiete, tra'l quale e qualsivoglia assegnato grado di tardità ne sono altri et altri maggiori. Quando dunque ei sarà giunto, per esempio, a 100 gradi di tardità, che ragione si potrà egli addurre ch'ei faccia

s'il m'accorde qu'vn mobile (qui và continuellement perdant de sa vistesse comme, par exemple, faict vn poids jetté perpendiculairement en bas) passe auec vn tel degré de vistesse peu moindre que la sienne, comme, par exemple, qu'vne balle de plomb (laquelle tirée en hault va continuellement perdant sa vistesse) soit capable de passer plustost de 10 degréz à 9 que à 6 ou 4. Je croy qu'il accordera qu'il n'y a aucune raison de passer immédiatement de 10 à 6 en saultant et outrepassant les degréz 9, 8 et 7, comme j'estime et croy que luy mesme en demeurera d'accord. Considerez donc que ceste balle allant continuellement et successivement perdant de sa force et vistesse, elle se reduict finallement au poinct de son repos, entre lequel et tout autre degré de tardifueté donné, il y en a encore d'autres et d'autres plus grands. Quand donc elle sera arriuée, par exemple, à 100 degrez de tardifueté, quelle

passaggio da i cento gradi di tardità alla quiete, cioè alla tardità infinita, tralasciando di passare per li 120, per li 200, per li 1000, che pur sono al 100 più propinqui che l'infinito? E così convertendo il suo movimento dal punto altissimo verso il basso, arbitrario più che ragionevole sarebbe, per mio parere, il discorso di colui che volesse negare ch'ei ripassasse conversamente, cioè con ordine prepostero, quei medesimi gradi per i quali passò nella salita.

raison se pourra-il apporter pour la faire passer desdicts 100 degrez de tardifueté à son repos (c'est à dire à vne tardifueté infinie) en obmettant de la faire passer par les 120, 200 et 1000 qui sont plus proches des 100 que l'infiny? Et ainsy conuertissant son mouuement de poinct très hault vers le bats, le discours à mon aduis seroit plus arbitraire que raisonnable de celuy qui vouldroit nier qu'il repassast en retrogradant par vn ordre contraire les mesmes degrez par lesquels il auroit passé à son despart.

Questo è quanto per ora voglio dire à V. S. Illma in questo proposito, ...

Voilà, Monsieur, tout ce que je désire vous dire pour maintenant sur ce subject, ...

Ajoutons à ce qui précède que l'opposition contre les doctrines de Galilée sur le parcours du corps par tous les degrés de vitesse et contre sa démonstration de la loi de la chute des graves se renouvela après leur publication réitérée dans les *Discorsi* de 1638 (p. 169 et suiv.). Ainsi Descartes écrivit à Mersenne le 11 octobre 1638, peut-être en faisant allusion aussi à l'écrit précédent [1] : « *Tout ce qu'il di des degrez de vitesse du mouvement, se peut dire en mesme façon des degrez de largeur du triangle* ABC (*fig.* 17), *et toutesfois ie ne croy*

[1] *Œuvres de Descartes,* éd. cit., t. II, 1898, p. 399; *cf.* aussi ci-après, p. 69.

pas qu'il veuille nier qu'entre le point A *et la ligne* BC, *toutes les largeurs qui sont moindres que* BC *ne s'y rencontrent.* » A plus d'une reprise le

Fig. 17.

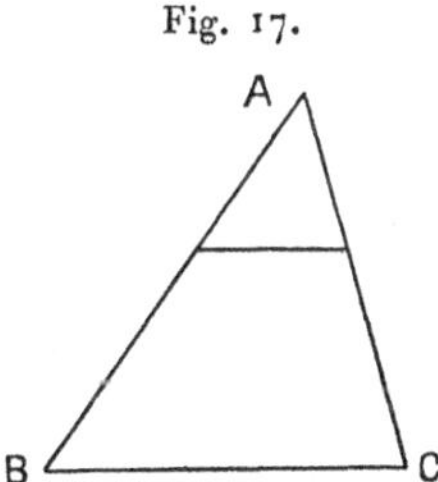

philosophe assurait alors savoir par démonstration qu'il n'est pas vrai que les vitesses s'augmentent en proportion double de l'espace ([1]) : la loi de Galilée se vérifie à peu près seulement vers le commencement du mouvement, tandis que la vitesse ne s'augmente plus vers la fin ([2]). « *Je ne puis* — écrivit-il aussi à Mersenne ([3]) — *déterminer la vitesse dont chaque cors pesant descend au commencement, car c'est une question purement de fait, et cela dépend de la vitesse de la matière subtile, laquelle oste au commencement autant de la proportion de la vitesse dont les cors descendent que le petit triangle* ABC ([4]) *oste du triangle* ADE, *si on pose la ligne* BC *pour le premier moment de vitesse et* DE *pour le dernier.* » C'était à Debeaune, qui préparait alors son ouvrage sur les Méchaniques, fondé sur les principes de Galilée, mais aujourd'hui perdu, et qui avait expliqué à Mersenne dans une lettre du 26 mars 1639 la démonstration géométrique de la loi insérée dans le *Dialogo* de 1632 ([5]), que Descartes adressa le 30 avril 1639 sa lettre confidentielle sur l'explication de la pesanteur des corps ([6]). Enfin, dans une lettre à Mersenne du 25 décembre 1639, Descartes lui apprend ([7]) qu'il « *faut sçavoir, quoyque Galilée et quelques autres dient au contraire, que*

([1]) *Op. cit.*, t. II, 1898, p. 386, 387, 442-443, 534.

([2]) *Op. cit.*, t. III, 1899, p. 37-38, 164-165.

([3]) *Op. cit.*, t. III, 1899, p. 36.

([4]) La figure représente un triangle isoscèle, dont DE est la base et BC une droite près du sommet et parallèle à la base.

([5]) *Œuvres de Descartes*, éd. cit., t. V, 1903, p. 538.

([6]) *Op. cit.*, t. II, 1898, p. 544.

([7]) *Op. cit.*, t. II. 1898, p. 630.

les corps qui commencent à descendre ou à se mouvoir, en quelque façon que ce soit, ne passent point par tous les degréz de tardifveté, mais que dès le premier moment ilz ont certaine vitesse, qui s'augmente après de beaucoup ». Et en revenant à cette lettre, le 29 janvier 1640, il écrivit au Minime que dans celle-ci « *ie n'ay véritablement pas dit que les cors qui descendent ne passent pas par tous les degrez de tardiveté, mais i'ay dit que cela ne se peut déterminer sans sçavoir ce que c'est la Pesanteur, ce qui signifie le mesme. Pour vostre instance du plan incliné* (voir ci-avant, p. 28), *elle prouve bien que toute vitesse est divisible à l'infiny, ce qui i'accorde ; mais non pas que lorsqu'un cors commence à descendre, il passe par toutes ces divisions* » ([1]), en avouant aussi encore plus tard ([2]) que ni les mouvements violents ni les naturels ne passent par tous les degrés de tardiveté.

Ces considérations, desquelles dépendait la démonstration galiléenne de la loi de la chute des graves, continuèrent d'exciter la curiosité des savants français encore longtemps après. Mersenne revint aux doctrines du Maître sur cette loi à bien des reprises dans le gros volume de ses *Cogitata physico-mathematica* qu'il publia en 1644 et interrogea à ce sujet aussi Michelangelo Ricci et Torricelli dès son séjour en Italie dans l'hiver de 1644-1645 ([3]), en leur apprenant *Robervallum et Cartesium nunquam induci potuisse, ut crederent fundamentum Galilæi, nempe gravia a quiete recedentia per omnes tarditatis gradus transire, sed potius aliqua nota velocitate incipere* ([4]). En effet, on sait qu'une des lettres de Mersenne à Ricci, laquelle fut envoyée vers le 24 septembre 1645 par celui-ci à Torricelli, comprenait aussi quelques réflexions du géomètre de Paris, desquelles il apparaît *che Robervallio sia contrario alle proposizioni del Galileo in materia dell'augumento di velocità nei gravi cadenti, e contrario in modo che neghi ogni proposizione del Galileo* » ([5]) ; et l'on s'explique les répugnances de Roberval dans la

([1]) *Op. cit.*, t. III, 1899, p. 9.
([2]) *Op. cit.*, t. III, 1899, p. 39.
([3]) *Opere di Evangelista Torricelli*, ed. cit., t. III, 1919, p. 250, 251, 253-55, 256, 273-75.
([4]) *Op. cit.*, t. III, 1919, p. 293 ; *voir* aussi la réponse de Torricelli, p. 295-96.
([5]) *Op. cit.*, t. III, 1919, p. 339.

partie inédite de sa lettre fameuse à Torricelli du 1er janvier 1646, dans laquelle il prétend aussi *unumquodque corpus grave in assignato medio atque in data resistentia, posse acquirere determinatum aliquem gradum velocitatis, nec ultra* (1). Plus d'une fois aussi la loi avait été sujet de discussion dans la correspondance du Minime avec les géomètres d'Italie, à propos de la publication du P. Casrée. Et c'était à propos de la réfutation de Lobkowits, qui critiqua dans son Ouvrage, à l'aide de ses expériences personnelles, les lois proposées par divers physiciens (2), que Mersenne fit connaître à Chrétien Huygens son objection qu'il « *faudroit pour garder tousiours in vacuo la proportion des nombres impairs, que le grave tombast par tous les degrez de tardiveté depuis le commencement de sa cheute, ce qui ne se fait pas quoyqu'aye pensé Galilée, car la pierre a desia une certaine vitesse en commençant sa cheute* » (3); à quoi Huygens lui répondait, le 28 octobre 1646, « *que sans doute elle passe par tous les degrez de tardiveté et qu'elle a eu moindre vistesse que quelconque vistesse donnée* », en envoyant une nouvelle démonstration de la loi mise en doute (4). Un sort pareil étant réservé à la réfutation du Père Casrée par Gassend, c'était à propos de ces dernières discussions que Le Tenneur fit mention le 16 janvier 1647 à Gassend d'opinions que nous croyons être celles de Roberval. Mersenne lui avait communiqué que le plus ingénieux de toute la société des mathématiciens de Paris (*quem totius societatis acutissimum vocat*) se glorifiait d'avoir démontré que les espaces parcourus dans des intervalles égaux de la chute sont entre eux comme la série des nombres naturels 1, 2, 3, 4, 5, etc. (5), étant arrivé ainsi à une conclusion pareille à celle de Baliani (6).

(1) Paris, Bibl. nat., fonds latin, ms. 11916, f° 3 verso.

(2) *Sublimium ingeniorum crux. Iam tandem aliquando deposita*, etc. (Lovanii, 1644).

(3) *Œuvres complètes de Chr. Huygens*, éd. cit., t. I, 1888, p. 559.

(4) Ch. Henry, *Huygens et Roberval* (Leyde, 1880), p. 11, ou *Œuvres de Chr. Huygens*, éd. cit., t. I, 1888, p. 24-28 (*voir* aussi t. XI, 1908, p. 68-75). C'est probablement l'original de la lettre en question qui se trouve sous le n° CI dans le manuscrit 7049 de la ci-devant Hofbibliothek à Vienne.

(5) Petri Gassendi, etc. *Epistolæ* (Lugduni, 1658), p. 266 et 505.

(6) *De Motu naturali gravium*, ed. sec. (Genuæ, 1646), p. 113.

D'ailleurs l'opinion qu'un corps qui tombe dans l'air, commence à descendre avec une vitesse déterminée et qui n'est pas infiniment petite, fut défendue encore plus tard par des mathématiciens comme Mariotte, qui avait envoyé en 1668 à Huygens sa propre démonstration de la loi de la chute des graves (1), par Deschales et le marquis de l'Hopital (2).

---

4. DIODATI A GALILÉE.

PARIS, 11 JUIN 1637.

[Publié pour la fois première dans les *Opere di Galileo Galilei nobile fiorentino, primario filosofo, e mattematico del serenissimo gran duca di Toscana*, t. III (Firenze, 1718), p. 445-447.]

. . . .

Il Signor Carcavi aspetterà da V.S molt'Illustre con suo comodo la sua risposta all' osservazione che le mandò del suo amico sopra alcune cose del suo libro del *Moto* (3), sebbene ne ha preso il concetto da quello che V. S. m'ha scritto, al che non è replica alcuna . . . .

---

5. DIODATI A GALILÉE.

PARIS, 14 JUILLET 1637.

(Florence, Bibl. Naz., Mss. Galileeens, Parte V, Tomo VI, f° 79 verso. — Copie. — La lettre a été publiée dans *Le Opere di Galileo Galilei*, ed. naz., vol. XVII, 1906, p. 135.)

Al Sig. Carcavi, essendo tornato di fuora, ho dato la lettera di V. S. (4), della quale è restato sodisfattissimo per le soluzioni

(1) *Œuvres de M. Mariotte*, t. I (Leide, 1717), p. 77-82, et t. II, 1717, p. 557-566; *voir* aussi les *Œuvres de Chr. Huygens*, éd. cit., t. IX, 1901, p. 454.

(2) *Œuvres complètes de Chr. Huygens*, éd. cit., t. IX, 1901, p. 404-405, 442 et 458.

(3) *Voir* ci-avant p. 46.

(4) Ci-avant p. 50 et suiv.

dell' obiezzioni fatte avanti dal suo amico, il quale anco lui dovrà restarne appagato quando le vedrà. Il nome suo è Mr Fermat, Consigliere del Parlamento di Tolosa, ove risiede...

A cette preuve de la paternité de Fermat pour l'écrit que nous avons publié ci-avant comme Document II, nous en ajoutons une autre, empruntée à la correspondance de Descartes. En effet, c'était à lui que Mersenne, qui avait aussi reçu une copie de la démonstration de Fermat sur la spirale de Galilée et qui en avait fait déjà une mention publique ([1]), envoya de sa part une copie de la critique de Fermat sur la loi de la chute des graves en septembre 1638, accompagnée peut-être de la traduction de la réplique de Galilée.

Après avoir remarqué dans sa réponse au Minime du 11 octobre 1638, à propos de la proposition de Galilée sur la chute des graves que celui-ci « *suppose que la vitesse des poids qui descendent, s'augmente tousiours esgalement, ce que i'ay autrefois creu comme luy ; mais ie croy maintenant sçavoir par démonstration qu'il n'est pas vray* » ([2]), le philosophe remarque un peu plus loin dans la même lettre autographe ([3]) : « *Ce que dit Galilée que les cors qui descendent passent par tous les degrez de vitesse, ie ne croy point qu'il arrive ainsi ordinairement, mais bien qu'il n'est pas impossible qu'il arrive quelquesfois. Et il y a du méconte en l'argument dont se sert M. F. pour le réfuter, en ce qu'il dit que* acquiritur celeritas vel in primo instanti, vel in tempore aliquo determinato ; *car ny l'un ny l'autre n'est vray, et en termes d'Escole on peut dire que* acquiritur in tempore inadæquate sumpto » ([4]). En effet, on retrouve les mots cités dans la première partie de notre second Document et il ne peut être question que de l'interprétation des lettres M. F. Quant à celles-ci, les éditeurs de la lettre de Descartes ont ajouté en note :

([1]) *Voir* ci-avant p. 19 la note 1.

([2]) *Œuvres de Descartes*, éd. cit., t. II, 1898, p. 386.

([3]) *Op. cit.*, t. II, 1898, p. 399.

([4]) « Per quantitatem inadæquate sumptam » — Descartes écrivit dans sa lettre suivante du 15 novembre 1638 — « *i'entens une quantité qui, bien qu'elle ait en effet toutes ses trois dimensions, ne se considere pas toutesfois au cas proposé comme les ayant* » (*Œuvres*, éd. cit., t. II, 1898, p. 445).

« Frenicle plutôt que Fermat, qui devait au contraire démontrer rigoureusement l'assertion de Galilée (t. II, p. 267 et suiv.; lettre à Gassend de 1646). » En effet, dans cette année de 1646, Fermat démontra la proposition de Galilée sur la chute des graves à l'occasion de sa défense par Gassend contre les attaques du Père Casrée. Mais si l'on observe combien Fermat changea parfois d'opinion en d'autres occasions (principe de la composition des forces concourantes, mis en doute en 1636, mais admis depuis la fin de 1637 (t. II, 1894, p. 25, 87-89 et 123); quadrature de la Roulette, trouvée par Roberval (ci-après, p. 88 et suiv.), l'argument allégué par les savants éditeurs ne peut être valable pour les idées de Fermat en 1636 (1). D'autre part, quoique Frenicle puisse être cité à propos de notre Document à cause de sa traduction du *Dialogo* (ci-avant, p. 9), le « conseiller du Roy en sa cour des Monnoyes » n'est jamais indiqué dans les lettres de Descartes par le nom de Frenicle, mais toujours, sans exception, par celui de M. de Bessy (2). Enfin, nous croyons pouvoir restituer le nom de Fermat au lieu indiqué avec d'autant plus de raison que les éditeurs même l'ont fait sans scrupule à un endroit analogue à la fin de la même lettre de Descartes, où il est traité de la question, qui est l'objet de la seconde partie de l'écrit qui nous occupe : « *Et pour la réfutation de l'opinion de Galilée touchant le mouvement sur les plans inclinez* — écrivait Descartes — *M. F*(ermat) *se méconte en ce qu'il fond son argument sur ce que les poids tendent vers le centre de la Terre, qu'il imagine comme un poinct, et Galilée supose qu'ils descendent par des lignes parallèles* » (*Œuvres de Descartes*, éd. cit., t. II, 1898, p. 402). C'est à propos de cette doctrine des lignes de direction convergentes ou forces centrales que nous remarquons, au sujet de la formule probable de l'attraction (dont Roberval, dans son *Aristarque* de 1644, a fait une action réciproque), que Torricelli a défendu les mêmes vues que Des-

(1) Depuis le mois d'août 1638 Fermat étudia aussi les *Discorsi* de Galilée (t. II, 1894, p. 166); mais on ignore ses opinions à cette époque sur la loi de la chute des graves, qu'il étudiait alors à nouveau (*Ibid.*, p. 176). — Plus tard, en 1658, il traitera de la loi avec Digby (*Ibid.*, p. 342, et t. III, p. 421-22).

(2) *Œuvres de Descartes*, éd. cit., t. II, 1898, p. 429, 506, 530, 536, 537, 561 et 566.

cartes, à savoir que cette attraction varie en raison inverse de la distance, comme il résulte d'une de ses études, à peu près inédite (1).

Toutefois les hypothèses de Beaugrand, de Fermat et de Castelli sur la formule probable de l'attraction des corps vers le centre de la Terre, furent acceptées plus tard par Newton pour la variation de la pesanteur d'un corps à l'intérieur de la Terre, que l'on suppose immobile et formée de couches concentriques homogènes (2).

(1) Florence, Bibl. naz., Mss Galileiani, *Discepoli*, t. XL, fol. 112. — Un extrait de ces considérations fut inséré par Grandi dans ses intéressantes *Note al trattato di Galileo del Moto naturalmente accelerato*, ajoutées aux anciennes éditions des Œuvres de Galilée à partir de 1718 (éd. Albèri, t. XIV (1855), p. 120-121).

(2) En effet il établit *Gravitatem, pergendo a superficiebus planetarum deorsum decrescere in ratione distantiarum a centro quam proxime* (*Principia*, Lib. I, prop. 73 ou Lib. III, prop. 9 [éd. Le Seur et Jacquier (Coll. Allobr., 1760), t. I, p. 470, et t. III, p. 53].

ANNÉE 1638.

V.

MÉTHODE DE MAXIMIS ET MINIMIS.

Inédit de Fermat (Tome I, p. 140-147.)

[Groninguo, Bibl. de l'Université, Ms. 110 (Collection van Schooten) f°s 7 verso-9 verso. — Florence, Bibl. Naz., Mss. Galileiani, *Discepoli*, vol. CIII, f°s 85-verso-88 recto.]

Aussitôt après que les deux écrits les plus anciens de Fermat sur sa méthode de maximis et minimis et la construction des tangentes aux courbes planes que nous connaissons (t. I, 1891, p. 133-134 et 134-136) furent remis, à la fin de l'année 1637, par Carcavi à Mersenne, pour les envoyer à Descartes en Hollande (*Œuvres de Descartes*, éd. cit., t. I, 1897, p. 483), cette méthode devint le sujet de discussions entre le philosophe et Roberval, qui soutenait avec Étienne Pascal le parti de Fermat. Une copie de l'écrit du dernier sur l'application de sa méthode à la détermination des centres de gravité (t. I, 1891, p. 136-139) ne parvint à Roberval qu'au mois de février 1638 (t. II, 1894, p. 133-134). Ce n'est qu'à une époque un peu postérieure que nous croyons pouvoir fixer la date du présent écrit, dont la date et le destinataire ne sont pas connus d'ailleurs. En effet, les trois écrits cités y sont mentionnés en des termes qui indiquent que leur envoi à Paris était récent [1]. D'ailleurs, un exposé postérieur de la méthode, comme celui envoyé par Fermat à Paris en juin 1638 (t. II, 1894,

(1) *Voir* ci-après p. 74, la note 2, et p. 83, la note 2.

p. 154-162), n'y est pas encore mentionné. Quant au destinataire, il n'apparaît pas que le présent écrit ait rendu service à Roberval et à Étienne Pascal dans leurs débats de cette année avec Descartes. Toutefois il résulte, de la citation des trois écrits précédents, qu'il faut chercher le destinataire parmi les curieux dans le voisinage immédiat des deux géomètres nommés. C'est ainsi qu'on pourrait penser à Mydorge ou à Desargues (*cf.* t. II, p. 133), après qu'il avait tâché, par sa lettre à Mersenne du 4 avril 1638 (1), de concilier les vues différentes sur le problème de la construction des tangentes; ou bien à Hardy ou à Debeaune, quoique ce dernier ne fût mis au courant de la méthode de Fermat que dans l'automne de 1638 (*voir* ci-après, p. 101).

De l'écrit suivant on ne connaît jusqu'ici que le texte latin, qui a été imprimé dans l'édition des *Œuvres de Fermat* de 1679 (p. 66-69), et auquel manque aussi toute la fin de la pièce. Il y fut inséré ainsi, sans doute d'après le vœu de Fermat (*voir* l'Introduction, p. XIX), et reproduit tome I, 1891, p. 140-147. Comme dans les éditions, ce travail fait aussi dans les deux recueils manuscrits une suite immédiate aux trois anciens écrits de Fermat sur la même question, portant ici le titre de *Touchant la mesme méthode* (2). Notons enfin que le manuscrit de Groningue a adopté entièrement la notation soi-disant cartésienne, même pour le signe d'égalité, tandis que celui de Florence a adopté la notation cartésienne seulement pour les exposants, en conservant du reste (lettres majuscules pour les *notes*, les produits indiqués par *in* et les coefficients non au commencement des termes, mais chacun à la place qui lui convient directement) celle

(1) *Œuvres de Descartes*, éd. cit., t. XI, 1909, p. VII des *Errata* à la fin du volume; *Œuvres de Fermat*, éd. cit., t. IV, 1912, p. 47 et l'*Analyse d'autographes et d'autres écrits de Girard Desargues* (1593-1662) par H. Brocard (Bar-le-Duc, 1913), p. 16.

(2) « Tous les opuscules de Fermat, — est-il dit (t. I, Introduction, p. XXXIII) — « étant en latin, un écrit de lui en français appartient nécessairement à sa correspondance ». On peut donc se demander si l'écrit présent devrait garder sa place parmi les écrits proprement dits de Fermat.

de Viète, dont s'est servi Fermat et que nous reproduisons dans le texte suivant.

Je veux par ma méthode *couper la ligne* AC (*fig.* 18) *donnée en telle sorte au point* B, *que le solide compris soubs le quarré*

Fig. 18.

A B C

de AB *et la ligne* BC *soit le plus grand* de tous les solides descrits de mesme sorte, en coupant AC en quelque autre point que ce soit ([1]).

Posons en notes que la ligne AC s'appelle B et la ligne AB inconnue A, BC sera $B - A$. Il faudra donc que le solide $Aq.$ in $B - Ac.$ satisface à la question.

Prenons derechef au lieu de A, $A + E$; le solide qui se fera du quarré de $A + E$ et de $B - A - E$ sera :

$$B \text{ in } Aq. + B \text{ in } Eq. + B \text{ in } A \text{ in } E \text{ bis}$$
$$- Ac. - A \text{ in } Eq. \text{ ter} - Aq. \text{ in } E \text{ ter} - Ec.$$

Je le compare avec le premier solide

$$Aq. \text{ in } B - Ac.,$$

comme s'ils estoient esgaux, bien qu'en effect ils ne le soient pas, et i'ay appellé en mon escrit latin ([2]) cette sorte de comparaison *adæqualitatem* comme Diophante l'appelle, car le mot grec παρισότης dont il se sert, peut estre ainsy traduit ([3]). Cela fait de ces deux solides, j'en oste ce qu'ils ont de commun, qui est

$$B \text{ in } Aq. - Ac.;$$

([1]) Fermat a traité le même exemple au lieu reproduit, t. I, p. 149 et ci-après, p. 123.

([2]) La *Methodus ad disquirendam maximam et minimam* (t. I, p. 133-134), qui était en mains des géomètres de Paris, du moins à la fin de 1637.

([3]) *Voir* tome II, p. 133, note 2.

après quoy il ne reste rien plus d'un costé; et de l'autre il reste

$$B \text{ in } Eq. + B \text{ in } A \text{ in } E \text{ bis} - A \text{ in } Eq. \text{ ter} - Aq. \text{ in } E \text{ ter} - Ec.$$

Il faut donc comparer les homogènes qui sont marquéz du signe + avec ceux qui sont marquéz du signe —, et faire derechef comparaison *adæqualitatem* (1) entre

$$B \text{ in } Eq. + B \text{ in } A \text{ in } E \text{ bis} \qquad \text{d'un costé,}$$

et

$$A \text{ in } Eq. \text{ ter} + Aq. \text{ in } E \text{ ter} + Ec. \qquad \text{de l'autre.}$$

Diuisons le tout par E; la comparaison *adæqualitatem* sera entre

$$B \text{ in } E + B \text{ in } A \text{ bis} \qquad \text{et} \qquad A \text{ in } E \text{ ter} + Aq. \text{ ter} + Eq.$$

Cette diuision estant faite, si tous les homogènes sont diuisibles par E, il faudra derechef faire la diuision par E, iusques à ce qu'il se treuve quelqu'un des homogènes qui ne puisse pas estre diuisé par E, c'est-à-dire, à parler comme Viète (2), *quod non adficiatur ab E*. Mais parce qu'en nostre exemple nous treuvons que la diuision ne se peut pas plus refaire, il en faut demeurer là.

Cela fait, i'efface de tous les deux costéz tous les homogènes *quæ adficiuntur ab E*; reste

$$\text{d'un costé} \quad B \text{ in } A \text{ bis}, \qquad \text{et de l'autre} \quad Aq. \text{ ter},$$

entre lesquels il ne faut plus faire, comme auparavant, des comparaisons feintes et *adæquales*, mais une vraye équation. Diuisons le tout par A, donc

$$B \text{ bis} \qquad \text{sera égal à} \qquad A \text{ ter}$$

(1) Le texte latin présente ici et trois lignes après une difficulté, qui est soulevée par la rédaction française (t. I, p. 141, note 1).

(2) *Voir* tome I, p. 141, note 2.

et

$$B \text{ sera à } A \quad \text{comme} \quad 3 \text{ à } 2.$$

Reuenons à nostre question et diuisons AC au point B en sorte que

$$AC \text{ soit à } AB \quad \text{comme} \quad 3 \text{ à } 2,$$

ie dis que le solide du quarré AB en BC sera le plus grand de tous ceux qui peuvent semblablement estre descris sur la ligne AC en quelque autre section que ce soit.

Affin de faire connoistre la certitude de cette méthode, ie prendray un exemple tiré du liure d'Apollonius *De determinata sectione*, lequel au rapport de Pappus au commencement de son 7me liure *difficiles determinationes habebat* ([1]), et ie pense que celle qui suit est une des plus difficiles; elle est supposée comme trouuée dans le 7me liure de Pappus, car il ne démonstre pas qu'elle soit uraye, mais la supposant telle, il en tire d'autres conséquences. C'est en ce lieu que Pappus appelle *minimam proportionem* μοναχὸν καὶ ἐλάχιστον, *minimam et singularem*. De quoy la rayson est qu'à proposer la question en grandeurs données, il y a tousiours deux endroits qui satisfont à la question; au plus petit ou au plus grand terme, il n'y a qu'un seul endroit qui satisface à la question. C'est pourquoy Pappus appelle *minimam et singularem*, c'est-à-dire *unique*, la moindre proportion de toutes celles qui peuvent estre mises en question. Commandin en ce lieu est en peine *quid per* μοναχὸς *intelligat Pappus* ([2]); ie crois peut estre que uoiant le mot de *moine* conioint avec celuy de *minime*, il songeoit à l'ordre du Père Mersenne. Quoy qu'il en

([1]) *Voir*, t. I, p. 142, note 1.

([2]) *Voir* ce qu'il est dit par Fermat sur ce sujet dans l'écrit que nous donnons ci-après, p. 122 et d'ailleurs t. I, p. 142, note 2.

soit, il n'a pas ueu la verité que ie viens d'expliquer. Mais voicy la proposition :

Soit la droitte donnée OMID (*fig.* 19), *et en icelle les*

Fig. 19.

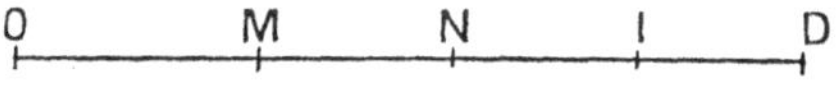

4 *points* O, M, I, D *donnés. Il faut diuiser la portion* MI *au point* N *en telle sorte que le rectangle* OND *soit au rectangle* MNI *en proportion moindre que celle d'aucun rectangle pareil à* OND, *à quelque autre pareil à* MNI.

Supposons en notes que la ligne OM donnée s'appelle B, la ligne DM donnée s'appelle Z et MI donnée G. Feignons maintenant que MN que nous cerchons s'appelle A; donc le rectangle OND en notes sera

$$B \text{ in } Z - B \text{ in } A + Z \text{ in } A - Aq.,$$

et le rectangle MNI en notes sera

$$G \text{ in } A - Aq.$$

Il faut donc faire que la proportion de

$$B \text{ in } Z - B \text{ in } A + Z \text{ in } A - Aq. \qquad \text{à} \qquad G \text{ in } A - Aq.$$

soit la moindre proportion de toutes celles qui se peuvent faire par quelque autre diuision que ce soit de la ligne MI.

Prenons derechef au lieu de A, $A + E$, nous aurons maintenant la proportion de

$$B \text{ in } Z - B \text{ in } A - B \text{ in } E + Z \text{ in } A + Z \text{ in } E - Aq. - Eq. - A \text{ in } E \text{ bis}$$

à

$$G \text{ in } A + G \text{ in } E - Aq. - Eq. - A \text{ in } E \text{ bis},$$

qu'il faudra comparer avec la première *per adæqualitatem*,

c'est à dire multiplier le premier terme par le quatriesme d'un costé et le second par le troisiesme de l'autre. Et comparant ensemble ces deux produits, le produict de

B in $Z - B$ in $A + Z$ in $A - Aq.$, qui est le premier terme,

par

G in $A + G$ in $E - Aq. - Eq. - A$ in E bis, qui est le quatriesme,

faict

B in Z in G in $A - G$ in B in $Aq. + G$ in Z in $Aq. - G$ in $Ac.$
$+ B$ in Z in G in $E - B$ in A in G in $E + Z$ in A in G in $E - Aq.$ in G in E
$- B$ in Z in $Aq. + B$ in $Ac. - Z$ in $Ac. + Aqq.$
$- B$ in Z in $Eq. + B$ in A in $Eq. - Z$ in A in $Eq. + Aq.$ in $Eq.$
$- B$ in Z in A in E bis $+ B$ in $Aq.$ in E bis $- Z$ in $Aq.$ in E bis $+ Ac.$ in E bis.

Le produict de

G in $A - Aq.$, le second terme,

par

B in $Z - B$ in $A - B$ in $E + Z$ in $A + Z$ in $E - Aq. - Eq. - A$ in E bis,
le troisiesme terme,

fait

B in Z in G in $A - G$ in B in $Aq. - G$ in B in A in $E + G$ in Z in $Aq.$
$+ G$ in Z in A in $E - G$ in $Ac. - G$ in A in $Eq. - G$ in $Aq.$ in E bis
$- B$ in Z in $Aq. + B$ in $Ac. + B$ in $Aq.$ in $E - Z$ in $Ac.$
$- Z$ in $Aq.$ in $E + Aqq. + Aq.$ in $Eq. + Ac.$ in E bis.

Ie compare ces deux produits *per adaequalitatem*. Ostons ce qu'ils ont de commun et diuisons le reste par E, restera d'un costé

B in Z in $G - Aq.$ in $G - B$ in Z in $E + B$ in A in E
$- Z$ in A in $E - B$ in Z in A bis $- Z$ in $Aq.$bis $+ B$ in $Aq.$bis,

et de l'autre costé

$$-G \text{ in } A \text{ in } E - G \text{ in } Aq. \text{bis} + B \text{ in } Aq. - Z \text{ in } Aq.$$

Effaçons tous les homogènes parmi lesquels E se retrouve, restera

$$B \text{ in } Z \text{ in } G - Aq. \text{ in } G - B \text{ in } Z \text{ in } A \text{ bis} - Z \text{ in } Aq. \text{bis} + B \text{ in } Aq. \text{ bis}$$

esgal à

$$-G \text{ in } Aq. \text{ bis} + B \text{ in } Aq. - Z \text{ in } Aq.$$

et par transposition

$$-B \text{ in } Aq. + Z \text{ in } Aq. - G \text{ in } Aq. + B \text{ in } Z \text{ in } A \text{ bis}$$

sera esgal à

$$B \text{ in } Z \text{ in } G.$$

Par la résolution de cette équation, nous trouuerons la valeur de la ligne A, c'est à dire la valeur de MN, et par conséquent le poinct N. Et nous treuuerons la vérité de la proposition de Pappus [1] qui dit que pour treuuer le point N il faut ſaire

comme le rectangle OMD au rectangle OID
ainsy le quarré MN au quarré NI,

car la résolution de nostre équation nous conduit à la mesme construction.

Pour l'application de cette méthode aux *tangentes*, voicy comme quoy ie procède.

Soit l'*ellipse* par exemple ZDN (*fig.* 20), de laquelle l'axe soit ZN et le centre R [2]. Prenons un point comme D dans

(1) *Voir* le texte de Pappus cité au tome I, p. 142, note 2.

(2) Dans son écrit précédent *de Tangentibus linearum curvarum* (t. I, p. 134-136), Fermat avait donné la construction de la tangente à la parabole.

la circonférence, duquel il faut tirer DM qui touche l'ellipse. Tirons l'appliquée DO et supposons que OZ, qui est donnée, s'appelle B et ON, aussy donnée, s'appelle G; faignons OM, inconnue que nous cerchons, s'appelle A; or nous entendons

Fig. 20.

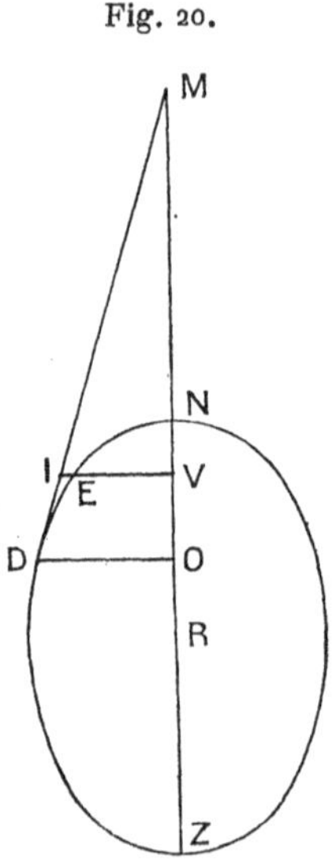

par OM la portion de l'axe comprise entre le point O et le concours de la tangente.

Puisque DM touche l'ellipse, si nous tirons IEV parallèle à DO par le point V, pris à discrétion entre O et N, il est certain que cette ligne IEV coupera la tangente DM et l'ellipse aussy, comme aux points E et I; et parce que la ligne DM touche l'ellipse, tous ses points horsmis D seront hors de l'ellipse; donc la ligne IV sera plus grande que la ligne EV. Il y aura donc plus grande proportion

du quarré DO au quarré EV que du quarré DO au quarré IV.

Or

comme le quarré DO au quarré EV

ainsy (par la propriété de l'ellipse)

le rectangle ZON est au rectangle ZVN

et

comme le quarré DO au quarré IV, ainsy le quarré OM au quarré VM.

Donc il y a plus grande raison

du rectangle ZON au rectangle ZVN

que

du quarré OM au quarré VM.

Feignons OV, prise à discrétion, esgale à E :

le rectangle ZON en notes sera B in G;
le rectangle ZVN en notes sera B in $G - B$ in $E + G$ in $E - Eq.$;
le quarré OM en notes sera $Aq.$;

et

le quarré VM en notes sera $Aq. + Eq. - A$ in E bis.

Il y aura donc plus grande raison

de B in G à B in $G - B$ in $E + G$ in $E - Eq.$

que

de $Aq.$ à $Aq. + Eq. - A$ in E bis.

Par conséquent, si vous multipliés le 1er terme par le dernier, et le 2me par le 3me

B in G in $Aq. + B$ in G in $Eq. - B$ in G in A in E bis,

qui est le produit du 1er terme par le dernier, sera plus grand que

B in G in $Aq. - B$ in E in $Aq. + G$ in E in $Aq. - Aq.$ in $Eq.$

Il faut donc suivant la précédente méthode comparer ces deux produits *per adæqualitatem*. Ostons ce qu'ils ont de commun et diuisons le reste par E; restera

d'un costé B in G in E — B in G in A bis,
et de l'autre — B in $Aq.$ + G in $Aq.$ — $Aq.$ in E.

Effaçons les homogènes qui participent de la ligne E; restera

d'un costé — B in G in A bis,
et de l'autre costé — B in $Aq.$ + G in $Aq.$

Lesquels deux termes il faut maintenant suiuant la précédente méthode égaler tout à bon; en diuisant le tout par A et transportant deüement les termes, nous treuuerons

B in A — G in A esgal à B in G bis.

Vous voyéz que cette résolution est la mesme que celle d'Apollonius ([1]); car par ma construction pour treuuer la tangente, il faut faire

comme B — G à G ainsy B bis à A,

c'est à dire

comme ZO — ON à ON ainsy ZO bis à OM;

et par celle d'Apollonius, il faut faire

comme ZO à ON ainsy ZM à MN;

or ces deux constructions, comme il paroist, reviennent à la mesme.

Ie pourrois adiouster plusieurs autres exemples, tant du premier que du second cas de ma méthode, mais ceux cy suffisent et feront assez voir qu'elle est générale et qu'elle ne trompe iamais. Ie n'adiouste point non plus la démonstration

([1]) Apollonius, *Sectiones conicæ*, I, 34.

de la Reigle (¹), ny plusieurs autres usages qui pourroient en faire mieux paroistre la perfection, comme de l'invention des centres de gravité, dont i'ay envoyé un exemple à Monsr de Roberval (²), et (³) plusieurs autres, me contentant de proposer la suivante question à soudre à ceux qui voudront l'entreprendre :

Estant donné le cercle BC (*fig.* 21) *par position, l'ellipse*

Fig. 21.

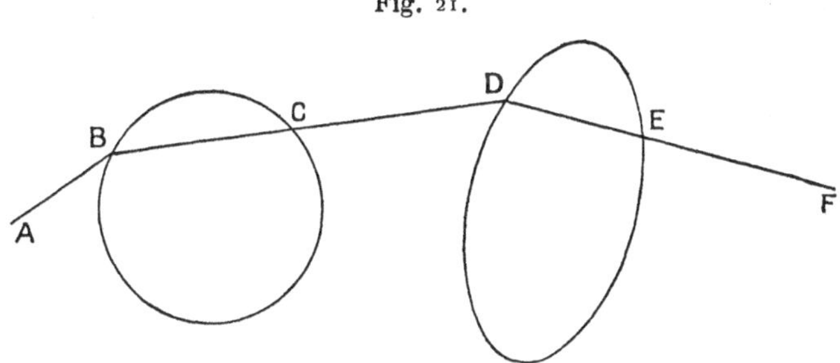

DE, *et les deux points* A *et* F, *treuuer un point dans le cercle, comme* B, *et un autre dans l'ellipse comme* D, *en sorte que, ioignant les lignes* AB, BD, DF, *les trois quarréz* AB, BD, DF, *pris ensemble, contiennent le plus petit espace qui se puisse faire en quels deux autres points que ce soit. Et les mesmes choses estant données, chercher aussy le plus grand espace.*

Ou bien, si cette question paroist trop aisée, ie la rendray plus généralle et difficile en proposant :

Datis quotlibet punctis et quotlibet lineis, siue rectis siue curuis, in qualibet linearum invenire quotlibet puncta, ita ut summa quadratorum rectarum, puncta data et quæsita ad libitum connectentium, sit minima vel maxima.

(¹) *Voir*, pour une telle démonstration, l'écrit publié ci-après, sous le n° X.

(²) Allusion à l'écrit intitulé *Centrum gravitatis parabolici conoïdis*, envoyé par Fermat à Mersenne pour Roberval et Étienne Pascal en février 1638.

(³) Ici s'arrête le texte latin (t. I, p. 147).

ANNÉE 1638.

VI.

MÉTHODE DE MAXIMIS ET MINIMIS.

FERMAT A MERSENNE.

TOULOUSE, 15 JUIN 1638.

(Tome II, p. 152-154.)

[Groningue, Bibl. de l'Université, Ms. 110 (coll. van Schooten) f° 12 recto. — Florence, Bibl. Naz., Mss. Galileiani, *Discepoli*, vol. CIII, f°s 96 recto-97 recto. — La copie de Groningue porte en haut : *Extrait d'une lettre du* 15 *juin, Anno* 1636 (*sic*) *au R. P. Mersenne*; celle de Florence, le même texte, mais 1638 au lieu de 1636 et d'ailleurs, en marge, de la main apostillatrice, *Révérend Père Mersenne; delenda hæc epistola.* — L'extrait suivant a été publié dans les *Mémoires de l'Académie de Toulouse*, s. XI, t. V, 1917, p. 75-77, d'après la première seule des deux sources.]

Nous avons relevé (dans l'introduction du Document précédent) que le premier exemple de l'application de la méthode de Fermat à la recherche des centres de gravité (t. I, 1891, p. 136-139) ne parvint à Roberval qu'au mois de février 1638 (*ibid.*, t. II, 1894, p. 133-134). Dans sa lettre à Fermat du 1er juin 1638, Roberval proposa, au sujet de l'application de la méthode à l'exemple choisi du conoïde parabolique, une correction en des termes (t. II, p. 149-150) qui s'adaptent à ceux employés par Fermat dans la lettre suivante. Celle-ci peut donc avoir très bien fait partie de la lettre imprimée (t. II, p. 152-154), que les éditeurs ont signalée incomplète.

I'ay receu un mot de vostre part de Mr Roberval sur le suiet de la methode *de maximis et minimis*, *de tangentibus et investigatione centrorum gravitatis*.

Ie vous respondray à tous deux par cette mesme lettre. Vous luy direz, s'il vous plaist, que ie suis de son advis en ce qu'il change mon raisonnement lorsqu'il applique ma méthode à l'invention du centre de la vraye parabole et autres à l'infiny, et que ce fut par mégarde que ie changeay l'ordre en mon opération touchant le centre du conoïde parabolique, quoyque l'opération se puisse faire au dit cas en toutes les deux façons. Et de faict, celle que i'envoyay à Mr de Beaugrand il y a plus de trois ans au mesme cas du conoïde parabolique est conceue tout de mesme qu'il la faut conceuoir aux autres paraboles et conoïdes ([1]). Ce que vous pourrez vérifier avec le dit Sr Beaugrand.

I'adiouste que la seconde position de la ligne E se peut prendre, sy l'on veut, du costé des appliquées au diamètre, et l'opération se diuersifier en beaucoup de façons.

Ie n'ay donc rien plus à dire pour faire veoir :

1° Que la méthode *de maximis et minimis* est vraye ;

2° Que la méthode pour l'invention des tangentes l'est aussy, et beaucoup plus aisée sans contredit que celle de M[r] des Cartes ([2]) ;

3° Qu'elle s'estend encore à treuver les centres de gravité et à plusieurs autres problèmes.

Il ne me reste qu'à faire veoir sa démonstration, à quoy ie donneray mon premier loisir, et ensuitte ie donneray le moyen de tirer la synthese de l'analyse pour faire les démons-

(1) Ainsi dans sa lettre à Roberval du 16 décembre 1636 (t. II, 1894, p. 94), Fermat avait fait déjà mention de l'envoi d'un exposé fait à Beaugrand de l'application de sa méthode à la recherche des centres de gravité. Cependant celui-ci avait refusé de donner cette copie à Roberval (*op. cit.*, t. II, p. 133), et la rédaction de ce travail est restée inconnue.

(2) Van Schooten a orthographié le nom dans sa copie comme *Decheartes*, comme il le fit aussi dans l'écrit cité dans les *Œuvres de Descartes*, éd. cit., t. X, 1908, p. 638.

trations aussy courtes et aussy nettes qu'il se pourra, tant des plus grandes et des moindres que des tangentes et des centres de gravité ([1]).

Et sur le suiet du dernier ie feray veoir que le centre de gravité d'une figure se peut treuver sans qu'on connoisse sa quadrature. Car, par exemple, en la parabole, ie ne me sers d'autre *medium* sinon que :

1° *In portionibus abscissis per applicatas centra gravitatum similiter poni;*

2° *Portiones huiusmodi ad triangula eiusdem basis et altitudinis eandem habere proportionem, etiamsi non cognoscamus quænam sit illa proportio;*

3° *Cuiuscunque figuræ si fuerit ambitus in easdem partes cavus, centrum gravitatis figuræ intus esse;*

4° *Ita esse inter se partes figuræ reciprocas ut rectæ ab ipsarum centris ad centrum totius ductæ.*

Tous lesquels *mediums* se preuvent aisément par la voye d'Archimède, sans supposer la quadrature de la parabole. De sorte qu'ayant ainsy treuvé le centre de gravité de la parabole, nous en pouvons tirer par conséquence sa quadrature, qu'il faut adiouster aux deux d'Archimède et à celuy des quarrés des paraboles infinies, dont i'ay autrefois entretenu M. Roberval ([2]).

([1]) Comp. le Document V ci-avant, p. 82-83; quant à la promesse de Fermat sur des démonstrations, *voir* les prolégomènes au Document X.

([2]) *Voir* les lettres de Fermat à Roberval du 22 septembre, 4 novembre et 16 décembre 1636 (t. II, p. 73, 83-84 et 92, 94-96). Comp. aussi les prolégomènes à l'extrait de la lettre de Roberval de 1646-1647, (ci-après Document XIII, n° 2).

VII.

LA DÉTERMINATION

DE LA

QUADRATURE DE LA ROULETTE ORDINAIRE,

DES

ROULETTES ALLONGÉES ET RACCOURCIES

ET

LA CONSTRUCTION

DE

LA TANGENTE A CES ROULETTES.

1. FERMAT A MERSENNE.

TOULOUSE [JUILLET 1638].

(Tome II, p. 135, 151.)

[Groningue, Bibl. de l'Université, Ms. 110 (coll. van Schooten), f°s 16 recto-16 verso. — Florence, Bibl. Naz. Mss. Galileiani, *Discepoli*, t. CIII, f°s 103 verso-105 recto. — Les deux copies portent en haut : *Extrait d'une lettre au R. P. M.*; celle de Florence porte aussi : *Deleatur*. — L'extrait suivant a été publié dans les *Mémoires de l'Académie de Toulouse*, s. XI, t. V, 1917, p. 77-80, d'après la première seule des deux sources.]

Dans une lettre de février 1638, Mersenne avait annoncé à Fermat la découverte de la quadrature de la cycloïde par Roberval (t. II, 1894, p. 135) et le géomètre de Paris en avait entretenu lui-même Fermat dans une lettre du 1er juin 1638 (*Ibid.*, p. 151). Il est assez évident que la lettre suivante, à laquelle manque l'indication de la date, doit avoir été écrite vers le mois de juillet 1638, précédant immédiatement la lettre suivante du 27 juillet 1638 (N° 2). L'existence des deux lettres nous est connue par la correspondance de Descartes, qui en parle dans ses lettres de 1638 (*Œuvres de Descartes*, éd. cit., t. II, 1898, p. 395 et le passage cité aux prolégomènes de la lettre suivante) et par la lettre de Carcavi à Descartes du 24 septembre 1649 : « *I'ay* — dit-il — *plusieurs lettres de Monsieur Fermat de l'année* 1637 (1) *qui disent le mesme* (à savoir la démonstration de la quadrature de la cycloïde comme d'une chose trouvée par Roberval) *et qui témoignent sa franchise, en ce que, s'estant mespris sur le suiet de cette ligne et d'une énonciation dudit sieur de Roberval, qui luy apparut d'abord fausse, il se rétracta genereusement par le courrier suivant.* » D'ailleurs les démonstrations suivantes sont mentionnées dans l'*Histoire de la Roulette* (1658) de Pascal (*Œuvres de Bl. Pascal*, éd. Brunschvicg et Boutroux, t. VIII, 1914, p. 197).

Vous vous souviendrez que ie vous ay autresfois (2) escrit que ie treuvois la proposition de M. de Roberval douteuse et que i'appréhendois qu'il n'eust équivoqué en sa recherche. En voicy la confirmation.

Voyez en la figure suivante (*fig.* 22) la description de la

Fig. 22.

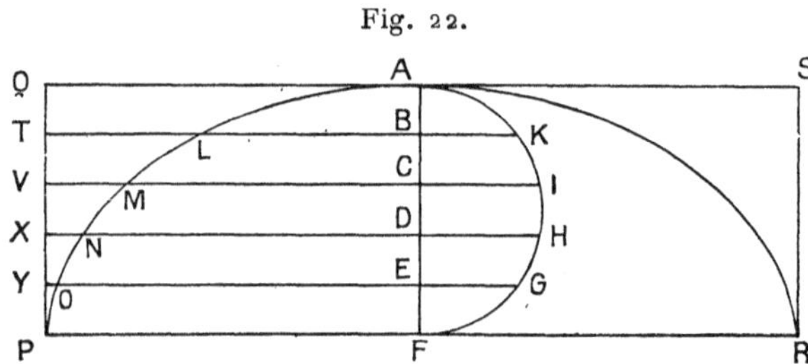

courbe descrite par un point du cercle qui roule. Sa base est PR, coupée esgalement au point F; son sommet est A; la ligne AF, perpendiculaire sur PR, est le diamètre du cercle

(1) Les éditeurs de cette lettre de Carcavi (*Œuvres de Descartes*, éd. cit., t. V, 1903, p. 421) ont déjà remarqué qu'il y a ici erreur de date et que les lettres de Fermat ne pouvaient dater que de février 1638, au plus tôt.

(2) En février 1638; *voir* les prolégomènes,

qui roule; AIGF est la moitié dudit cercle; PLAR est la ligne courbe; PS est un parallélogramme rectangle.

La principale propriété de la courbe, qu'il est très aisé de demonstrer est que, si vous prenéz un point en icelle comme L, duquel vous tiriez LBK perpendiculaire sur AF, la ligne LB est esgale à la ligne BK et à la portion de la demi-circonférence AK (1); tout de mesme la ligne MC est esgale à la ligne CI et à la portion de la demy-circonférence IA et ainsy des autres iusques à ce que la ligne PF se treuve esgale à l'entière demi-circonférence. Que sy la base PR est double de la circonférence du cercle qui roule, en ce cas la ligne LB est esgale à la ligne BK et au double de la portion du cercle AK, et ainsy la ligne MC est esgale à la ligne CI et au double de la portion du cercle IA. Et si la ligne PR est triple de la circonférence du cercle qui roule, tout de mesme, etc.

Cela ainsy supposé, pour treuver la proportion du rectangle PA à la demi-figure APF, diuisons AF en autant de parties esgales que nous voudrons, comme AB, BC, CD, DE, EF. Et ensuite des points B, C, etc. tirons les lignes BLT, CMV, DNX, EOY parallèles à PF.

Pour treuver la proportion que nous cerchons, il faut comparer toutes les lignes PF, EY, DX, CV, BT, AQ à toutes les lignes PF, EO, DN, CM, BL (2).

Or les lignes PF, EO, DN, CM, BL sont égales, comme nous avons dit, aux portions du cercle FA, GA, HA, IA, KA et aux droites EG, DH, CI, BK (3). Il faut donc comparer toutes les lignes PF, EY, DH, CV, BT, AQ avec les portions

(1) C'est-à-dire à la somme de la droite BK et l'arc de cercle AK.

(2) C'est-à-dire la somme des lignes PF, EY, DX, CV, BT, AQ à celle des lignes PF, EO, DN, CM, BL.

(3) A savoir à la somme des arcs de cercle et des droites nommées.

du cercle FA, GA, HA, IA, KA et avec les droites EG, DH, CI, BK.

Faisons cette comparaison séparément. En comparant premièrement toutes les lignes PF, EY, DX, CV, BT, AQ avec les droites BK, CI, DH, EG, etc., il est évident que toutes ces lignes PF, EY, etc. à l'infiny, auront la mesme proportion à BK, CI, etc., que celle qui est du rectangle AP au demicercle FGA (à cause que les lignes AB, BC, CD, etc. sont égales entr'elles). Et ladite proportion est de 4 à 1 en la première révolution (de 8 à 1 en la seconde, de 12 à 1 en la troisième, etc., à l'infiny) de laquelle seule nous parlerons, les conséquences pour les autres estant trop aisées et la démonstration trop évidente.

Comparons maintenant toutes les lignes PF, EY, DX, CV, BT, AQ avec les portions du cercle FA, GA, HA, IA, KA. Sy les portions AK, KI, IH, etc. estoient esgales entr'elles, nous pourrions dire que toutes les lignes PF, YE, XD, VC, BT, AQ seroient doubles des portions FA, GA, HA, IA, KA, à cause que chascune des lignes PF, YE, etc. est égale à la demy-circonférence FA, qui seroit par conséquent la plus grande de la progression arithmétique, en laquelle la différence de la progression est esgale au plus petit terme. Mais nous ne pouvons sans paralogisme déterminer cette proportion double, à cause que les droites AB, BC, etc. estant egales entr'elles, il s'ensuit manifestement que les portions AK, KI, IH, etc. sont inesgales entr'elles. Et partant nous ne pouvons pas dire que toutes les lignes PF, EY à l'infiny soient doubles des portions FA, GA, etc., à l'infiny, ce que pourtant j'estime que Mr Roberval aura creu, ne s'estant pas amusé à considérer l'inesgalité des portions AK, KI, etc. (1).

(1) Comparez le lettre de Fermat qui suit.

Et de fait, si cette proportion double estoit vraye, la proposition de Mr Roberval le seroit aussy. Car si toutes les lignes PF, EY, etc. estoient doubles des portions FA, GA, etc., puisque nous avons preuvé que les mesmes lignes PF, EY, etc. sont quadruples des lignes EG, DH, etc., il s'ensuivroit que lesdites lignes PF, EY, etc. seroient à la somme des portions AF, GA, et des lignes droites EG, DH, etc. comme 4 à 3. Or la somme des portions AF, GA, etc. et des droites EG, DH, etc. est égale aux droites PF, EO, DN, etc. Donc les lignes PF, EY, etc. seroient aux lignes PF, OE, etc. comme 4 à 3. Et partant, le rectangle AP seroit à la demi-figure PAF comme 4 à 3 et l'entier rectangle PS seroit à la figure PAR comme 4 à 3. Or le rectangle PS est quadruple du cercle qui roule, donc la figure PAR seroit triple du cercle en la première reuolution, et en la seconde quintuple, etc., comme il seroit aisé d'estendre la démonstration.

Mais ie croy que la proportion est fausse. Et peut-estre ay-ie fait et deviné le chemin que M. Roberval a teneu.

---

2. FERMAT A MERSENNE.

TOULOUSE 27 JUILLET 1638.

(Tome II, p. 135, 151.)

[Groningue, Bibl. de l'Université, Ms. 110 (collection van Schooten), f°s 16 verso-17 recto. — Florence, Bibl. Naz., Mss. Galileiani, *Discepoli*, vol. CIII, f°s 105 recto-106 verso. — Les deux copies portent en haut : *Suite du même sujet d'une lettre du* 27 *juillet* 1638 (ajouté en F : *R.P.M.*); d'ailleurs celle de Florence porte *Deleatur*. — L'extrait suivant a été publié dans les *Mémoires de l'Académie de Toulouse*, s. XI, t. V, 1917, p. 80-83. d'après la première seule des deux sources.]

La lettre suivante fait suite immédiate à la précédente. C'est probablement de cette lettre que Descartes écrivit à Mersenne le 23 août 1638 : « *I'ay considéré exactement la démonstration prétendue de la Roulette envoyée par M. Fermat, laquelle commence par ces mots :* Le centre du demi-cercle N, le diamètre, etc. *Mais c'est le galimathias le plus ridicule que i' aye encore jamais vû. En effect il monstre par la que, n'ayant rien sceu trouver de bon touchant cete Roulette, et ne voulant pas pour cela demeurer sans response, il a mis la un discours embarrassé qui ne conclud rien du tout, sur l'espérance qu'il a euė que autres croiroient cependant qu'il l'auroit trouvée. Si le sieur de Roberval s'est contenté de cela, on peut bien dire en bon latin que* mulus mulum fricat » (*Œuvres de Descartes,* éd. cit. t. II, 1898, p. 333, ou *Œuvres de Fermat,* t. IV, 1911, p. 106-107). *Voir* d'ailleurs aux lieux cités respectivement t. II, p. 395, ou t. IV, p. 108, et la lettre de Carcavi citée aux prolégomènes du document précédent.

Ie prens la plume à ce coup pour iustifier Mr Roberval contre la censure trop précipitée que i' auois fait de sa proposition de la Roulette et me refute moymesme sans attendre que la chose vienne de luy. Vous luy tesmoignerés donc, s'il vous plaist, que ie me retraite avec plus de satisfaction que ie n'en receurois si mon sentiment, que i' escriuis trop à la haste contre sa proposition, estoit véritable.

Or, affin qu'il cognoisse que ie comprens exactement la vérité de sa proposition, voicy la fin de la démonstration, que vous adiousterés, s'il vous plaist, au commencement que ma lettre en contient, et j'estime qu'il approuuera, puisqu'elle est courte et généralle.

J'en demeuray donc là qu'il me falloit prouuer au demi-cercle, duquel le centre est N (*fig.* 23) et le diamètre diuisé en parties esgales IK, KL, LM, MN, NO, OP, PQ, QA que la somme des lignes AB, AC, AD, AE, AF, AG, AH, AI à l'infiny, fait la moitié de la demi-circonférence AI, prise autant de fois qu'il y a des lignes AB, AC, etc. à l'infiny.

Pour le prouver il faut que les portions AQ, PQ, etc. à

l'infiny, soient mesurées par le binaire, afin que l'une des portions se rencontre au centre N. Cela fait, il est aysé de preuuer que AB est égale à IH, AC à IG, AD à IF, AE à IE, AF à ID, AG à IC, AH à IB. Doncques les dites lignes AB, AC, AD, AF,

Fig. 23.

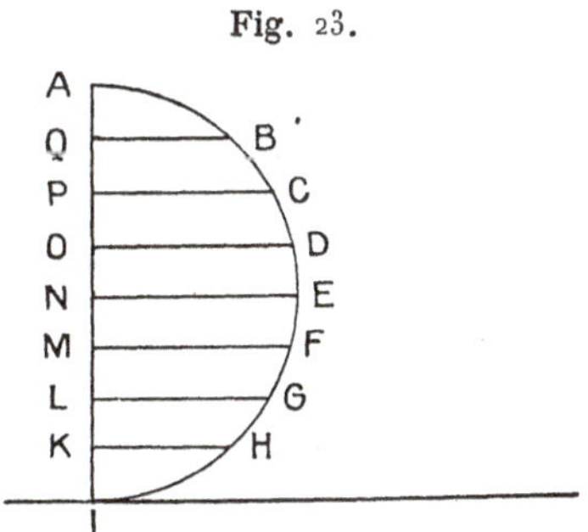

AG, AH, ionctes aux dites lignes IB, IC, ID, IE, IF, IG, IH feront autant de fois la demi-circonférence qu'il y a des lignes AB, AC, etc. à l'infiny, car AB et IB font la demi-circonférence, et de mesme AC et IC, etc., en ioignant celles de dessus avec celles de dessoubs. Il s'ensuit donc que les lignes AB, AC, etc. à l'infiny, si vous y comprenés la demy-circonférence prise deux fois, seront plus grandes que la demi-circonférence prise autant de fois qu'il y aura des lignes; et au contraire, s'y vous n'y comprenés pas la demi-circonférence, elles seront moindres. D'où l'on peut conclurre, en raisonnant à la mode d'Archimède, que toutes les lignes AB, AC à l'infiny font la moitié de la circonférence, prise autant de fois à l'infiny qu'il y aura des lignes. D'où il suit enfin que l'espace de la Roulette est au cercle comme 3 à 1, lorsque la réuolution est égale à la circonférence; lorsqu'elle est double, comme 5 à 1, etc.

Ce qui m'obligea à mécroire cette proposition, fût que ie ne songeay d'abord qu'à la progression arithmétique, sur laquelle, comme sçait Mr Roberval, la pluspart des quadratures sont fondées.

Pour satisfaction de ma faute, i' envoye cette proposition suivante à Mr Roberval :

Prenez un cylindre droit, sur lequel, en tel endroit qu'il vous plaira, plantez le pied d'un compas, duquel l'ouverture soit égal au costé du quarré inscrit du cercle qui sert de base au cylindre; descrivez une figure sur le cylindre par ce compas [1]. Faittes ensuitte rouler ce cylindre sur un plan, la figure descrite sur le cylindre marquera et descrira sur le plan par le roulement du cylindre une espèce d'ovale; et à mesure que le mouvement du cylindre roulant sur le plan sera plus ou moins viste, la figure sera plus ou moins grande. Et néantmoins de quelque grandeur à l'infiny que soit cett'ovale, voicy sa propriété :

Autour de celuy de ses axes qui a esté descrit par le roulement, et qui augmente ou diminue en longeur à mesure que le roulement est plus ou moins viste, descrivés une sphéroïde, par la circonvolution de l'ovale; le cylindre circonscrit à cette sphéroïde sera à sa sphéroïde comme la circonférence d'un cercle au double de son diamètre. Et quoyque la sphéroïde, par la diuersité des vistesses du roulement puisse augmenter ou diminuer en grandeur à l'infiny, cette proportion sera tousiours la mesme.

Dans sa lettre à Mersenne, du 22 octobre 1638, Fermat a construit au moyen de sa méthode des tangentes, la touchante à cette ovale

(1) On sait que les courbes, telles que la proposée et celles qu'on obtient en donnant d'autres valeurs à l'ouverture du compas, étaient étudiées déjà dans l'antiquité, où on les obtenait par l'intersection d'une sphère et d'un cylindre. Si le diamètre du cylindre n'est pas déterminé, on obtient les *hippopèdes* d'Eudoxe et probablement la courbe, appelée l'*admirable* (παράδοξος γραμμή) par Menelaos d'Alexandrie (*voir* ci-avant, p. 14), au cas où le rayon de la sphère est égal au diamètre du cercle directeur du cylindre (*l'entrave du cheval*). C'est cette dernière qui fut plus tard célèbre par la proposition de Viviani (1692), dont d'ailleurs l'analogue, relative à la spirale sphérique, qui a pour équation en coordonnées sphériques $\delta = \frac{1}{4}\lambda$, était établie par une démonstration de Pappus.

« *laquelle*, dit-il (t. II, p. 172), *i'enuoyai dernièrement à M. de Roberval* ». Celui-ci ne manqua pas de résoudre bientôt les problèmes du géomètre de Toulouse, aussi pour d'autres valeurs de l'ouverture du compas. N'ayant pas écrit à Fermat depuis le 1er juin 1638, il lui apprit dans sa lettre du 4 août 1640 qu'il avait construit au moyen de sa méthode mécanique « *les tangentes des lignes courbes qui se décrivent avec un compas sur la superficie d'un cylindre et puis se réduisent en plan* » (t. II, p. 201), et il donna la solution du problème proposé ci-dessus par Fermat pour des valeurs diverses de l'ouverture du compas, aussi dans son *Traité des indivisibles*, qui ne fut publié qu'après sa mort (*Divers ouvrages de mathématiques et de physique par Messieurs de l'Académie royale des Sciences* (Paris, 1693, p. 213 et suiv.). Pour le cas où cette ouverture est égale au diamètre du cylindre, il prouve que la courbe, après sa réduction en plan, est une sinusoïde, et il se servit de sa quadrature pour l'évaluation du volume engendré par la révolution de la Roulette autour de sa base, qui lui était connue depuis l'été de 1638. *Voir* pour la description de la courbe une lettre de Mersenne à Huygens, du 3 janvier 1647 (*Œuvres de Chr. Huygens*, éd. cit, t. I, p. 52) et l'*Histoire de la Roulette*, de Pascal (*Œuvres de Bl. Pascal*, éd. cit., t. VIII, p. 203-204). D'ailleurs, les études de Fermat sur les courbes indiquées sont encore relevées en 1658 et 1660, par le P. Lalouvère qui leur donna le nom de *cyclo-cylindriques* (t. I, p. 209, la note 1).

---

3. FERMAT A MERSENNE.

TOULOUSE, 5 AOUT 1638.

(Tome II, p. 165, 171.)

[Groningue, Bibl. de l'Université, Ms. 110 (collection van Schooten) f° 17 recto. — Florence, Bibl. Naz., Mss. Galileiani, *Discepoli*, vol. CIII, f°s 106 verso-107 recto. — Les deux copies portent en haut : *Extrait d'une lettre du* 5 *aoust* 1638 *au R. P. M.*; celle de Florence aussi le mot : *Deleatur*. — L'extrait suivant a été publié dans les *Mémoires de l'Académie de Toulouse*, s. XI, t. V, 1917, p. 84-85, d'après la première seule des deux sources.]

Roberval, déjà sans doute en possession de sa célèbre méthode mécanique pour la construction des tangentes, qu'il appliqua le premier à la cycloïde, avoua dans l'été de 1638, ne pouvoir construire la tangente à cette courbe par voie d'analyse. Cette difficulté était communiquée par Mersenne à Fermat et à Descartes, et le premier envoya à Paris la construction suivante, à laquelle il fit peut-être allusion encore dans sa lettre à Mersenne du 10 août 1638 (t. II, 1894, p. 165, art. 3). Elle fut envoyée par le Minime à Descartes le 11 septembre 1638 : « *Sa première construction* — répondit le philosophe, le 15 novembre 1638, à l'égard de la construction de Fermat — *estoit générale car il y avoit adiousté ces mots ou semblables* : Et si la base est double de la circonférence du cercle, on doit prendre le double de telle ligne ; si triple, le triple, etc., *ce qui estoit vray et suffisoit pour faire connoistre qu'il l'auoit trouuée généralement* » (*Œuvres de Descartes*, éd. cit., t. II, 1898, p. 434). Il semble donc que la lettre suivante de Fermat n'a contenu que le résultat seul de sa construction, sans plus; cette hypothèse pourrait être confirmée au moyen des endroits où il est parlé encore de cette lettre : la lettre de Descartes à Mersenne du 11 octobre 1630 (*Œuvres de Descartes*, éd. cit., t. II, p. 394), celle de Fermat à Mersenne du 22 octobre 1638 (*Œuvres de Fermat*, t. II, p. 171-172), celle de Roberval à Fermat du 4 août 1640 (*Ibid.*, p. 200-201) et les *Observations sur la composition des mouvemens* de Roberval [*Divers ouvrages de math.* (éd. de Paris, 1693), p. 107].

Je vous envoye la tangente de la Roulette que Mr Roberval avoue n'auoir point sçeu treuver (1) et laquelle i'ay tireé de ma methode aussy bien que les autres.

Voicy la proposition qui est très belle et qui luy seruira pour accomplir de tout point son traicté (2).

Soit la Roulette ABGF (*fig.* 24), de laquelle l'axe est BE,

(1) Cette assertion se trouve aussi dans la lettre que Descartes envoya le 11 octobre 1638 à Fermat avec ses compliments pour sa construction (t. II, 1894, p. 168).

(2) Roberval avait parlé à Fermat de son projet de rédiger un traité spécial sur la cycloïde dans sa lettre du 1er juin 1638. Mersenne en a parlé à diverses reprises, d'où il résulte que la publication était passionnément désirée encore en 1644. Mais il ne parut, sous forme étendue, qu'après la mort de l'auteur, sous le titre de *de Trochoïde eiusque spatio Divers ouvrages de math.*, etc. (Paris, 1693), p. 246-278].

le demi cercle roulant BCE, le point G auquel il faut treuuer la tangente.

Fig. 24.

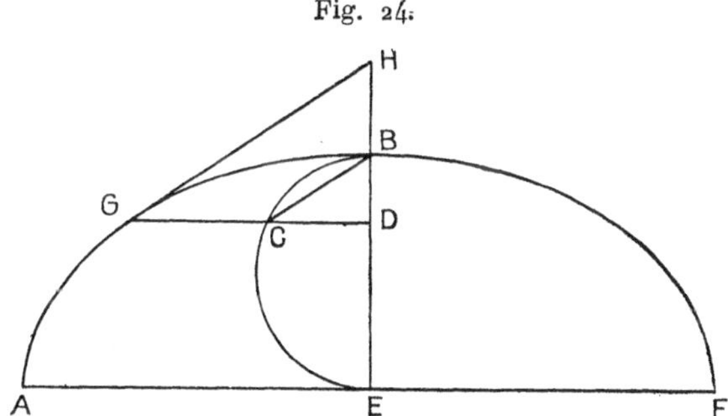

Soit tirée GCD parallèle à la base AF, et au point C, où elle coupe le cercle, soit tirée la ligne CB. Sy vous faites GH parallèle à CB, la ligne GH touchera la courbe AGB au point G.

Sy la base AF est double de la circonférence du cercle, qui roule, il faudra faire

comme la double de CD à BD, ainsy GD à DH;

si AF est triple, il faudra faire

comme la triple de CD à DB, ainsy GD à DH,

etc (¹).

(¹) Fermat a donné la démonstration de cet énoncé plus tard dans un écrit datant de 1640 (t. I, p. 162-165), où la démonstration se termine par les mots : *Eadem methodo species omnes illius curvæ tangentes suas nanciscentur : constructionem generalem olim dedimus*. Roberval a donné une démonstration analytique de la construction de Fermat dans ses *Observations sur la composition des mouvemens* au lieu cité dans les prolégomènes.

VIII.

EXPOSÉ PAR BEAUGRAND

DE

LA MÉTHODE DE FERMAT

POUR TRACER LES TANGENTES.

(Tomes I, p. 84-87 ; II, p. 4, 5, 14, 105, 111.)

(Londres, British Museum, Harleian Mss. 6796, art. 18, f°s 155 recto-161 verso. — Copie dressée de la main de Thomas Hobbes (¹). — L'écrit a été publié dans le *Bulletin des Sciences Mathématiques*, s. II, t. XLII, 1918, p. 169-177.)

Les rapports de Fermat avec Beaugrand, l'ancien ami de Viète, remontent à une époque incertaine, avant l'année 1635. Beaugrand était le dépositaire à Paris des manuscrits de Fermat et nous avons vu (p. 85) que Fermat lui envoya en 1635 sa méthode pour la détermination des centres de gravité, application de sa méthode *de maximis et minimis*. La même année Beaugrand était en possession de l'écrit de Fermat sur la construction d'une parabole donnée par quatre de ses points, dont on trouve une copie dans les deux recueils manuscrits de Groningue et de Florence (*voir* l'Introduction, p. XVI-XVII) et qui a été publié

(¹) Beaugrand avait fait la connaissance personnelle du philosophe anglais en 1634, lorsque celui-ci fit quelque séjour à Paris (*Œuvres de Descartes*, éd. cit., t. III, 1899, p. 342) et elle fut renouvelée pendant un autre séjour de Hobbes à Paris pendant huit mois, d'où il retournait en Angleterre au printemps de 1637. En raison des troubles qui agitaient l'Angleterre, le philosophe se fixa à Paris en novembre 1640; mais alors Beaugrand s'était déjà alité, pour succomber vers le Noël de 1640. Ce n'est qu'après un séjour de dix années que Hobbes quitta définitivement la France.

Tome I, 1891, p. 84-87. C'est ce qui résulte du fait que Beaugrand communiquait ce problème pendant son voyage en Italie durant l'automne de 1635, à Cavalieri [1]. D'ailleurs l'écrit imprimé (t. I, p. 87-89) sous le titre supposé de *Loci ad tres lineas demonstratio*, d'après une copie envoyée à Carcavi, porte dans nos deux recueils (où il fait suite immédiate au problème de la parabole) le titre de *Altera propositio missa ad D. B.*, c'est-à-dire à Beaugrand (*voir* les *Variantes* au Document VI), étant tirée sans doute de cet original, dont Fermat écrivait dans une lettre du 20 avril 1637 qu'il l'avait envoyé à Beaugrand « *il y a longtemps* » (t. II, p. 105). L'estime de Fermat pour Beaugrand ressort de diverses lettres du géomètre de Toulouse à Mersenne de l'année 1636 (t. II, 1894, p. 4-5, 14 et 111). On ne peut guère douter que la méthode de Fermat pour le tracé des tangentes aux courbes planes était connue aussi de son ami intime, avant de parvenir à la connaissance des autres mathématiciens de Paris. Néanmoins il y a toute apparence que Beaugrand a gardé cette méthode par devers lui.

Son Ouvrage sur la question de géostatique, qui avait paru en 1636, étant vivement critiqué par divers géomètres dans des lettres particulières (*voir* ci-avant, p. 33-34) et dans un livre imprimé, à l'exhortation de Desargues, par Guy de la Brosse; Beaugrand trouva bientôt l'occasion de mettre, lui aussi, la critique de son côté.

Au printemps de 1637 les feuilles du *Discours* de Descartes, imprimées en Hollande, arrivèrent à Paris entre les mains de Mersenne pour obtenir un privilège français. On sait que Beaugrand avait coutume de signer de tels privilèges en sa qualité de secrétaire du roi [2]. Il eut connaissance des feuilles qui traitaient de la *Dioptrique* et les envoya,

[1] *Le Opere di Galileo Galilei*, ed. naz., vol. XVI, 1905, p. 345 et 366. Plus tard Cavalieri a inséré sa propre solution du problème dans ses *Exercitationes geometricæ* (Bononiæ, 1647), p. 496-498.

[2] Par exemple pour l'Ouvrage de Mersenne, publié en 1634, et cité ci-avant p. 32, note 2; les lettres patentes pour Fermat en date du 30 décembre 1637, t. IV, 1912, p. 22, note 1, paragraphe 2; *Les nouvelles pensées de Galilée*, etc., publiées par Mersenne en 1639.

contrairement aux intentions de l'auteur et sans doute à l'insu de Mersenne ([1]), à Fermat qui envoya ses remarques sur la déduction de la loi des sinus dès le mois d'avril ou de mai 1637 à Mersenne, qui les envoya à son tour à Descartes à la fin de septembre. Lorsque l'Ouvrage entier du philosophe fut distribué entre les mains des mathématiciens de Paris vers la fin de l'année 1637, c'était surtout la méthode des tangentes de Descartes qui attirait l'attention. Celle-ci, qui regardait la tangente comme limite de la sécante, ne pouvait être appliquée qu'aux courbes algébriques seules, tandis que celle de Fermat, se fondant sur sa théorie des *maxima* et *minima*, s'appliquait à toutes sortes de courbes. Nous avons déjà vu que Carcavi remit à la fin de l'année 1637 à Mersenne le plus ancien exposé que nous connaissons de la méthode de Fermat pour le tracé des tangentes (t. I, 1891, p. 134-136) pour l'envoyer à Descartes. Quant à Beaugrand, il promit vers la même époque aux mathématiciens de Paris « *qu'il donnerait dans une préface des moyens pour trouver les tangentes de toutes les lignes courbes, qui seraient meilleurs que ceux émis dans cet ouvrage* » (*Œuvres de Descartes*, éd. cit., t. I, 1897, p. 478 et 479).

Après que Roberval et Etienne Pascal eurent engagé, au commencement de l'année 1638, une polémique avec Descartes sur la méthode de Fermat, il apparaît que Beaugrand continua de s'occuper d'autres critiques encore sur la publication du philosophe. Ceci résulte en particulier d'une lettre de Descartes à Mersenne de mars 1638 (*Œuvres de Descartes*, éd. cit., t. II, 1898, p. 82) et de la lettre de Desargues à Mersenne du 4 avril 1638, déjà citée (p. 73, note 1). On connaît d'ailleurs quatre critiques de Beaugrand regardant la partie algébrique du travail de Descartes : une longue lettre à Mersenne, dont la date doit être fixée vers le mois d'avril 1638 (*Œuvres de Descartes*, éd. cit., t. V, 1903, p. 503-512) et trois pamphlets anonymes, répandus à Paris sous formes manuscrites, dont le premier date probablement

([1]) *Œuvres de Descartes*, éd. cit., t. I, 1897, p. 355 et 390-391 ; t. II, 1898, p. 25, 85 et 272.

d'avant le mois de juin 1638 ([1]). Nous faisons suivre ci-dessous une autre critique, qui regarde en effet le problème de la construction des tangentes. On voit par le texte même (page 111 ci-après) que l'auteur, dont l'écrit ne porte pas de nom, n'est autre que Beaugrand. Quant à la date, qui n'y figure pas plus qu'aux autres écrits volants du même auteur, nous croyons pouvoir la fixer à l'automne de 1638. C'est ce qui semble résulter de la mention dans cet écrit de la première courbe à laquelle Debeaune appliqua le problème *inverse* des tangentes (ci-après, p. 109, 110), problème qui était connu de Fermat au milieu de juin 1638 (t. II, 1894, p. 162).

Pour cette première courbe, Beaugrand fit parvenir la solution à Debeaune, qui en parlait dans sa lettre à Mersenne du 25 septembre 1638 (*Œuvres de Descartes*, éd. cit., t. V, 1903, p. 515) ([2]).

On peut supposer que notre écrit répond à celui qui fut demandé par Debeaune dans une lettre à Roberval du 10 octobre 1638, lorsqu'il le pria « *de m'envoyer au plus tost, par nostre messager, la méthode de Mr Fermat, que vous m'avés promis, avec l'analyse de ma première ligne pour m'en servir d'exemple* » (*Œuvres de Descartes*, t. V, 1903, p. 518). En effet, l'écrit suivant n'est qu'une exposition de la méthode de Fermat.

A l'égard des exemples donnés par Beaugrand, nous remarquons que Fermat n'avait envoyé à Paris, avant cette époque, que l'application de sa méthode aux sections coniques (le premier écrit *de Tangentibus linearum curvarum* de 1637 et celui donné ci-avant, p. 74 et suiv., et au galand ou nœud de ruban, qu'on a appelé plus tard le *folium* de Descartes, dans un écrit daté de juin 1638 (t. II, 1894, p. 154-162). Sous ces rapports, l'exposé de Beaugrand, divulgué

([1]) P. Tannery, *La correspondance de Descartes dans les Inédits du fonds Libri* (Paris, 1893), p. 41-55.

([2]) Il est parlé des solutions du problème inverse des tangentes à l'égard de la première courbe de Debeaune, trouvées par Roberval et Beaugrand, aussi dans la lettre de Descartes à Mersenne du 15 novembre 1638 (*Œuvres de Descartes*, éd. cit., t. II, 1898, p. 434-435, *voir* aussi p. 444). Mais voir pour une discussion plus complète notre article dans le *Bulletin des Sciences math.*, s. II, t. XLII, 1918, p. 164-167.

parmi les mathématiciens de Paris, peut avoir contribué hautement à faire mieux comprendre la méthode du géomètre de Toulouse.

DE LA MANIÈRE DE TROUVER LES TANGENTES DES LIGNES COURBES PAR L'ALGÈBRE ET DES IMPERFECTIONS DE CELLE DU S. DES C.

C[her] A[mi],

Pour te mieux faire connoistre les deffauts de la façon du S. des Cartes pour trouuer des lignes droites qui coupent les courbes données à angles droicts, je veux te monstrer l'artifice dont il est vraysemblable que Apollonius s'est seruy pour trouuer les tangentes des sections coniques, qui est general et qui peut estre employé à toutes sortes de lignes courbes sans aucune exception.

Soit vne *Ellipse* ACH (*fig.* 25) et qu'il faille tirer vne ligne

Fig. 25.

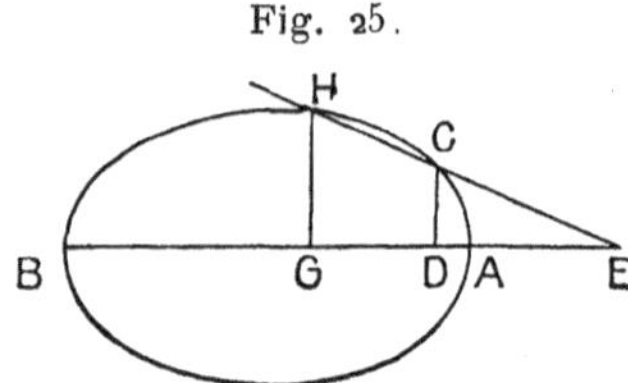

droite qui la touche au poinct C. Tracez l'axe, ou vn autre diametre, comme AB, et la ligne droite HCE, supposant seulement que le poinct H soit dans l'Ellipse avec les ordonnées CD, HG. D'autant que les lignes BD, DC, DA sont données, nous nommerons la premiere b, la seconde h et la troisiesme d. Et la ligne DE estant celle dont nous voulons chercher la mesure pour sçauoir par quel poinct du diametre BA doit passer la droicte qui touche l'Ellipse au poinct C, nous l'appellerons a, et la ligne DG o, pour la rayson que je toucheray ci-apres.

De là il s'ensuit que le rectangle BDA est bd, le rectangle BGA $bd - do + ob - oo$. Et y ayant mesme proportion de DE à DC que de EG à GH, GH sera $\frac{oh + ah}{a}$. D'ailleurs y ayant aussy mesme proportion du rectangle BDA au rectangle BGA que du quarré de DC au quarré de HG par la 21 *proposition*, 1 d'Apollonius, le quarré de HG sera

$$\frac{\left.\begin{matrix} bd \\ - do \\ + bo \\ - oo \end{matrix}\right\} hh}{bd}$$

et par conséquent

$$\frac{\left.\begin{matrix} bd \\ - do \\ + bo \\ - oo \end{matrix}\right\} hh}{bd}$$

sera esgal au quarré de $\frac{oh + ah}{a}$.

Multipliant, diuisant et ostant les quantitez qui s'effacent mutuellement en cette equation, $bdo + 2bda$ sera esgal à

$$- dda + aab - oaa.$$

Or si la ligne HCE touche l'ellipse au poinct C, il est nécessaire que la ligne GD soit o, c'est a dire nulle, auquel cas il est très euident que toutes les quantitez qu'elle aura multipliées sont nulles, et que, si uous les ostez de la precedente equation, soit qu'elles soient marquées de l'un ou l'autre signe, $+ 2bda$ demeurera esgal à $- dda + aab$, d'où uous connoistrez que $\frac{2bd}{-d + b}$ est la valeur de a, et que, si

BD moins DA est à DA comme 2 BD à DE,

ou bien si

BD est à DA comme BE à AE,

la droicte ECH touchera l'Ellipse en C, ainsi que demonstre Apollonius 34me *proposition*, I.

Si la ligne ACH est vne *hyperbole* on conclura auec la mesme facilité que $\frac{2bd}{+d+b}$ est la valeur d'a, et que si

BD plus DA est à DA comme 2BD à DE,

ou bien si

BD est à DA comme BE à AE,

la ligne HCE touchera l'hyperbole au poinct C, comme prouve Apollonius en la mesme proposition.

Fig. 26.

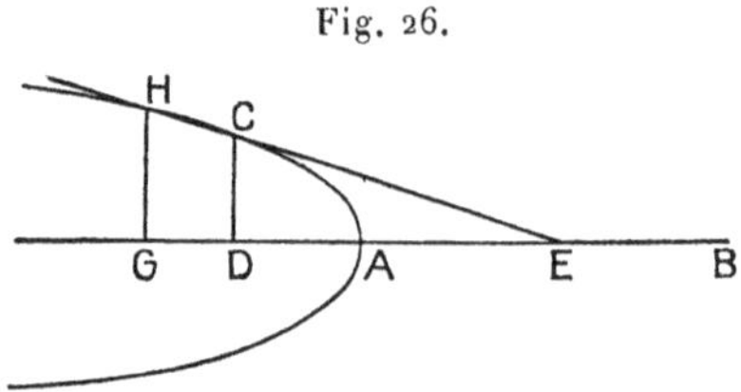

Mais, si au lieu d'vne Ellipse ou d'vne hyperbole, vous conceuez que ACH soit vne ligne courbe, dont la nature soit telle *que les lignes* DC, HG, S, T, X, Z, etc. *y estant continuellement proportionnelles*,

le rectangle BDA *soit au rectangle* BGA *comme* DC *a* T
ou comme DC *a* X *ou bien comme* DC *a* Z,

si vous faictes la ligne DE de telle mesure que

BD soit à DA comme BD plus DE, ou comme BD plus 2DE,
ou bien comme BD plus 3DE, etc. y est à AE,

la ligne droite HEC touchera chacune de ces courbes. Et si on suppose que ACH soit vne *parabole*, on conclura par le mesme raisonnement que si

DB est à DA comme DE à AE,

la ligne HCE touchera la parabolc au poinct C, qui est vne proposition qui n'est point dans Apollonius, et qui se peut aussy demonstrer facilement par la 2me *proposition* de ma *Parabolométric* (1).

Si tu prens la peine de chercher les tangentes des mesmes lignes par l'inuention que le S^r^ des Cartes s'attribüe et qu'il dit n'estre pas vne des moindres de sa methode (2), il te sera facile de juger combien celle-cy est plus simple, facile et generale, et particulièrement si tu suppose que les ordonnées ne rencontrent pas leur diametre à angles droicts, comme il est necessaire en sa methode, si on ne veut s'embarasser dans vn labyrinte dont l'issüe seroit extraordinairement difficile. C'est ce qui l'a obligé luy mesme, lorsqu'il a voulu pratiquer sa reigle en la ligne courbe, qu'il nomme *seconde parabole* (3), de conceuoir cette ligne comme engendrée par le mouuement d'vne parabole sur son axe et non sur vn diametre, qui est coupé obliquement par ses ordonnées.

Au lieu que par la methode precedente, vous trouuerez vn theoreme général suiuant lequel il vous sera facile de tirer vne ligne droite qui touche cette seconde parabole à vn poinct

(1) Cet Ouvrage de Beaugrand, resté manuscrit, semble avoir traité des paraboles de degré supérieur, dont le concept était dû aussi à Fermat. Dans une lettre à Roberval, du 22 septembre 1636, Fermat fait mention spécialement de la parabole cubique en rappelant « que M. de Beaugrand, à qui j'en fis la proposition, l'appelle *parabole solide* » (t. II, p. 73).

(2) *Géométrie*, éd. de 1637, p. 351.

(3) *Ibid.*, p. 337 et suiv., 343-344, 405 et suiv., et 412. — Les réflexions de Descartes sur cette courbe étaient déjà discutées sous d'autres rapports par Roberval au printemps de 1638 (*Œuvres de Descartes*, éd. cit., t. II, 1898, p. 114 et 156-158). On y revenait encore en 1649 (*Ibid.*, t. V, 1903, p. 374, 397 et suiv., et 417 et suiv.).

donné, en quelque façon qu'on se l'imagine auoir esté produite.

Soient les deux lignes droites AB, AX (*fig.* 27). *Si la parabole* KCH *se meut tellement sur* AX *que celuy de ses diamètres, qui est coupé par ses ordonnées à angles de mesme grandeur que*

Fig. 27

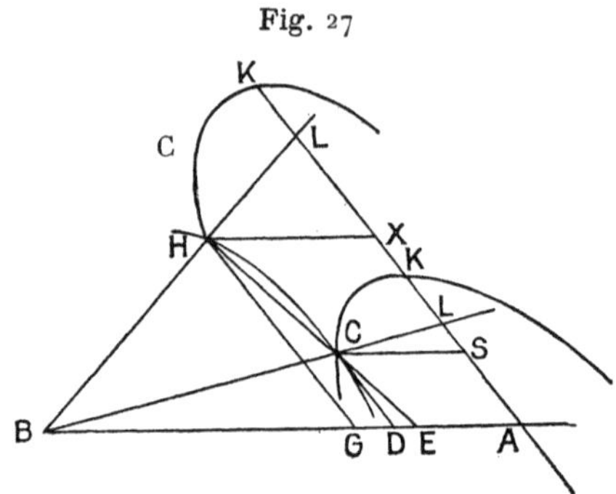

l'angle BAX, *ne s'en separe en façon quelconque, et si la ligne droite* BL *se meut circulairement à l'entour du poinct* B, *en sorte que le point* L *soit tousiours esgalement distant du poinct* K, *qui est le sommet de la parabole, la courbe, qui sera descrite par l'intersection de la ligne droite* BL *et de la parabolique* KCH, *sera celle que le S. des Cartes nomme assez peu bien seconde parabole*, pour ce que par la mesme raison il faudroit nommer l'hyperbole, c'est a dire vne ligne courbe, vne *seconde ligne droite*, attendu que si HCK estoit vne ligne droitte et non vne parabole, vous descririez par ce mouuement vne hyperbole.

Ne laissons pas de trouuer une ligne droite qui la touche au poinct C, pris où il plaira.

Du poinct C (*fig.* 27 et 28) et du poinct H, qu'il faut imaginer estre en la courbe HC, tirez parallelement à AX les droites HG, CD. Et nommez BA, b; AD, y; DC, x; KL, c; le costé droit [1] de la parabole KCH, d; DE, a. D'autant que les quatre

[1] Double paramètre ou l dans l'équation $y^2 = lx$ (APOLLONIUS, *Coniques* I, prop. 11).

lignes BD, CD, CS, LS sont proportionnelles, LS sera $\frac{xy}{b-y}$, SK $c+\frac{xy}{b-y}$, et le quarré de CS $cd+\frac{xyd}{b-y}$, d'où il s'ensuit

Fig. 28.

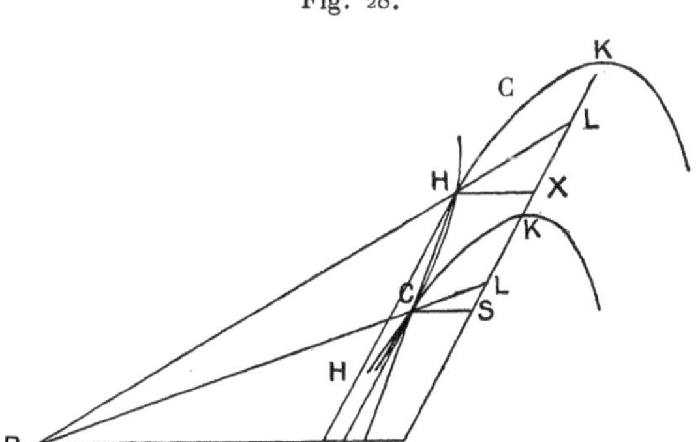

que yy sera esgal à $cd+\frac{xyd}{b-y}$. Et par conséquent x, c'est à dire DC, sera

$$\frac{-yyy+yyb+ycd-cdb}{yd}.$$

Par le mesme raisonnement, on monstre que HG est φ, et pour ce que

DE est à DC comme EG à GH,

GH sera aussi x [1]. Donc

$$\varphi : \frac{\begin{array}{l}-yyy-3yyo-3yoo-ooo\\+yyb+2yob+oob\\+ycd+\ \ ocd\ \ -cdb\end{array}}{yd+od} \quad \text{égal à} \quad x : \frac{\left.\begin{array}{r}-yyy\\+byy\\+cdy\\-bcd\end{array}\right\} a \left\{\begin{array}{r}-yyy\\+byy\\+cdy\\-bcd\end{array}\right\} o}{dya}.$$

Multipliant et diuisant les termes de l'Equation qui résulte de ces deux valeurs de la ligne HG, et ostant les quantitez qui

(1) En effet $\text{GH}=x\frac{a+o}{a}$, d'où l'on tire la valeur de x en passant par la limite. La valeur de φ qui suit, se trouve en remplaçant dans l'expression trouvée pour DC la valeur de y par $y+o$.

s'effacent mutuellement,

$$\left.\begin{array}{r}+2y'''a+3yyao+yaoo\\ -yyab\ \ -yabo\end{array}\right\}\ \text{sera egal à}\ \left\{\begin{array}{r}+y^{\text{IV}}-y'''b-yycd+ybcd+bcda\\ +y'''o-yybo-ycdo+bcdo.\end{array}\right.$$

Après cette réduction et non deuant, effacez toutes les grandeurs que la quantité nulle, c'est a dire o, aura multipliée et vous apprendrez que

$$\frac{+y^{\text{IV}}-y'''b-yycd+ybcd}{-2y'''+yyb+bcd}$$

est la valeur de a, c'est à dire de DE (1), et par consequent, ayant l'autre poinct par où la tangente de cette ligne courbe doit passer, il sera facile de la tracer (2).

Tu voy que ie n'ay point supposé que l'angle BAX fust droict comme le S. des Cartes et que la construction, qui se tire de cette analyse, a lieu lorsqu'il est oblique tout ainsy que quand il est droit. Je ne me suis point seruy non plus pour trouuer la valeur de la ligne DE d'autres equations que de la principale qui n'a pas monté iusques au sixiesme degré comme la sienne.

Mais ce n'est pas tout. Bien que l'on suppose que le diametre coupe ses ordonnées à angles droicts, le procédé de sa reigle ne laisse pas d'estre assez souuent si long et si penible, qu'il a faict perdre l'escrime au Sr de Beaulne, qui s'en vouloit seruir pour trouuer la tangente de la ligne courbe qui se descrit ainsy :

(1) Ayant posé *o* nulle, les deux positions de la parabole génératrice s'approchent à distance infiniment petite et la corde HC devient tangente.

(2) Ce qui précède forme la première détermination que l'on connaisse, de la tangente à la parabole de Descartes par voie analytique. Entre les années 1637 et 1640, elle fut construite aussi par Roberval, au moyen de sa célèbre méthode mécanique; il écrivit à Fermat, le 4 août 1640, qu'il avait construit par ce moyen les tangentes « de toutes les courbes qui ont pu venir à ma connoissance ». On trouve exécutée sa construction dans l'exposé des *Observations* qui est imprimé dans les *Divers ouvrages de mathématique, etc.* (Paris, 1693), p. 110-111.

Prenez la ligne droite SAX (*fig.* 29) *pour son axe, le poinct* A *pour son sommet, et dans la dicte ligne tel poinct qu'il vous plaira comme* E; *et ayant esleué la perpendiculaire* EF, *si vous la faictes esgale à la troisiesme proportionnelle aux lignes* SE,

Fig. 29.

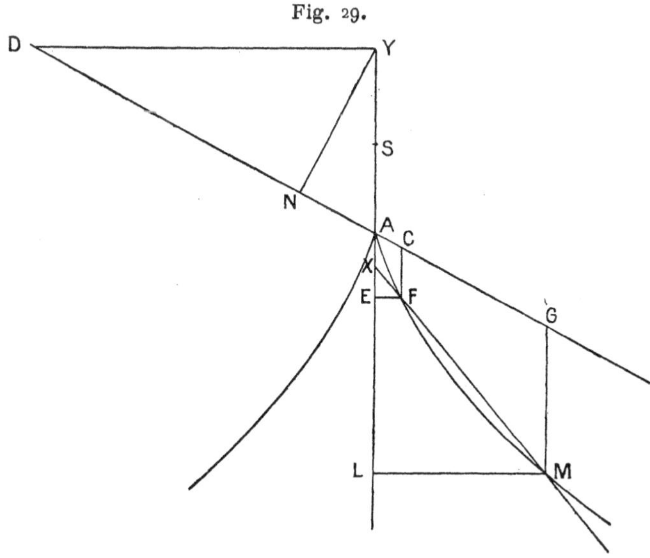

AE, *le poinct* F *sera dans la courbe. De mesme, si* LM *est perpendiculaire à* AE *et troisiesme proportionnelle aux lignes* SL, AL, *le poinct* M *sera dans cette courbe, et ainsy vous trouuerez tous ses autres poincts.*

Si vous desirez auoir vne ligne qui la touche au poinct F, tirez la ligne droite XFM, supposant que le poinct M soit en cette courbe, et nommez AE, d; SA, b; EL, o; EX, e.

D'autant que par la construction de cette courbe SE, AE, EF sont en proportion continue, EF sera $\frac{dd}{+d+b}$, et pour la mesme raison LM sera $\frac{dd+2do+oo}{d+b+o}$. Et les quatre lignes XE, XL, EF, LM estant proportionnelles,

$$\frac{dde+ddo}{d+b} \quad \text{sera esgal à} \quad \frac{dde+2doe+ooe}{d+b+o}.$$

Multipliant, diuisant et ostant toutes quantitez qui s'effacent mutuellement

$$dde + deo + 2dbe + obe \quad \text{sera esgal à} \quad ddd + bdd + odd.$$

Ostant tous les termes que la quantité nulle a multipliés, vous trouuerez que la valeur d'e, c'est à dire de XE, sera $\frac{dd+db}{d+2b}$. Et par conséquent, si la droite AY est double de AS et XE de telle grandeur que

YE soit à SA comme AE à AX,

la droite XF touchera cette courbe en F, qui est la résolution que ie donnay audict S. de Beaulne sur cette question, de laquelle il mandoit avoir besoin dans quelque dessein touchant la Dioptrique (¹).

Et ayant considéré la nature de cette ligne, i'ay remarqué que ce n'estoit autre chose qu'vne hyperbole, dont le costé droit et le trauersant (²) se trouuent en cette façon : Tirez la perpendiculaire à YA et esgale à 2AY et tirez DAC et la droite YN perpendiculaire sur DA, AN sera le costé droit et AD le traversant; et les ordonnées, comme FC, MG, seront toutes parallèles à AL (³).

Or afin que tu puisse pleinement considérer l'usage de la

(¹) *Voir* sur le manuscrit de la *Dioptrique* de Debeaune la Préface de l'Ouvrage de Van Schooten *De organica conicarum sectionum descriptione* (1646) et deux lettres de Collins dans la *Correspondence of scientific men.* éd. Rigaud, vol. I (Oxford, 1841), p. 148, 162.

(²) Distance des deux points où le diamètre rencontre les deux branches de l'hyperbole (APOLLONIUS, *Coniques*, I, prop. **12**).

(³) Avant l'envoi de Beaugrand en septembre 1638 (*voir* ci-avant p. 101) et de Descartes au 11 octobre 1638, Debeaune n'avait pas reconnu la courbe comme une hyperbole; de même aussi, Roberval ne l'avait fait (*Œuvres de Descartes*, éd. cit., t. II, p. 420, 424, 434-35, 444; t. V, p. 517, 528). Depuis, le géomètre de Blois détermina la courbe et y appliqua le problème *direct* des tangentes dans ses *Notes brieves sur la méthode algebraïque de Mr Des Cartes,* dont on trouve une copie de fol. 267 à 290 du manuscrit cité de Hobbes, mais qui n'étaient connues jusqu'ici que dans la traduction latine, dressée par Van Schooten depuis 1639 et publiée en 1649 et 1659 (*voir* les pages 131, 146 ou 119, 131 de ces éditions).

quantité nulle que j'introduits en la recherche des tangentes, je ueux t'en donner encor vn exemple en la premiere conchoïde de Nicomède, puisque le S. des Cartes aduoüe ([1]) luy mesme que si on uouloit trouuer la tangente de cette ligne par la méthode qu'il a expliquée, on s'engageroit dans vn calcul autant ou plus long que aucun de ceux qu'il a faicts auparavant.

Que les deux lignes BE, AD (*fig.* 30) *s'entrecoupent à angles droits, et prenez en l'une des deux les poincts* A, D, *dont l'vn sera*

Fig. 30.

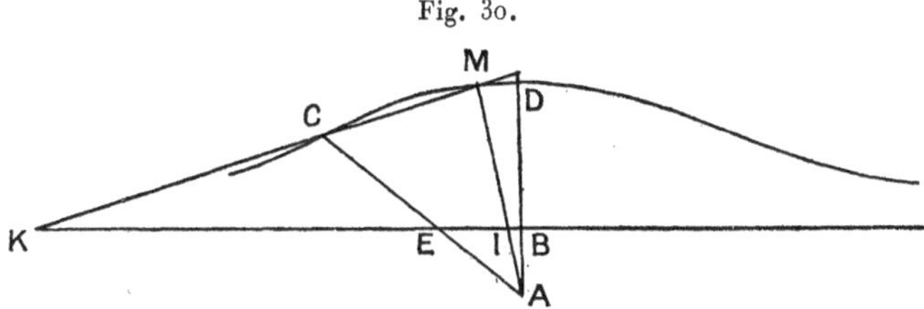

le Pole et l'autre le sommet de la courbe. Et tirant du poinct A *tant de droictes que l'on voudra, comme* AEC, AIM, *si vous faictes* CE, IM *esgales à* BD, *les poincts* C, M *seront dans la courbe.*

Pour trouuer suivant quelles loix sa tangente, au poinct C par exemple, doit estre descrite, tirez KCM en sorte que le poinct K soit en la droite EB et le poinct M en la courbe, qu'il faut conceuoir au commencement estre différent du poinct C.

Nommons AE, b; EC, d; BE, k; KE, a; EI, o. Le quarré de IA sera $bb - 2ko + oo$. Et d'autant que la raison de IK à KE est composée de la raison de IM à MA et de la raison de AC à CE, comme Ptolemée et Theon ont demonstré, et moy en la 2me *proposition* de la *Geostatique* ([2]), et que les

([1]) *Géométrie*, éd. de 1637, p. 351-352.

([2]) IOANNIS DE BEAUGRAND *Regi Franciæ domui regnoque ac ærario sanctiori a consiliis secretisque Geostatice seu de vario pondere gravium secundum varia a terræ* (*centro*) *intervalla Dissertatio mathematica*. Parisiis apud Tussanum du Bray, viâ Iacobæa sub Spicis maturis MDCXXXVI. In-fol., 27 pages.

lignes IM, CE sont esgales, il y aura mesme proportion

de IK à KE que de AC à MA,

d'où il s'ensuit que MA sera $\frac{ab+ad}{a+o}$ et IA $\frac{ba-do}{a+o}$. Et par consequent

$$+bb-2ko+oo \quad \text{sera esgal au quarré de} \quad \frac{ba-do}{a+o}.$$

Multipliant, diuisant et ostant de cette équation les quantitez qui s'effacent mutuellement

$$\left.\begin{matrix} +oaa & +ooo \\ +2abb & +bbo \\ +2aoo & \end{matrix}\right\} \text{ sera esgal à } \left\{\begin{matrix} +2kaa & \\ +4kao & -2bad \\ +2koo & +ddo. \end{matrix}\right.$$

Et d'autant que, si la droicte KCM touche cette conchoïde, il est nécessaire que EI soit nulle, ostez toutes les quantitez où o se rencontre, et puis vous connoistrez que la valeur de a est $\frac{bb+bd}{k}$. Et par conséquent, si

EB est à AC comme AE à KE,

la droicte KC touchera la conchoïde DMC.

Où tu dois remarquer que la définition de tangente que donne Euclide au 3me *liure* des *Elemens* (¹), ne peut conuenir à la tangente de la conchoïde dont il s'agist, pour ce qu'il n'y a que celle qui la touche au sommet, qui estant prolongée nela touche point; toutes les autres la coupent ailleurs apres l'auoir touchée. Et je m'estonne que Ramus dans ces *Escholes mathematiques* (²) où il examine assez rigoureusement toutes les

(¹) Euclide, *Éléments*, III, déf. 2 (*Ed.* de Clavius, Coloniæ 1591, p. 119).

(²) P. Rami *Scholarum mathematicarum libri unus et triginta*. Basileæ, par Euseb. Episcopium et Nicolai fratris hæredes. Anno MDLXIX, in-4°, réimprimées Basileæ, 1578; Francofurti, 1579 et *Ibid.*, 1627.

definitions et les autres propositions des *Elemens*, n'ait dict aucune chose sur celle cy, pour ce que pour estre rendüe generale, il est besoin de la reformer en y adioustant quelque chose (¹).

J'adjousterois les tangentes de la *seconde conchoïde* de Nicomede (²), la *cissoide* de Diocle et de plusieurs autres, mais c'est assez d'Algèbre pour vne fois. Au lieu de cela je te communiqueray la demonstration de la tangente de l'*helice* d'Archimede, *sine jnclinatione ad locum solidum*, que ie fis il y a quelque temps à la priere de M. Fermat, conseiller au parlement de Tholoze. Tu sçay que Pappus au 4me *Liure* de ses *Collections* (³), accuse Archimède d'en auoir faict la solution *ex jmproprio genere*, mais d'autant que toutes les propositions du liure περὶ ἑλικῶν sont en forme de theorèmes, ie ne iuge pas que Pappus ait eu entièrement raison de le reprendre, non plus que Apollonius (⁴).

Je te prie de m'en dire ton aduis et de me croire tousjours, C[her] A[mi],

Ton tres humble seruiteur

On s'étonne de ne pas voir figurer dans l'exposé précédent le nom

(¹) On a vu ci-avant (p. 44) que la construction de la tangente à la conchoïde de Nicomède fut proposée par Fermat à Roberval dans une lettre du 22 septembre 1636 et donna lieu, dans deux lettres ultérieures, à l'étude des points d'inflexion, qui ne semblent pas avoir été considérés par Beaugrand. Fermat qui avait donné dans sa lettre à Roberval du 4 novembre 1636 seulement le résultat de sa construction, n'en donna la solution complète que vers l'année 1640 (t. I, 1891, p. 161-162). Mais c'est plutôt à la critique de Beaugrand dans le passage précédent qu'à cette construction de Fermat, que se rapportent les reproches de Descartes dans sa lettre à Mersenne du 11 juin 1640 (*Œuvres de Descartes*, éd. cit., t. III, 1899, p. 86-89).

(²) Pour cette courbe, le problème fut proposé à Fermat par Roberval dans sa lettre du 16 décembre 1636 (t. II, p. 94).

(³) Pappi *Mathematicæ collectiones ed. Commandinus* (Pisauri, 1588), p. 61.

(⁴) *Voir* sur cette question l'article de P. Tannery : *Sur une critique ancienne d'une démonstration d'Archimède* dans les *Mémoires de la Société des Sciences physiques et naturelles de Bordeaux*, s. II, t. V, 1883, p. 49-61, ou *Mémoires scientifiques*, éd. Heiberg et Zeuthen, t. I, 1912, p. 300-316.

de Fermat comme celui de l'inventeur de la méthode et de ne trouver mentionné son nom qu'à un seul endroit comme celui d'un géomètre quelconque qui aurait proposé une application spéciale de la méthode. Une telle conduite a été reprochée à Beaugrand par Desargues, devenu son ennemi depuis l'affaire de la question géostatique en 1636 (ci-avant, p. 34). Dans un passage, qui se trouve dans un Ouvrage, publié à Paris au mois d'août 1640 et qui vise Beaugrand sans le nommer expressément ([1]), Desargues avertit son lecteur aussi que l'« *on void escrite à la main une belle manière de trouuer les touchantes aux courbes, ensuitte des plus grands et plus petits, laquelle est avérée de Monsieur de Fermat, très digne conseiller de parlement de Tholoze* ». C'était sans doute après la lecture de l'Ouvrage de Desargues que Fermat lui-même aussi laissa échapper des paroles d'aigreur à cet égard dans une lettre à Frenicle d'octobre 1640 (t. II, p. 207). Enfin Beaugrand étant décédé vers la Noël de 1640, Blaise Pascal répétait l'accusation publiquement et sans suppression du nom de l'auteur, en faisant imprimer, en 1658, qu'« *en* 1638, *feu Mr de Beaugrand, ayant ramassé les solutions du plan de la Roulette, dont il y avoit plusieurs copies, avec une excellente méthode* de maximis et de minimis *de Mr de Fermat, il envoya l'une et l'autre à Galilée, sans en nommer les autheurs* » ([2]). Toutefois ce prétendu envoi reste encore à prouver puisqu'on n'a connaissance que d'un écrit de Beaugrand, dressé dans l'automne de 1640 et envoyé par Cavalieri à Galilée, qui y était loué par l'auteur ([3]).

([1]) *Brouillon projet d'exemple*, etc. [*Œuvres de Desargues réunies et analysées par M. Poudra*, t. I (Paris, 1864), p. 354-355].

([2]) *Histoire de la Roulette*, 1658 [*Œuvres de Blaise Pascal*, éd. Brunschvicg, Boutroux et Gazier, t. VIII (Paris, 1914), p. 197-199].

([3]) *Voir* ci-après, p. 144.

ANNÉE 1642.

IX.

PROPRIÉTÉ DE L'ELLIPSE

MANUSCRIT CONTEMPORAIN DE FERMAT.

(Tomes I, p. 167-169; II, p. 243.)

[Groningue, Bibl. de l'Université, Ms. 110 (collection de van Schooten) f°s 21 verso-22 recto. — En haut : *Propriété d'une ellipse comme il m'est venu en mains.* — Dans le texte suivant nous avons restitué les mots *quarré* et *rectangle* au lieu des petites figures géométriques dont le copiste s'est servi. — L'écrit a été publié dans les *Mémoires de l'Académie de Toulouse*, s. XI, t. V, 1917, p. 86-88.]

L'auteur de l'écrit suivant, est inconnu; on le trouve dans le recueil Van Schooten, où il fait suite à la copie de la solution du problème de trouver le cylindre inscrit dans une sphère donnée et de surface totale maximum, envoyé par Fermat à Paris le 10 novembre 1642 (*voir* l'Introduction p. XVI-XVII). C'est ce qui explique que Van Schooten dans sa copie pouvait se servir des mots « *par la propriété précédente* » (ci-après, p. 118) qui ne devaient pas figurer sur la pièce originale. Ainsi la mention du nom de Fermat dans le présent écrit ne peut pas être regardée comme une preuve absolue contre la thèse que cet écrit est de lui; au contraire on pourrait conclure que les deux écrits ont un même auteur. Sauf une seule exception, ce sont seulement des écrits de lui ou des lettres qui lui sont adressées que Van Schooten a insérés dans son recueil. En tout cas l'auteur doit avoir eu connaissance de la démonstration de Fermat, comme en avait eu, par exemple, Roberval, qui en a parlé dans sa propre démonstration, telle quelle est exposée dans la partie inédite de ses *Observations sur la composition des mouvements*. Quant à la date, le présent écrit doit être presque contemporain de l'écrit cité de Fermat, le recueil de Van Schooten ayant été dressé dans l'hiver de 1642-1643.

Ayant tiré dans un cercle des diamètres AEC et BED (*fig*. 31)

Fig. 31.

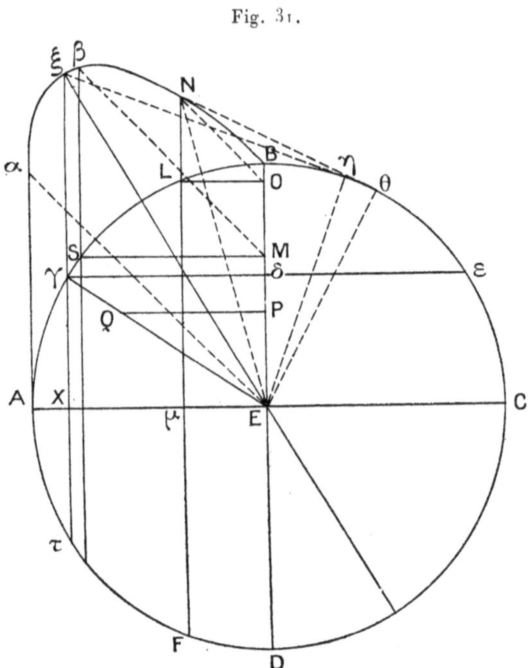

à angles droits, l'on tire plusieurs paralleles comme LO, SM, etc., avec le diamètre AC. Après l'on prend LN esgale à LO et Sβ esgale à SM, etc. et parallèles avec le diametre BD. Ie dis que *les points trouvéz* N, β, α, *etc.*, *sont dans la circonférence d'une Ellipse*, *dont le diametre sera* BD.

DÉMONSTRATION.

Soient tirées les lignes NO, βM, αE, alors les triangles LNO, SβM, AαE, etc., seront semblables. Donc

comme LO à SM ainsy NO à Mβ,

et

le quarré LO au quarré SM comme le quarré NO au quarré Mβ.

Mais le quarré LO est esgal au rectangle BOD et le quarré SM esgal au rectangle BMD, donc

comme le quarré NO au quarré Mβ,
ainsy le rectangle BOD au rectangle BMD.

Or les lignes NO, βM, etc. sont parallèles. Il est manifeste par la (*sic*) proposition d'Apollonius que la ligne courbe αβNB est une Ellipse, dont le diamètre est BD et les ordonnées à iceluy diamètre les lignes NO, βM, αE, etc. Ce qu'il falloit démonstrer.

Pour trouuer l'axe de cet Ellipse, soit diuisée BE en la plus grande et extrême raison en P, dont le plus grand segment soit BP. Après, ayant tirée PQ esgale à PB, à angles droits sur BD, tiréz la ligne EQγ; puis du point γ la ligne γδε parallèle à AC. Après soit fait γξ esgale a δγ et parallèle avec BD, ie dis que *la ligne tirée par les points* ξ, E, *sera l'axe de cet Ellipse*.

Pour démonstrer cela, soyent tirées les tangentes au cercle ξη, Nθ, puis les lignes ηE et θE. Or le point E estant le centre de l'Ellipse, il est à prouuer que ξE soit la plus grande de toutes les lignes tirées du centre E à la circonférence de l'Ellipse, et qu'elle soit plus grande que NE. Car par la construction

EP est à PQ comme $E\delta$ à $\delta\gamma$,

donc $E\delta$ à $\delta\gamma$ est en la raison susdite et, par la propriété précédente du cylindre inscrit de Monsr Fermat (¹),

le rectangle $\varepsilon\gamma T +$ le quarré $\gamma\delta$ *bis*

est le plus grand de tous les semblables, pourquoy la moitié, qui est

le rectangle $\delta\gamma T +$ le quarré $\gamma\delta$

sera aussy plus grand que le rectangle OLF + le quarré LO, c'est à dire

le rectangle $\xi\gamma T +$ le quarré $\xi\gamma$ sera plus grand que
le rectangle NLF + le quarré LN,

ou

le rectangle $\gamma\xi T$ sera plus grand que le rectangle LNF.

C'est pourquoy aussy

le quarré $\xi\eta$ sera plus grand que le quarré $N\theta$

(estans esgaux auxdits rectangles) et

la ligne $\xi\eta$ plus grande que la ligne $N\theta$.

Or, dans les triangles rectangles $E\xi\eta$ et $EN\theta$, le costé $E\eta$ du triangle $E\xi\eta$ estant esgal au costé $E\theta$ du triangle $EN\theta$, mais le costé $\xi\eta$ de celuy-cy plus grand que le costé $N\theta$ de celuy-là,

(¹) *Voir*, tome I, 1891, p. 167-169 et les prolégomènes du présent document. Fermat avait proposé ce problème avec celui du cône inscrit en surface maximum aux géomètres de Paris, en 1636. Roberval en trouva la solution par sa méthode de la composition des mouvements; on en fit grand cas à Paris, comme il apparaît d'une lettre de Carcavi à Fermat (t. II, 1894, p. 243). C'est ce qui détermina Fermat à envoyer sa propre solution à Paris le 10 novembre 1642.

comme nous auons demonstré, l'hypothenuse ξE sera aussy plus grande que l'hypothenuse NE.

De mesme nous prouuerons que ξE sera plus grande que toute autre ligne tirée du centre E vers la circonference de la dicte ellipse. Donc il est manifeste que la ligne ξE, ainsy trouuée, en sera l'axe. Ce qu'il estoit à prouuer.

ANNÉE 1643.

X.

MÉTHODE DE MAXIMIS ET MINIMIS.

FERMAT A BRÛLART DE SAINT-MARTIN.

31 MARS? 1643.

(T. I, p. 133-169.)

[Florence, Bibl. Naz., Mss. Galileiani, *Discepoli*, vol. CIII, f°s 113 verso-115 recto. — En haut : *Extrait d'une lettre du dernier may* 1643, et en marge : *A*, *M. Br.* — Inédit (¹).]

Nous sommes ici sans doute en présence d'une lettre, ou plutôt d'un écrit, de Fermat adressé à Pierre Brûlart, qui est nommé, dans d'autres lettres de Fermat, M. de Saint-Martin (²). Quant à la date donnée dans le manuscrit, nous croyons qu'elle est erronée et qu'il y a eu confusion avec une autre lettre de Fermat à Brûlart, datée du 31 mai 1643 (t. II, p. 258-260), qui n'a cependant rien de commun

(¹) Tandis que notre manuscrit attendait l'impression, le présent écrit fut publié par le Père Giovannozzi dans l'*Archivio di storia della scienza*, vol. I, 1919, p. 137-140.

(²) Pierre Brûlart, seigneur de Saint-Martin, conseiller au Grand-Conseil à Paris, comme Carcavi, et amateur de mathématiques, s'intéressait surtout, comme son ami Frenicle de Bessy, à des problèmes numériques (*voir* sa correspondance avec Mersenne dans l'année 1640, t. IV, p. 69 et 70); il figure dans la correspondance de Fermat dès le commencement de l'année 1640. Roberval lui dédia, le 6 juillet 1643, son *Aristarchus Samius* qu'il feignit avoir tiré d'un vieux manuscrit que Brûlart lui aurait communiqué. Dans le Codex 7049 de la Hofbibliothek, à Vienne, se trouve une lettre de Brûlart à Nublé du 18 mai 1646 et une autre de Desnoyers à Brûlart, datée de Varsovie, le 25 septembre 1647, dans laquelle il est question d'observations météorologiques; en effet, il se trouve au British Museum un manuscrit de Brûlart intitulé : *Les causes et les admirables effets des météores ou diverses impressions de l'air;* ce traité est dédié au surintendant Fouquet et est, par conséquent, antérieur à 1664.

avec la présente. En effet, Fermat ayant promis à Mersenne de « *satisfaire au désir de M. de Saint-Martin sur le sujet de ma méthode* de Maximis et minimis » déjà dans une lettre du 16 février 1643 (t. II, p. 252), le présent écrit est sans doute celui que Fermat ajouta à sa lettre à Mersenne du 7 avril 1643, en écrivant : « *Vous aurez maintenant la réponse que je fais à M. de Brulart, jointe à celle-ci; je l'ai écrite à la hâte, comme vous verrez, et c'est la raison qui m'oblige à vous prier qu'il n'en soit pas fait de copie et qu'elle ne sorte pas d'entre les mains de M. de Brulart* », et il donne, dans cette même lettre du 7 avril 1643, des éclaircissements ultérieurs sur des points qui pouvaient paraître douteux dans l'écrit ajouté (t. II, p. 253-254). Cet écrit fut donc rédigé peu de temps avant le 7 avril 1643 et la date du 31 mars 1643 lui convient peut-être mieux que celle du 31 mai 1643.

Les recommandations de Fermat données à Mersenne peuvent expliquer pourquoi l'écrit ne figure pas dans l'édition de 1679. L'écrit mérite d'autant plus l'attention qu'il contient un développement de la méthode des extrêmes qui tend à une démonstration. En effet, comme l'écrivit Fermat en 1658, Carcavi possédait des copies de cette méthode « *de toutes façons, c'est à dire avec démonstration et sans démonstration* » (t. II, p. 366), mais jusqu'à présent, on ne connaissait pas d'exposés du premier genre. D'ailleurs, l'auteur y emploie la dérivée seconde (p. 125 ci-après).

Dans l'impression de cet écrit que les éditeurs de la présente édition ont cru perdu (t. II, p. 253, note 2), nous avons gardé la notation de notre copie, qui est (sauf dans l'emploi des lettres majuscules) complètement la notation soi-disant cartésienne.

Mon invention de *Maxima* et *minima* n'a que deux ou trois fondemens.

Je suppose premierement que cette recherche aboutit à un point ou à un terme unique, comme, par exemple, quand on veut *diviser une ligne en sorte que le rectangle sous les segmens soit esgal à un space donné*. Nous avons deux points dans la ligne qui satisfont à la question, mais quand on cherche le plus grand de tous ces rectangles, nous n'avons qu'un seul point qui y puisse satisfaire, lequel, en l'exemple proposé, est celluy qui divise la ligne en deux parties esgales. Voylà pourquoy Pappus, dans le septième livre ([1]), appelle tousiours *maximam, unicam et singularem*, et tout de mesme *minimam;* le mot grec est μοναχὸς, qui avoit si fort estonné Commandin, qu'il avoue tout net ([2]) ne point entendre ce que Pappus a voulu dire par ce terme.

Il faut donc chercher un point unique, au delà et au deçà duquel tous les termes de la question soient ou tousiours plus grands ou tousiours plus petits que celuy qui sera produit par le point cherché.

Il importe donc de comparer le point unique avec ceux qui peuvent estre imaginés de chaque costé. Cela ne se peut pas faire commodément par une seule position, parce que si, par exemple, nous appellons la ligne qui nous donne le point unique, A, il faut luy adiouster, ou en soustraire, une autre quantité pour chercher le rapport entre le point unique et ceux qu'il a de chaque costé. Nous pouvons donc, pour faire la comparaison avec un autre point, pris à discrétion de l'un des costez de l'unique, appeller la ligne qui le donne, $A+E$; et tout de mesme, pour faire la comparaison avec un autre point, pris de l'autre costé de l'unique, appeller la ligne qui le donne, $A-E$, l'un se faisant par l'addition et l'autre par la soustraction. Il faut donc trouver une méthode par le moien de laquelle $A+E$ et $A-E$ donnent le mesme terme pour représenter A, affin que le dict A, représente le point du mitan. Tout ce qui est à ses deux costés excède ou défaille, à

([1]) Pappus, *Mathematicæ collectiones*, ed. Commandinus (Pisauri, 1568, fol. 196, verso A.
([2]) Comp. tome I, p. 142, note 2; p. 147-148 et ci-avant p. 76.

mesure que nous cherchons ou la plus grande ou la plus petite.

Or il paroist que ma méthode donne la mesme question par $A+E$ que par $A-E$, ce que l'expérience et la raison vous fairont paroistre d'abord. Car $A-E$ donne tousiours les mêmes termes que $A+E$, et n'y a que cette différence qu'au lieu des puissances impaires, ils sont marquez des signes contraires, ce qui ne change point l'équation.

Il paroist donc que $A+E$ donne la mesme équation que $A-E$ par ma méthode. Mais cecy ne suffit pas entièrement, car s'il ne falloit que trouver une mesme équation par $A+E$ que par $A-E$, nous pourrions aussi bien prendre les deux termes qui ont, par exemple, E^2 ou E^3, etc. que ceux qui n'ont que E seulement, et les esgaliser l'un à l'autre, ce qui pourtant ne réussiroit pas. Il faut donc, outre la précaution précédente, qui veut que $A+E$ donne la mesme équation que $A-E$, en adiouster une autre, qui veut que, si $A+E$ donne moins que A, $A-E$ donne aussy moins que A, et pareillement, si $A+E$ donne plus que A, $A-E$ donne aussy plus que A (1).

Ie m'explique par l'exemple qui suit : *Diviser une ligne, en sorte que le solide sous l'un des termes par le quarré de l'autre, soit le plus grand* (2).

Soit A l'un des termes de la ligne qui donne le point unique; le solide sera, la ligne estant posée B : BA^2-A^3.

$A+E$ donnera :

$$BA^2-A^3+BE^2-3AE^2+2BAE-3A^2E-E^3;$$

(1) *Voir* les éclaircissements que Fermat a donnés sur ces conditions dans sa lettre à Mersenne du 7 avril 1643 (t. II, p. 254, l. 10 et suiv.).

(2) Fermat a traité le même exemple aux endroits insérés ci-avant p. 74 et t. I, p. 149.

$A - E$ donnera :

$$BA^2 - A^3 + BE^2 - 3AE^2 - 2BAE + 3A^2E + E^3.$$

Si nous prenons les termes qui sont mesurez par E simple, nous aurons en toutes les deux équations de $A + E$ et de $A - E$, une mesme équation, car il faudra en toutes deux esgaler $2BAE$ à $3A^2E$. Si nous prenions les termes qui sont mesurez par E^2, nous aurions une mesme équation par $A + E$ que par $A - E$, car en toutes les deux il faudroit esgaler BE^2 à $3AE^2$. Il faut donc rendre raison pourquoy nous prenons plutost E simple qu'aucune de ses puissances.

C'est qu'il est nécessaire qu'en toutes les deux positions les homogènes, qui se comparent avec $BA^2 - A^3$, soient chacun moindre que $BA^2 - A^3$. Il faut donc que

$BA^2 - A^3 + BE^2 - 3AE^2 + 2BAE - 3A^2E - E^3$ soient moindres que

$$BA^2 - A^3,$$

et que

$$BA^2 - A^3 + BE^2 - 3AE^2 - 2BAE + 3A^2E + E^3$$

soit aussi moindre que $BA^2 - A^3$,

ce qui ne peut arriver qu'en esgalisant entr'eux les termes, qui sont mesurez par la plus basse puissance de E, qui est icy E. De quoy la raison est parce que les termes, mesurez par la plus basse puissance de E, ont tousiours plus grande raison entr'eux que ceux qui sont mesurez par E^2 ou par E^3, etc., et ceux qui sont mesurez par E^2, ont plus grande raison entr'eux que ceux qui sont mesurez par E^3, E^4, etc. (¹). Comme en cet exemple, prenant $A + E$, et faisant l'équation des deux termes mesurez par E seulement, nous aurons d'un costé $2BAE$, de l'autre $3A^2E$; or $2BAE$ est en plus

(¹) *Voir* sur ce sujet la remarque de Fermat dans sa lettre à Mersenne du 7 avril 1643, éd. cit., t. II, p. 254, l. 1-9).

grande raison à $3A^2E$ que (en prenant les deux termes mesurez par E^2) BE^2 à $3AE^2$, de quoy la rayson est parce que la multiplication analytique double B en la précédente équation, qui est icy simple. Si donc nous esgalisons $2BAE$ avec $3A^2E$, donc BE^2 (1) sera moindre que $3AE^2$.

Nous prouverons par là que tous les termes qui seront marquez du signe +, seront moindres que ceux, qui seront marquez du signe —. Et la dernière puissance de E, qui se trouve tousiours seule, et qui est icy E^3, ne changera point l'ordre de l'équation de quelque signe qu'elle soit marquée, ce qui nous paroistra clairement à la seule inspection. La raison principalle de cecy est que les deux termes marquez par E^2, estans en plus grande raison que ceux qui sont mesurez par les plus hautes puissances au dessus de E^2, ils serviront de clef pour déterminer la plus grande ou la plus petite. Car si le terme marqué + est moindre que le terme marqué —, en ce cas la proposition aboutira à la recherche de la plus grande; que si le terme marqué + est plus grand que le terme marqué —, en ce cas la question sera de la plus petite. Que si nous employons $A-E$, les deux termes mesurez par E^2, auront chacun le même signe (2).

Et partant tous les termes qui seront de mesme marqués du signe + seront moindres que ceux qui seront marqués du signe —. Et la méthode et les raisons que i'ay alléguées, seront générales.

(1) Le manuscrit porte BE; il semble qu'il y a ici quelque omission du copiste.

(2) Entendez: le même signe que si l'on emploie la forme $A+E$. — Jusqu'ici on a cru que Fermat, après avoir déterminé par le moyen de sa méthode une valeur extrême, n'avait pas su discerner qu'il s'agissait d'une valeur *maximum* ou d'une valeur *minimum*. Dans ce qui précède, on le voit introduire dans ses considérations le signe de la dérivée seconde. Celle-ci avait été posée nulle déjà dans son écrit de 1640, où il s'agit de la détermination des points d'inflexion de la conchoïde (t. I, p. 166-167).

ANNÉES 1643-1645.

XI.

RACCONTO D'ALCUNI PROBLEMI

PROPOSTI E PASSATI SCAMBIEVOLMENTE TRA GLI MATEMATICI
DI FRANCIA ET IL TORRICELLI
NE I QUATTRO ANNI PROSSIMAMENTE PASSATI [1].

[Firenze, Bibl. Naz., Mss. Gal., *Discepoli*, t. XXXII, f°s 21-43 (autographe); *Ibid.*, f°s 44-59, 60-81 et 82-149 (copies). — L'écrit a été imprimé pour la première fois par Fabroni, *Vitæ aliquot Italorum doctrinæ excellentium qui sæculis XVII et XVIII floruerunt*, vol. I (Pisis, 1778), p. 376-399.]

XXIII.

Trovare un triangolo rettangolo in numeri; di cui il maggior lato sia quadrato, la somma de gl' altri due sia quadrato, e la somma del maggiore e del mezzano sia quadrato.

Per esempio : Nel triangolo rettangolo 5, 4, 3 deve il maggior lato 5 esser quadrato, e la somma di 4 et 3 essere quadrato, e la somma di 5 et 4 essere quadrato. Devono i numeri da trovarsi havere le suddette tre condizioni delle quali l'esempio da noi dato non ne ha altro che una, cioè l'ultima [2].

(1) Le *Racconto* fut dressé par Torricelli dans la seconde moitié de l'année 1646 (*Opere di Evangelista Torricelli*, éd. cit., vol. III, 1919, p. 6).

(2) Mersenne communiqua ce problème à Torricelli dans une lettre du 25 décembre 1643, (t. II, p. 264, et t. IV, p. 82-83). *Voir* la résolution de M. Cipolla dans son Mémoire *I triangoli di Fermat ed un problema di Torricelli* (*Atti del Accademia Gioenia*, S. V, vol. 11, 1918) et d'autres particularités importantes dans celle de M. E. Turrière, *Les origines d'un problème inédit de E. Torricelli* (*L'enseignement mathématique*, t. XX, 1919).

XXIV.

Nella progressione geometrica del binario tutte le potestà, gl'esponenti delle quali saranno nella suddetta progressione, se si accresceranno di una unità, si faranno numeri primi.

Exponentes 1, 2, 3, 4, 5, 6, 7, 8.

Potestates 2, 4, 8, 16, 32, 64, 128, 256.

Per esempio : La potestà 4 il cui esponente 2 sta nella medesima progressione, se si accrescerà di una unità, si farà 5 numero primo. E la potestà 16 il cui esponente 4 sta nella medesima progressione, se si accrescerà di una unità si farà 17 numero primo. E così di tutte l'altre (1).

XXV.

Dati tre punti, trovare un' altro punto, dal quale tirandosi tre linee rette a gli punti dati, queste sieno la minima quantità; cioè tutte tre insieme prese siano minori di qualcunque altre tre, che da qualsivoglia altro punto possano tirarsi a gli tre dati punti.

Questi tre Problemi del triangolo numerico, della progressione e degli tre punti, sono di Monsù de Fermat, Senatore di Tolosa. Nessuno di essi è stato da me dimostrato, e credo che la dimostrazione sia riservato in mano dell' autore (2).

Mentre il Padre Marino Mersenne passò di quà l'anno 1644 per andare a Roma, mi lasciò in mano per brevissimo tempo, cioè fin

(1) Proposition fausse énoncée par Fermat à Frenicle en 1640 (t. I, p. 131; t. II, p. 205-206; t. IV, p. 201-204). *Voir* d'ailleurs sur les deux problèmes précédents aussi la lettre de Torricelli à Carcavi du 8 juillet 1646 (t. IV, p. 88).

(2) En marge de l'énoncé du dernier problème de Fermat, communiqué à Torricelli déjà avant la visite de Mersenne et la remise de l'écrit où il se trouve (t. I, p. 153), Torricelli écrivit probablement en 1647 : « *Questo poi fu dimostrato da me in tre modi diversi e la dimostrazione fu vulgata in Fiorenza, Roma, Pisa, Bologna et in Francia acciò altri non potesse vantarsi* ». *Voir* d'ailleurs l'Introduction ci-avant, p. XII-XIII et les lettres 3 et 4 du Document XIII ci-après.

ch' egli desinò, una scrittura del sopradetto Monsù Fermat ([1]). Era la scrittura latina, ma di carattere franzese, onde appena io intesi la proposta del Problema seguente. Mi accorsi bene che la soluzione era per via di luoghi solidi, cioè per via d'hiperbole, la qual cosa deve fuggirsi da Geometri ogni volta che vi sia la soluzione per via di luoghi piani. Il problema ([2]) era tale :

XXVI.

Dato il mezzo circolo ABC (*fig.* 32) *trovare il massimo rettangolo* ADB,

Fig. 32.

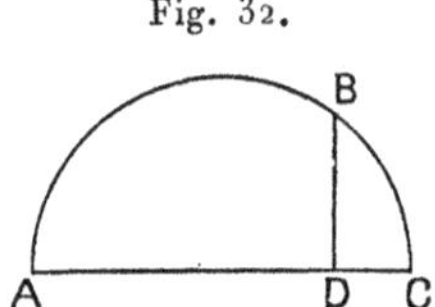

che possa farsi da una parte AD *del diametro, et dall' applicata, o perpendicolare* BD.

Questo Problema fu da me sciolto subito, non solo nel mezzo cerchio, ma anco nel mezzo ellisse, nella parabola et mezza parabola... ([3]).

([1]) *Voir* sur cet écrit de Fermat, intitulé *ad Methodum de Maxima et Minima Appendix* (t. I, p. 153-158) et communiqué par Mersenne à Torricelli à Florence au commencement de décembre 1644, l'Introduction ci-avant, p. XIII.

([2]) *Œuvres*, t. I, p. 157-158.

([3]) Torricelli inséra la solution de ce problème dans son Traité *de Maximis et Minimis* (*Opere di Evangelista Torricelli*, ed. cit., vol. I, parte II, 1919, p. 83-84 et 86). *Voir* d'ailleurs la note 1 à la page suivante et les lettres aux pages 129-131.

ANNÉES 1644-1646.

XII.

EXTRAITS DE LA CORRESPONDANCE DE RICCI ET DE TORRICELLI.

1. TORRICELLI A RICCI.

17 DÉCEMBRE 1644.

[Discepoli di Galileo, t. XL, f° 97.]

...Mi mostro il Padre Mersenne un foglio con dimostrazione lunghissima, e per quanto mi parve ell' era difficile. La pensai poi ed era una baia, e si scioglie con i primi 6 libri d'Euclide et è tale :

Dato il semicircolo ABC (*fig*. 33) *di cui sia centro* E, *trovar il*

Fig. 33.

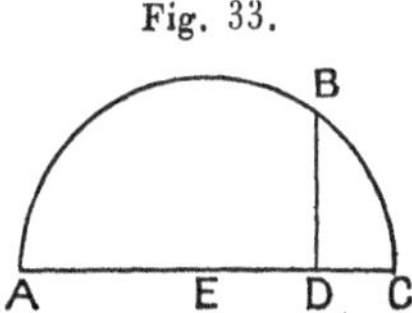

punto D *si che il rettangolo* ADB *sia il massimo che si possa contenere dal segmento* AD *e dalla perpendicolare* DB (¹).

(¹) *Voir* sur le problème page 120, les notes 2 et 3. Torricelli envoya sa solution à Mersenne à la fin de janvier (*Opere*, ed. cit., t. III, 1919, p. 262-263), comme il résulte aussi de sa lettre à Carcavi (t. IV, p. 89), dont la date doit être fixée au mois de février 1645.

Il punto D cade nel mezzo di EC. La prova poi è facile per certa dottrina del 6° libro. Non so se io lo scrissi altra volta; caso che sì, scusi il diffetto di memoria.

---

2. RICCI A TORRICELLI.

24 DÉCEMBRE 1644.

[Discepoli di Galileo, t. XLII, f° 65.]

Il Padre Mersenne è stato da me finora tre volte... Il problema Franzese non ha in sè difficoltà veruna, e senza bisogno di coniche sezioni, come V. S. m'avvertisce, si può benissimo sciorre...

---

3. RICCI A TORRICELLI.

31 DÉCEMBRE 1644.

[Discepoli di Galileo, t. XLII, f° 69.]

...Pensai l'altro giorno potersi dimostrare per luoghi piani tutto quello, che pretende l'autor franzese intorno le tangenti... (1).

Evvi un altro problema tale :

Nel circolo ABC *fare il rettangolo* ABD *eguale ad un dato.*

Il quale problema è solamento proposto, ma la risoluzione dice d'averla posta in un' operetta sua *de Locis planis et solidis,* dove con un' iperbola soddisfa al quesito (2). Penso, che possa essere in questa maniera....

(1) Il s'agit encore de l'écrit *ad Methodum de Maxima et Minima Appendix*, spécialement tome I, p. 157-158.

(2) Comp. aussi la lettre de Fermat à Roberval du 20 avril 1637 (t. II, p. 106). Cependant on ne trouve dans aucun des écrits de Fermat, tels qu'ils sont connus aujourd'hui, un passage qui correspond exactement à celui dont Ricci fait ici mention. D'ailleurs celui-ci n'avait eu sous les yeux à cette époque que l'écrit de Fermat cité dans la note 1. Nous croyons donc que le problème cité et le renvoi à l'*Isagoge* ont été portés à la connaissance des mathématiciens de Rome par une lettre de Carcavi, qui semble s'être engagé à tenir Mersenne et ses amis italiens au courant des nouvelles scientifiques pendant l'absence du Minime de Paris (comp. p. 133, ci-après, note 2).

Io però devo sempre dirne bene, se mi fa [1] tutto quello, che mi ha promesso, cioè di procurarmi manoscritti e libri a noi sconosciuti, che nelle parti della Francia giornalmente s'imprimono....

---

4. RICCI A TORRICELLI.

7 JANVIER 1645.

[Discepoli di Galileo, t. XLII, f° 74.]

Con le lettere dell' ordinario passato et dell' antecedente avvisai a V. S. una mia certa considerazione per risolvere il problema franzese....

L'altra mattina mi successe di sciorre un altro problema portato con gran lungheria dall' autor franzese della medesima scrittura, il quale à tale :

Nel semicircolo ABC *ritrovare* AD + DB, *che sia il massimo aggregato della perpendicolare, e d'un segamento del diametro* AEC [2].....

---

5. RICCI A TORRICELLI.

28 JANVIER 1645.

[Discepoli di Galileo, t. XLII, f° 76.]

...dico non essere stata mia invenzione di ritrovar quelle tangenti segate *bifariam*, ma di accennar solamente quanto sia lontano dal penetrare il principio vero di trovare quelle quantità massime iscritte e minime circoscritte. L'autor franzese, che è Monsù de Fermat, che ne [3] assegna per metodo il descrivere un' iperbola tangente in un sol punto, dovecchè io dicevo doversi tirare una retta nel detto modo tangente....

(1) Il est question de Mersenne.

(2) Ricci se sert de la figure de la démonstration de Fermat, insérée dans l'*Ad Methodum de Maxima et Minima Appendix* (t. I, p. 155), mais il en change les lettres.

(3) Il s'agit encore de la démonstration de Fermat sur le problème indiqué dans la lettre de Torricelli du 17 décembre 1644 (t. I, p. 157-158).

6. RICCI A TORRICELLI.

4 FÉVRIER 1645.

[Discepoli di Galileo, t. XLII, f° 84.]

...Se le sue occupazioni gliel permettono, la prego a volere applicare un poco su quel metodo, che io quivi sono andato indicando al meglio, che ho saputo, perchè sarebbe altra cosa, che quello insegnato da Monsù de Fermat nell' *Appendice de Maxima et Minima*. Quanto alle figure piane cammina egregiamente a mio parere. Resta di vedere qual sia il massimo cono isocele in un altro cono isocele iscrittibile, il quale io dissi esser l'équicrure nato dal massimo triangolo iscritto nel triangolo *per axem* del cono (1). Finora non so, se vero sia, nè come si dimostri.

Accludo quì il trattato de *Synereseos et Anastrophe* (2), che precede all' *Appendice* monstratale dal P. Mersenno, non solo per l'ordine della dottrina, ma per la dignità della materia e per la leggiadria del metodo, che insegna quivi. Vedrà ella in effetti che io non m'inganno in questo. La scrittura è piena di errori derivati, penso io, dall' essere stata copiata e ricopiata più volte. Emendai quasi tutta la mia copia con fatica non ordinaria, essendo fuor di misura trasfigurata. Sentirà nell' acclusa lettera del Padre Mersenno (3) quel che dica egli di tale scrittura....

(1) Non seulement Fermat, mais aussi Roberval se mêlait de telles questions (t. I, p. 155-157, 167-170; t. II, p. 6, 56, 243, 246).

(2) Intitulé dans nos manuscrits : *Analytica eiusdem methodo investigatio* et imprimé sous le titre *Methodus de Maxima et Minima* (t. I, p. 147-153). *Cf.* l'Introduction ci-avant.

(3) Tome IV, p. 86.

7. TORRICELLI A RICCI.

6 FÉVRIER 1645.

[Discepoli di Galileo, t. XL, f° 97.]

Ho hauto una lettera di V. S. tutta piena di bellissime invenzioni, di che mi rallegro sommamente. Mi pare ch'ella tratti la materia con altra opulenza che Monsù de Fermat, per quel poco per° che potei accorgermi da un solo foglio mostratomi dal Padre quì (1), ma da me non inteso.

Del resto quel Sig^re^ bisogna che sia un grandiss° valentuomo. Egli è il primo inventore di tutte le proposizioni dell' infinite parabole; basterebbe questo, ma ha anco dell' altre cose belle, e con principij suoi nuovi che vuol dire assai. Anzi i teoremi suoi sopra la materia delle parabole sono più universali assai de miei, poichè la sua definizione dice che la dignità AB (*fig.* 34) alla CD, purchè queste siano del

Fig. 34.

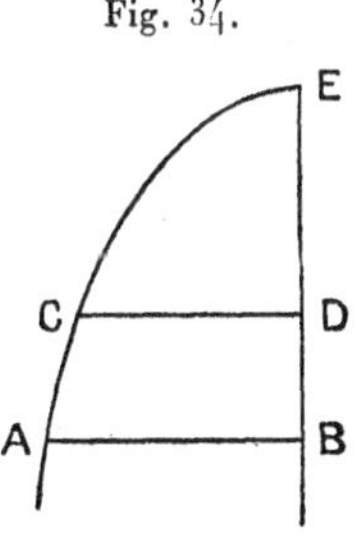

medesimo grado, sia come la dignità BE alla ED, purchè anche questo siano del medesimo grado tra loro. Per esempio che

il cubo AB al cubo CD sia come il quadrato BE al quadrato ED,

questa sarà una delle sue parabole; ma la mia specolazione che pareva tanto universale, non comprende la sudetta parabola (2).

(1) *Voir* ci-avant, p. 127-128 et 129.

(2) Torricelli avait eu connaissance des travaux de Fermat sur les paraboles de degré fractionnaire, représentées par une équation de la forme $a^m y^n = b^n x^m$ (*voir* aussi ci-après p. 149, note 2), par un envoi de Fermat aux géomètres de Paris, dont le

V. S. dunque vede che le specie delle sue parabole sono infinite volte più delle mie : e pure ha tutte le quadrature, tutti i solidi, tutti i centri di gravità de piani e de solidi con molte altre cose mirabili in proposizioni bellissime e facilissime da esprimersi. A me mancavono alcune altre cose da trovare in questa materia, ma non cercarò più, poichè intendo che il metodo di Monsù Fermat è comunicato agli amici suoi in Francia. Però che gloria havrei quando ben trovassi una cosa già divulgata, che si potesse sospettare che io l'havessi penetrata in qualche maniera? Confesso bene che se Robervallio da principio mi mandava la vera definizione forse io non trovavo nulla (1)....

Quanto all' infinite hiperbole et ellissi, V. S. si può immaginare che io non lasciai di tentare, e che avanti a me v'hanno pensato coloro di Francia, ma vi si è trovato da farsi poco honore...(2).

---

8. TORRICELLI A RICCI.

11 février 1645.

[Discepoli di Galileo, t. XL, f° 99.]

... Io non ho ancor visto il foglio della *Syneresi et Anastrofe* (3). Forse lò vedrò e ne scriverò al Padre Mersenne se però l'intenderò stante gli errori che V. S. dice del copista et anco la difficoltà della materia.... Di coteste scritture di Monsù de Fermat vedrò volentieri

géomètre de Florence reçut communication par l'intermédiaire de Carcavi, et auquel il est fait allusion dans la réponse de Torricelli à Carcavi, imprimée au tome IV, p. 89, qui doit être datée, non de 1646, mais du mois de février 1645 (*cf.* aussi *Opere di Evangelista Torricelli*, ed. cit., vol. III, 1919, p. 279). Il avait été fait mention de ces paraboles de degré fractionnaire dans les *Cogitata* de Mersenne (t. I, p. 195, note 1). Au moment où il écrivit la lettre présente, ce dernier Ouvrage n'était pas encore entre les mains de Torricelli.

(1) Il résulte de cette dernière phrase que les travaux de Fermat sur les paraboles infinies de degré entier ne sont arrivés à la connaissance de Torricelli qu'après la première lettre que lui écrivait Roberval le 1er octobre 1643, envoyée en Italie par l'intermédiaire de Mersenne, mais dans laquelle Fermat n'est pas nommé comme l'inventeur de ces paraboles (*Divers ouvrages de mathématiques et de physique, par Messieurs de l'Académie Royale des Sciences*, Paris, 1693, p. 283-284).

(2) *Voir*, page XIX de l'Introduction, la note 3.

(3) *Voir* ci-avant la lettre du 4 février 1645.

quelle che V. S. stimerà degna d'esser vedute, e che non sieno gran volume....

---

9. RICCI A TORRICELLI.

12 FÉVRIER 1645.

[Discepoli di Galileo, t. XLII, f° 87.]

... Il Monsù de Fermat è valentissimo uomo, e confesso da quelle sue scritture d'aver preso lume ad innumerabili invenzioni, le quali prima mi sembravano difficilissime, et ora troppo vulgari per la facilità, con che si dimostrano.

Non credo però, che egli sia senza difetto o diciamo errore. Dice egli in un trattato, che fa *de Locis ad superficiem* (1) :

Si superficies quæpiam planis in infinitum secetur, et omnes sectiones planorum et superficies illius sint quanquam ellipses quandoque circumferentiæ circuli, quanquam parabolæ aut hyperbolæ et nihil præterea, superficies primum posita erit vel conoïdis parabolici vel hyperbolici.

La dimostrazioni la tace. Ma chiedo io? quell' *aut hyperbolæ*, ovvero copula in maniera che vaglia quanto dire *et*; nel qual caso sarebbe falso che il conoide parabolico potesse segarsi con piano che facesse iperbola. Ovvero disgiunge, sicchè voglia inferire *quanquam parabolæ in conoïde parabolico, quanquam hyperbolæ*, e si referisca al conoïde iperbolico, e questo ancora è falso, poichè io dimostro (e stimo la proposizione essere intatta, nè immaginata mai da veruno) potersi segare il conoïde iperbolico in modo che ne venga una parabola, anzi infinite.

Prego però V. S. a non ne far motto. Manderò a V. S. la mia dimostrazione e staremo a vedere se egli stampa queste sue scritture, come par che accenni di voler fare, e in tal caso lo avvertirei dell' errore. Non prima potendosi scusare col colore di aver fallato il copiatore, et

(1) Comp. *Œuvres*, t. I, p. 112.

io non averei stima alcuna d'aver trovato la proposizione fra le infinite verità, che sono al mondo, et l'errore fra le sue dottissime specolazioni....

Mi farà poi favore d'avvisarmi la ricevuta dell' operetta di Monsù de Fermat *de Anastrophe et Syneresi*, et piacendole quella se desidererà vedere altre scritture da quella dependenti....

---

10. RICCI A TORRICELLI.

25 FÉVRIER 1645.

[Discepoli di Galileo, t. XLII, f° 94.]

... Il Padre è di partenza tra nove giorni; non so se per Parigi addirittura, oppure verso Bologna e Venezia, e quindi alla Guascogna per complire col Sig. de Fermat (1).

Quanto alla proposizione da me avvertita circa la sezione del conoïde iperbolico, che genere una parabola, sono certissimo....

---

11. TORRICELLI A RICCI.

25 FÉVRIER 1645.

[Discepoli di Galileo, t. XL, f° 106.]

Intendo dalla lettera di V. S. la sua veramente egregia inventione delle tangenti alle infinite parabole.... Bisognerebbe che il P. Mersenne portasse in Francia una nota di queste cosa di V. S. Haverei caro sapere se Monsù Fermat habbia questa notizia delle tangenti paraboliche....

(1) Mersenne quitta de nouveau Paris pour son voyage dans le Midi à la fin d'avril 1646, pour y retourner en août de la même année. Comp. aussi, tome IV, p. 87. Plus tard, le Minime fera mention publique de Fermat « *Geometrarum Coryphæus, quem Burdigalam redux, ductore integerrimo doctissimoque Senatore, Domino d'Espagnet, velut avulsum Bergeraco, triduo amplexus sum* » (*Novarum observationum physico-mathematicarum,* t. III, Paris, 1647, p. 215).

12. RICCI A TORRICELLI.

26 FÉVRIER 1645.

[Discepoli di Galileo, t. XLII, f° 98.]

... Quanto alle opere del Fermat non ho veduto finora altro di plausibile che *de Maximis et Minimis*, contenuto in cotesta scrittura che le mandai, et un altro opuscoletto sopra le tangenti che presuppone quell' altro trattato (1) Dove, se posso servir V. S. in cosa alcuna per sollevarla dalla fatica di studiarlo, me le offero prontissimo con iscriverglione ben cento esempi, che io ne ho fatti, e in tutti mirabilmente cammina l'unica regola del Fermat... (2).

---

13. RICCI A TORRICELLI.

5 MARS 1645.

[Discepoli di Galileo, t. XLII, f° 101.]

... Le mie dimostrazioni per le tangenti paraboliche camminano nell' ordinaria via di Euclide, nè ho potuto introdurmi punto in cotesto

(1) Ce dernier traité était probablement celui qui est intitulé dans nos manuscrits : *de Tangentibus linearum curvarum* et dans la présente édition : *Ad eandem methodum* (t. I, p. 158-167).

(2) Nous croyons qu'il s'agit d'un problème de Fermat (*cf.* ci-avant, p. 130, la note 2), et non de Ricci, lorsque de Sluse, qui s'arrêta à Rome de 1642 jusqu'à 1651, écrivit le 4 novembre 1664 à Huygens : « *Memini tamen cum Romæ adhuc adolescens agerem, propositum mihi fuisse ipso vigente, a Nobili Gallo problema difficillimum, ut rebatur, nec a me solvendum. Est autem hoc :* Datam AB (*fig.* 35) ita secare in C, ut facto quemadmodum BC ad CA ita CA ad CD,

Fig. 35.

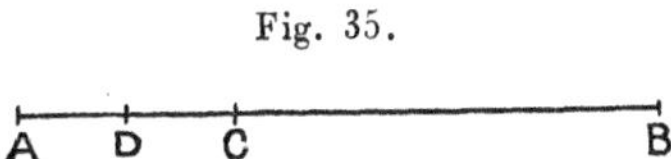

recta BD sit omnium possibilium minima » [LE PAIGE, *Correspondance de René-François de Sluse* (*Bullettino di bibliografia e di storia delle sc. mat. e fis.*. t. XVII, 1884, p. 613) ou *Œuvres de Chr. Huygens*, éd. cit., t. V, 1893, p. 132]. Cependant ce problème, proposé à de Sluse, probablement par du Verdus, ne se retrouve pas dans les écrits de Fermat, tels qu'ils sont connus à présent.

moti, i quali son quelli, che portano al termine. Infestato dalla mia solita pigrizia, ma più da molestie fatali, non posso scriver molto, il che sarà cagione, se differirò qualche tempo di mandare a V. S. alcune specolazioni del Sig[e] de Fermat et le prove delle suddette tangenti....

Il Padre Mersenno ha prolungato il giorno della sua partenza un' altra settimana e forse più....

---

14. TORRICELLI A RICCI.

11 MARS 1645.

[Discepoli di Galileo, t. XL, f° 108.]

... Studiamo il foglio della *Syneresi et Anastrofe* (¹) e la maggior parte da me non era intesa punto perchè suppone certo metodo Vieteo a me ignoto. E del resto è difficilissime di spiegatura come mi riescono per lo più gli Oltramontani....

---

15. RICCI A TORRICELLI.

12 MARS 1645.

[Discepoli di Galileo, t. XLII, f° 107.]

... Il metodo di Monsù Fermat cammina sempre in un modo et è il medesimo che s'insegna nell' operetta *de Syneresi et Anastrophe*. Non posso mandargliene copia prima del Sabato prossimo, dovendola io medesimo copiare con qualche fatica per la moltitudine delle note algebraiche, che vi sono.

Del pensiero di V. S. intendo servirsi Monsù de Roberval, ma non riuscirà per mio avviso così facile et accomodato ad esprimere le proporzioni in ogni caso, come fa singolarmente questo del Sig[r] de

(¹) *Voir* ci-avant les lettres de Ricci des 4 et 12 février 1645.

Fermat. Oltre che l' ha egli promosso all' invenzione de' centri di gravità, alla misura de' piani e solidi, al ritrovamento degli asintoti; cose che finalmente abbracciano tutta quasi la Geometria (1). Se non avesse la difficoltà della sintesi, che non appare si possa fare seguendo i vestigi della risoluzione, come si costuma nell' analisi ordinaria del Vieta, stimerei non si poter più desiderare in questa professione....

Ringrazio V. S. che mi abbia avvisato la mia semplicità od ignoranza in conto di quello *aut* (2)...

---

16. RICCI A TORRICELLI.

26 MARS 1645.

[Discepoli di Galileo, t. XLII, f° 113.]

... Le inviai Sabato passato l'opuscolo delle tangenti di Monsù de Fermat (3) con una lettera o due del Padre Mersenno. Il Padre non ha scritto per alcune settimane....

Il Padre Mersenne partirà dimani o dopo dimani. M'ha lasciato un mezzo foglio pieno d'interrogazioni da fare a V. S. cioè per conto de' bracci, de' quali V. S. si serve, se intende delle braccia fiorentine o romane, e qual sia il divario fra di loro (4)....

(1) Fermat fait l'énumération des applications de sa méthode dans l'écrit français *Touchant la mesme méthode* (ci-avant, p. 83; *voir* aussi les Variantes), l'écrit *Synereseos et Anastrophe* (*Analytica eiusdem methodi investigatio* ou *Methodus de Maxima et Minima*, t. I, p. 152) et celui *de Tangentibus linearum curvarum* (*Ad eandem Methodum*, t. I, p. 167).

(2) Comp. la lettre de Ricci à Torricelli du 12 février 1645.

(3) *Voir* ci-avant, page 91, la note 1 et la lettre du 12 mars 1645.

(4) Comp. ci-avant, page 3 la note 2 et page 6 la note 2.

17. RICCI A TORRICELLI.

8 JUILLET 1645.

[Discepoli di Galileo, t. XLII, f° 143.]

...riceva, come la prego con la solita umanità le affettuosissime grazie, che rendo a V. S. per la scrittura *de Maximis* (1), la quale basterà solo dire, che sia parto del felicissimo ingegno di V. S., e che sia da noverarsi fra più singolari, e per l'appunto fra' massimi, siccome de' massimi si ragiona....

18. RICCI A TORRICELLI.

20 AOUT 1645.

[Discepoli di Galileo, t. XLII, f° 148.]

...Aggiungo di più (ma con patto che ella riceva il tutto con quelle riserve convenienti, che si vanno, cioè che io non intendo se non quello che è di piacer di V. S., che già so qual sia) che Monsù Roberval ha dimostrato anch'esso la proposizione di V. S., onde non mi par dovere che ella si lasci preoccupare il posto da lui, mentre la stampi per la prima. E poi Monsù de Fermat ha preso a dimostrar queste tangenti delle linee paraboliche, ma assai più singolarmente, che non ho fatto io, ristringendosi alle sole figure, in cui le dignità delle applicate sieno come le linee o parti del diametro, etc. Finalmente le tangenti delle iperboli et ellissi infinite non sono, che io sappia, venute sotto la considerazione di veruno, e questi anche io dimostrerei....

(1) Il s'agit probablement du traité de Torricelli, qui s'intitule *de Maximis et Minimis*, du moins de la première partie qui renferme la solution de quelques problèmes sur des valeurs extrêmes, qui sont analogues à ceux traités par Fermat et qui peuvent avoir aussi rapport avec quelques-uns des cent exemples de Ricci, dont celui-ci avait parlé dans sa lettre du 26 février 1645. *Voir* d'ailleurs la publication du traité de Torricelli dans les *Opere*, éd. cit., vol. I, parte sec., 1919, p. 81 et suiv.

19. TORRICELLI A RICCI.

7 NOVEMBRE 1646.

[Discepoli di Galileo, t. XL, f° 98.]

...Non so come a questi giorni passati io sciolsi un Problema di Monsù Fermat :

Datis tribus punctis alium punctum reperire ex quo si ad tria data rectæ ducantur ipsæ eductæ, sint minima quantitas (1).

Procurerò di mandar la dimostrazione (2)....

(1) *Voir* pour ce problème de Fermat l'Introduction ci-avant (p. XIV-XV) et l'extrait du *Racconto* de Torricelli, ci-avant (p. 127).

(2) Cette démonstration de Torricelli est insérée dans son traité *de Maximis et Minimis* (*Opere*, ed. cit., vol. I, Parte sec., 1919, p. 90-97). Elle induisit à nommer *circonférences de Torricelli*, celles qui servent à la solution, et *point de Torricelli*, celui qui la représente [*voir* E. LUCAS, *Sur les coordonnées tripolaires* (*Mathesis*, t. IX, 1889, p. 173) et M. FILP, *Sur le point de Torricelli* [*Gazeta mathematica*, t. XIII (Bucarest, 1904), p. 68-71].

ANNÉES 1643-1647.

XIII.

EXTRAITS DE LA CORRESPONDANCE DE

ROBERVAL, MERSENNE ET TORRICELLI.

1. ROBERVAL A MERSENNE POUR TORRICELLI.

[JUILLET 1643.]

(T. II, p. 263-264.)

[Florence, Bibl. Naz., *Discepoli di Galileo*, t. XLI, f° 6 (avec des notes de la main de Torricelli); *Ibid.*, t. XXXII, f° 20 (copie de Viviani). — Paris, Bibl. Nat., fonds français, nouv. acq. 3283, f° 107. — La lettre est imprimée dans les *Divers ouvrages de Mathématiques et de Physique, par Messieurs de l'Académie royale des Sciences*. A Paris, etc., 1693, p. 278 et suiv.]

...Cæterum, Reverende Pater, hoc scias velim, me magnifacere adeo excellentem virum, etiam ultra quam verbis aut literis exprimere possim (1). Fac etiam, obsecro, ut ipse innotescat nostris Geometris, præsertim DD. de Fermat et Descartes, quorum utrumque, meo quidem iudicio, nec ipsi Archimedi jure quis postposuerit. Hæc enim apud me recipio fore ut et his et illi gratissimum quid facturis sis.

(1) Il s'agit du volume engendré par la révolution d'une hyperbole équilatère autour de son asymptote, envoyé par Torricelli aux géomètres de Paris en juin 1643.

2. ROBERVAL A TORRICELLI.

1646-1647.

(Paris, Bibl. Nat., fonds latin, nouv. acq. 2341, f° 3 recto-18 verso; *Ibid.*, fonds latin, nouv. acq. 11196, f° 29 recto-41 verso. — La lettre est imprimée dans l'ouvrage cité sous le n° 1, p. 284 et suiv.)

L'extrait suivant de la lettre de Roberval à Torricelli se rapporte immédiatement aux recherches sur la quadrature des spirales infinies, dont il a été question ci-avant, p. 13-15. Pour l'évaluation de ces quadratures, Fermat se servait d'une règle pour la formation des nombres figurés successifs. Si nous étendons les sommes Σ à toutes les valeurs entières de n depuis 1 jusqu'à n, cette règle apprend que

$$\sum n = \frac{n(n+1)}{1.2},$$

$$\sum \frac{n(n+1)}{1.2} = \frac{n(n+1)(n+2)}{1.2.3},$$

$$\sum \frac{n(n+1)(n+2)}{1.2.3} = \frac{n(n+1)(n+2)(n+3)}{1.2.3.4}, \ldots$$

et conduit à des formules récurrentes servant à déterminer successivement les différentes sommes Σn^m. C'est ainsi que le géomètre de Toulouse arrive aussi à une formule générale pour la somme des puissances semblables des nombres naturels, qui apprend que la somme de toutes les puissances de l'ordre n d'une quantité toujours croissante est à la somme d'autant de puissances égales à la quantité la plus grande comme 1 à $n+1$, c'est-à-dire que

$$\lim_{a=\infty} \frac{1^n + 2^n + \ldots + a^n}{a^{n+1}} = \frac{1}{n+1},$$

théorème dont il est question dans la correspondance de Fermat, dès le mois de septembre 1636. La formule fut retrouvée vers cette époque aussi par Roberval, qui écrit à Fermat s'être servi des inégalités

$$1^n + 2^n + \ldots + a^n > \frac{a^{n+1}}{n+1} > 1^n + 2^n + \ldots + (a-1)^n,$$

et le géomètre de Toulouse affirme dans sa réponse du 4 novembre 1636 la concordance des deux méthodes, quoiqu'il soupçonne, dans ses lettres des 4 novembre et 16 décembre 1636 (t. II, p. 83-84, 92), que la démonstration de Roberval se bornait aux cas $n = 2, 3, 4$, pour lesquels l'on savait déjà trouver les sommes (¹). Ainsi donc, dès cette époque, Fermat était en possession d'une démonstration complète de la formule $\int_0^x x^n dx = \frac{x^{n+1}}{n+1}$, qu'il appliqua, pour des valeurs entières et positives de n, à la recherche de la quadrature des paraboles et spirales infinies. L'extrait suivant de la lettre de Roberval éclaire la voie qui était suivie par les deux géomètres, qui démontraient la formule aussi pour le cas $n = \frac{1}{m}$, où m est un nombre entier, et en faisaient emploi pour l'évaluation de la quadrature des spirales infinies de degré fractionnaire $\frac{R-\rho}{R} = \left(\frac{\varphi}{2\pi}\right)^{\frac{1}{n}}$ (²).

D'ailleurs, une démonstration du théorème mentionné fut rédigée dans l'automne de 1640 par Beaugrand, l'ami ancien de Fermat et de Roberval, pour servir à Cavalieri, qui, s'intéressant particulièrement au problème, avait publié, en 1635, la démonstration pour le cas $n = 3$. Cette démonstration de Beaugrand, insérée dans une lettre de huit feuilles, écrite en italien, fut envoyée de Paris par Mersenne après la mort de l'auteur; accompagnée d'une lettre du Minime datée du 1er mars 1641 (³), elle arriva dans l'été de 1641 à Cavalieri, qui en fit part, entre autres, à Galilée (⁴) et à Torricelli (⁵) (*voir* aussi la réponse de Cavalieri à Mersenne, t. IV, p. 71 et suiv.). La démonstration envoyée est nommée *universalmente in tutte le infinite dignità dell' algebra* et *universalissima* par Torricelli et Cavalieri, qui rendait la lettre de Beaugrand en partie publique (⁶).

Quant aux études de Torricelli sur les paraboles infinies, on a vu ci-avant (p. 133, note 2) qu'elles ne prirent pas source dans celles de

(¹) *Voir* ci-après, p. 149, la note 1.

(²) *Voir* pour l'application aux spirales de degré supérieur ci-après, p. 146, la note 1.

(³) Cette lettre est imprimée dans la *Continuazione del Nuovo Giornale de' Letterati d'Italia*, tome XXXIII (Modena, 1786), p. 48.

(⁴) *Le Opere di Galileo Galilei*, ed. naz., vol. XVIII, 1906, p. 346-347.

(⁵) *Opere di Evangelista Torricelli*, éd. cit., t. III, 1919, p. 62-63, 144, 226-227, 231, 237 et 333.

(⁶) *Opere di Ev. Torricelli*, t. III, p. 29-30; CAVALIERI, *Exercitationes geometricæ* (Bononiæ, 1647), p. 244-245, 283-291, 296-303.

Cavalieri qui s'en occupait depuis 1638 (¹), mais dans la proposition que lui adressa Roberval en 1643; celles sur les spirales de degré supérieur remontent au séjour de Mersenne à Rome au commencement de 1645, lorsque Torricelli connut le problème de Roberval sur l'égalisation des arcs de parabole et de spirale. Les courbes en question furent conçues par lui mécaniquement, en les considérant comme décrites par un mouvement circulaire uniforme et un mouvement selon le rayon vecteur avec une accélération de degré supérieur.

Une allusion à ses études sur ces spirales dans un écrit envoyé par Torricelli à Roberval en juillet 1646 donna lieu au passage y relatif dans la présente lettre. Celle-ci fut annoncée par Mersenne à Torricelli plus d'une fois depuis l'automne de 1646; ainsi il lui apprit en décembre 1646 et le 1er mars 1647 que des copies en étaient faites. Toutefois, elle n'était pas encore reçue par Torricelli en août 1647 et probablement il ne l'a jamais reçue. Elle servit donc de lettre circulaire seulement pour les géomètres de Paris.

...Circa hæc tempora, nempe anno 1635, mediante amplissimo senatore Domino de Carcavi, cœpi per epistolas commercium litterarum habere cum amplissimo Senatore Tholosano Domino de Fermat, de quo quid sentiam habes in ea epistola quam ad R. P. Mersennum direxi super solido vestro hyperbolico infinito (²).

Is ergo vir præstantissimus, primus omnium, duas propositiones nobilissimas ad nos misit sine demonstratione : alteram de parabolis, alteram de planis helicum utrisque per omnes dignitatum gradus sumptis (³) (ne ergo dubites amplius, quis primus tales quæstiones proposuerit, illæ meæ non sunt quanquam illas ego proprio marte, inventâ ad id peculiari nostrâ methodo, demonstraverim) immo univer-

(¹) *Voir* nos *Contribuzioni inedite al Carteggio di Bon. Cavalieri*, dans le *Bollettino di Bibliografia e di storia delle scienze matematiche*, 1919, p. 1-12, qui comprend aussi quelques détails sur les rapports de Cavalieri et Beaugrand.

(²) *Voir* la lettre précédente du 1er octobre 1643.

(³) Allusion aux lettres de Fermat à Mersenne et Roberval, de la première moitié de l'année 1636 (t. II, p. 12-14, 73).

salius multò quam ipse proponas, quippe non solum potestates in helicibus proposuit, sed etiam potestatum radices. Exempli gratià :

Si in helice semidiametri omnium revolutionum ordine sumptarum, se habeant ut radices quadratæ aut cubicæ, etc., numerorum ordine naturali progredentium 1, 2, 3, 4, 5, 6, 7, 8, *etc. quarum primam* (quadraticam puta) *reperies in prima revolutione dimidiam partem sui circuli constituere* (1).

Cumque ipsum arduarum (ut tunc) propositionum demonstrationes rogarem, ille in hæc verba rescripsit : *Ego*, inquit, *ut invenirem laboravi. Labora et ipse; in hoc enim labore præcipuam voluptatis partem consistere deprehendes* (2). Quid facerem a tanto viro incitatus? Laboravi atque in auxilium infinita nostra advocavi (nondum enim tunc nostra amplius non esse resciveram) eaque tum primum ad numeros extendi. Animadverti enim et parabolarum plana ad sua parallelogramma, et earumdem solida ad suos cylindros, et spatia helicum ad suos circulos, feliciter comparari posse, si innotesceret in numeris ratio summæ potestatum omnium ejusdem generis, ordine atque indefinite sumptarum, ad earum maximam toties sumptam, idque in omni genere potestatum. Quod quidem non difficulter assecutus sund. Illico enim patuit

Summam omnium numerorum quadratorum, ordine naturali atque indefinite sumptorum 1, 4, 9, 16, 25, *etc.*, *ad eorum maximum toties sumptum*

(1) Dans l'équation générale $\frac{R-\rho}{R} = \left(\frac{\varphi}{2\pi}\right)^n$, en posant $n = \frac{1}{2}$, on obtient la spirale parabolique ou spirale de Fermat $\left(\frac{R-\rho}{R}\right)^2 = \frac{\varphi}{2\pi}$, dont la quadrature fut proposée par Fermat dans sa lettre du 3 juin 1636 (t. II, p. 13-14, *voir* aussi p. 448 et t. III, p. 277-278). Il a été fait mention des deux sortes de spirales $\frac{R-\rho}{R} = \left(\frac{\varphi}{2\pi}\right)^n$ et $\left(\frac{R-\rho}{R}\right)^n = \frac{\varphi}{2\pi}$, dans le cahier envoyé par Fermat en 1636, et dont il a été question ci-avant, p. 13-14; Mersenne avait publié les résultats des quadratures dans ses *Cogitata* de 1644 (t. II, p. 16-17). Il n'apparaît pas que Fermat ait étudié les cas qui se présentent pour des valeurs négatives de n (spirales hyperboliques).

(2) La lettre de Roberval à Fermat et celle de Fermat à Roberval, dont il est question ici, se sont perdues.

quot sunt illi quadrati (hoc est ad cubum ejusdem radicis cum maximo illo quadrato collatam) *se habere ut* 1 *ad* 3 *sive constituere* $\frac{1}{3}$;

summam cuborum, eodem modo sumptorum, ad eorum maximum toties sumptum, sive ad quadrato-quadratum ejusdem radicis cum maximo cubo, se habere ut 1 *ad* 4 *sive constituere* $\frac{1}{4}$;

summam quadrato-quadratorum eodem modo constituere $\frac{1}{5}$, *atque ita in infinitum* (1).

Ex hac propositione quæ sola sufficit, innumera deduxi corolloria, qualia sunt hæc :

Summa radicum quadratarum numerorum omnium, ordine naturali atque indefinite sumptorum, ad earumdem radicum maximam toties sumptam, collata (puta summa radicum quadratarum horum numerorum 1, 2, 3, 4, 5, 6, etc.) *eam habet rationem quam* 2 *ad* 3.

Summa radicum quadratarum omnium numerorum quadratorum, ordine naturali atque indefinite sumptorum, ad earumdem radicum maximam toties sumptam, se habet ut 2 *ad* 4.

Summa radicum quadratarum omnium numerorum cuborum ad maximam toties sumptam ut supra, se habet ut 2 *ad* 5.

Atque ita in infinitum *radices quadratæ numerorum quadrato-quadrotorum, quadrato-cuborum, cubo-cuborum,* etc. *ad earum maximam toties sumptam ut supra, sic comparabuntur, ut antecedens rationis sit semper* 2 *exponens quadrati, consequens verò sit summa ex ipso exponente* 2 *et alio exponente ipsius gradus ad quem pertinent numeri quorum sumuntur radices quadratæ*. Ut si sumantur *radices quadratæ numerorum quadrato-quadrato-cuborum*, qui sunt septimi gradus cujus exponens est 7, erit consequens rationis 9, conflatum ex 2 et 7, et ratio erit ut 2 ad 9.

Similiter :

Summa omnium radicum cubicarum omnium numerorum ordine naturali, hoc est in primo gradu, atque indefinite sumptorum, ad earumdem

(1) Fermat fait la première allusion à ce théorème dans sa lettre du mois de septembre 1636 (t. II, p. 69).

radicum maximam toties sumptam, se habet ut 3 exponens cubi ad 4 compositum ex eodem 3 et 1 exponente primi gradus.

Summa omnium radicum cubicarum omnium quadratorum ad earumdem radicum maximam toties sumptam ut supra, se habet ut 3 ad 5.

Atque ita in infinitum *radices cubicæ omnium graduum ad earumdem maximam sumptam ut supra, comparabuntur eritque in omnibus antecedens 3, consequens verò componetur ex eodem 3 juncto cum exponente gradus cujus radix cubica sumpta fuerit.*

Nec aliter *radices quadrato-quadratæ omnium graduum* ad earum maximam sumptam ut dictum est, comparabuntur eritque antecedens 4. Et sic in infinitum infinities, ut satis ex prædictis patet.

Hæc cùm ad amplissimum virum scripsissem, dubitavit ([1]) num eorum demonstrationem haberem. Itaque paucis verbis indicavi ([2]) eam esse facillimam, per duplicem positionem more Veterum, incipiendo ab unitate et procedendo ordine per omnes potestates. Quo pacto facile est concludere in quadratis, exempli gratia

summam omnium numerorum quadratorum ordine naturali, sed finitè sumptorum, ad eorumdem maximum toties sumptum, collatam, majorem esse quam $\frac{1}{3}$; *at dempto ab eadem summa, seu ab antecedente rationis, ipsorum quadratorum maximo tantum, remanente integro consequente, reliqui rationem minorem quàm* $\frac{1}{3}$.

Nec ad id demonstrandum, aliò recurrendum est quam ad genesim quadratorum, quâ fit ut quivis numerus quadratus componatur ex proximo quadrato minore ex duplo radicis ejusdem minoris atque ex unitate. Quemadmodum etiam quivis numerus cubus componitur ex proximo cubo minore, ex triplo quadrati minoris, ex triplo radicis minoris atque ex unitate. Qui quidem cubus est ipsum maximum quadratum toties sumptum quot sunt numeri quadrati ab unitate incipientes ; atque ita de singulis potestatibus secundum uniuscujusque genesim.

([1]) Lettres de Fermat à Roberval, des 4 novembre et 16 décembre 1636 (t. II, p. 83-84 et 92).

([2]) Allusion peut-être à la lettre de Roberval à Fermat, du 29 novembre 1636, aujourd'hui perdue (t. II, p. 92).

Corollaria, quomodo ab iis deducantur, aliàs, si ita expediat, explicabimus. Neque etiam fortassis spernendum videbitur corollarium aliud quod ex tali numerorum inspectione deduxi. Illud autem tale est:

Propositis quotcunque numeris multitudine finitis, qui ab unitate secundum naturalem numerorum seriem procedant 1, 2, 3, 4, 5, 6, 7, 8, etc. *usque ad* 100000000 *exempli gratiâ, exhibere summam quadratorum aut cuborum aut quadrato-quadratorum, aut cubo-quadratorum, aut cubo-cuborum*, etc., *omnium talium numerorum*,

quæ sane regula pro quadratis et cubis reperitur specialis apud Authores (1), at pro omnibus potestatibus nullam apud illos reperimus universalem.

Hæc ergo fuit nostra pro parabolarum planis ac solidis simulque pro planis helicum methodus (2). Post hæc proposuit vir amplissimus (quod et ipse jamdiu in omnibus figuris universaliter quærebam) prædictarum figurarum centra gravitatis invenire. Ac ille quidem ad analysim recurrit (3), nos ad nostra infinita; unde methodus illius, ut plerisque inventis analyticis accidit, abstrusissima est, subtilissima atque elegantissima, nostra aliquot mensibus posterior (4), simplicior

(1) Le théorème donné sous forme algébrique ci-avant (p. 143) était déjà démontré par Archimède pour les cas $n = 1$ et $n = 2$, par el-Karchî et puis par Cavalieri pour $n = 3$, le dernier géomètre ne venant au bout de sa solution pour $n = 4$ qu'après avoir reçu l'envoi de Beaugrand. Alors le cas $n = 5$ fut démontré aussi par Giannantonio Rocca à Reggio (*Opere di Evang. Torricelli*, ed. cit., vol. III, p. 227, 417).

(2) Il est question des paraboles de degré fractionnaire dans l'écrit de Fermat destiné à Cavalieri au commencement de 1642 (t. I, p. 196 et suiv.). La voie par laquelle Fermat arriva à l'évaluation de l'intégrale $\int_0^x x^n dx$ pour des valeurs fractionnaires et négatives de n, est exposée par M. Zeuthen dans une Note *Sur les quadratures avant le calcul intégral et en particulier sur celles de Fermat* dans le *Bulletin de l'Académie royale des sciences et des lettres de Danemark, Copenhague, pour l'année* 1895, p. 44 et suiv. *Voir* aussi la Note de M. Aubry, *Méthode de Fermat pour la quadrature des courbes*, t. IV, p. 228-230.

(3) *Voir* les lettres de Fermat du 4 novembre 1636 (t. II, p. 85), du 16 décembre 1636 (t. II, p. 94) et celle du mois de février 1638 (t. II, p. 133-134) avec l'écrit imprimé au Tome I, p. 136-138 et encore les annotations à la lettre du 15 juin 1638, ci-avant n° VI, et t. II, p. 166.

(4) *Voir* la lettre de Roberval du 4 avril 1637 (t. II, p. 104) et la méthode de Roberval expliquée au Tome IV, p. 3-10.

evasit et universalior, quo fit ut cœteris collata, magis nobis arrideat. Ut tamen alicui possit esse universalis, debet is omnibus numeris absolutas esse geometra, qualis huc usque nullus apparuit....

3. TORRICELLI A MERSENNE.

1er FÉVRIER 1647.

(Paris, Bibl. Nat., fonds latin, nouv. acq. 2338, fº 6. — Florence, Bibl. Naz., *Discepoli di Galileo*, t. XL, fº 55.)

... Proxime præteritis mensibus autumni incidi in Problema quoddam, propositum, ut ego audivi, ab illustrissimo viro de Fermat. Jubebat enim *datis tribus punctis aliud reperire ex quo tres eductæ ad data tria puncta, sint minima quantitas.*

Construxi problema, demonstravi determinavique nam propositum fuerat sine determinatione. Solutio non una est : alia enim per doctrinam solidorum procedit, alia atque alia sine locis solidis per pura plana rem omnem absolvit. Si volueris demonstrationes, habebis vel ex me, vel ex Cavalerio, vel Magiotto, vel Renerio nostro (1) ; cum variis enim amicis illas contuli quamquam facilis admodum contemplatio videatur. Doceas quæso num huiusmodi problematis solutio apud vos in vulgus exierit, an apud autorem hactenus lateat....

(1) Les lettres de Torricelli à Vincenzio Renieri à Pise, qui contiennent la solution, sont datées de la fin de l'année 1646 (*Opere di Evangelista Torricelli*, ed. cit., vol. III, 1919, p. 422, 424, 426-428, 429-431). *Voir* pour la solution de Cavalieri l'Introduction, p. XIII. Une autre fut publiée par Viviani dans son ouvrage *de Maximis et minimis*, Lib. sec. (Florentiæ, 1659), p. 144-150.

4. MERSENNE A TORRICELLI.

1er MARS 1647.

[Discepoli di Galileo, t. XLI, f° 33.]

... Quod attinet ad illa tria quæ commemoras puncta, Robervallus ait hoc non annumerandum inter problemata nobilissima, et demonstrationem per solida, quum per plana fieri potest, ignobilem esse et propemodum errorem. Necdum tamen vidi demonstrationem, quam libens a te suscipiam....

XIV.

REMARQUES DE A. GENOCCHI

SUR

UN MANUSCRIT DE FERMAT.

(Tome IV, XXI *bis*, p. 218.)

Sous le titre *Intorno ad un manoscritto di Pietro Fermat testè pubblicato,* mon vénéré maître A. Genocchi publia dans la *Rivista scientifico-industriale delle principali scoperte ed invenzioni fatte nelle scienze e nelle industrie* en 1883 (anno XV, p. 148-151) quelques pages qui, sous la modeste apparence d'un compte rendu relatif à un document publié par M. Ch. Henry dans le Tome XII (p. 737-740) du *Bullettino di bibliografia e storia delle scienze matematiche e fisiche* et reproduit dans cette édition, Tome II, p. 431, contient des données si précieuses et des aperçus si ingénieux sur les rapports entre les méthodes de Fermat et celles employées par plusieurs autres arithméticiens, qu'il paraît utile de le reproduire ici en français, après y avoir rendu un peu plus précises certaines citations.

Gino Loria.

Un opuscule de M. Ch. Henry imprimé dans le *Bullettino*, publié par le Prince Boncompagni (Cahiers de juillet, août, septembre et octobre 1879) se clôt par une *Rélation des découvertes en la science des nombres*, tirée d'un manuscrit de Pierre Fermat qui existe dans la Bibliothèque de Leyde et qui me semble très important. L'auteur, craignant de ne pas trouver le loisir pour mettre complètement sur papier ses démonstrations et ses méthodes, voulut faire « sommairemente le conte de ses recherches sur le sujet des nombres ». Et il dit que, ayant reconnu l'insuffisance des méthodes ordinaires, il avait enfin découvert « une route tout à fait singulière » et avait appelé ce tour de démonstration « la descente infinie ou indéfinie ». Il s'en servit d'abord pour établir des propositions négatives, par exemple qu'il n'y a aucun triangle rectangle en nombres dont l'aire soit exprimée par un nombre carré ; son raisonnement marche de la manière suivante : « S'il y avoit aucun triangle rectangle en nombres entiers qui eût son aire égale à un carré, il y auroit un autre triangle moindre que celui-là qui auroit la même propriété. S'il y en avoit un second moindre que le premier, qui eût la même propriété, il y en aurait par un pareil raisonnement un troisième moindre que ce second qui aurait la même propriété, et enfin un quatrième, un cinquième, etc. à l'infini en descendant. Or est-il, qu'étant donné un nombre, il n'y en a pas point infinis en descendant moindres que celui-là, j'entends toujours parler de nombres entiers. D'où l'on conclut qu'il est donc impossible qu'il y ait aucun triangle dont l'aire soit quarrée. » Il taisait la manière pour tirer d'un triangle un triangle moindre, parce que en cela se trouve précisément le mystère de sa méthode et il invitait les Pascal et les Roberval à le découvrir.

On voit sans peine que le raisonnement de Fermat a sa base dans un principe employé aussi par Euclide par rapport aux nombres entiers, c'est-à-dire que *Nullum numerum in infinitum posse diminui* et j'ai remarqué en 1855 (*Sopra tre scritti inediti di Leonardo Pisano pubblicati da B. Boncompagni; Annali di Scienze matematiche e fisiche*, t. VI, p. 306) que la manière avec laquelle la méthode de Fermat avait été exposée par Euler et Lagrange ne me paraît pas complètement exacte, car ces auteurs supposent qu'il est nécessaire d'essayer par des substitutions effectives de nombres petits si ces nombres vérifient la proposition dont il s'agit : en effet Euler veut que l'on fasse *quelques essais* avec des nombres très petits (*Algèbre*, t. II, p. 259 [1]; *voir* aussi pages 244, 302, 351, 359) et Lagrange veut qu'on examine tour à tour *les premiers nombres de la série naturelle* (*Mém. de l'Acad. de*

[1] Il s'agit probablement de l'édition de Lyon 1794, avec Notes de Lagrange.

Berlin, 1777, p. 140). J'ai remarqué encore que la même méthode a été appliquée par un contemporain de Léonard de Pise, par le premier commentateur d'Euclide, Campanus de Novare, et que, tandis que Euclide employa le principe cité dans une proposition affirmative et très élémentaire de la théorie des nombres (chaque nombre qui n'est pas premier est divisible par quelque nombre premier), Campanus y eut recours à propos d'une proposition d'un rang plus élevé et négative; c'est-à-dire qu'il est impossible de diviser rationnellement un nombre en moyenne et extrême raison. Et j'ai traduit la belle démonstration de Campanus en langage algébrique moderne, rappelant d'autres démonstrations anciennes et modernes et mentionnant une règle imaginée par M. Chasles, qui est plus générale, de la division d'une droite en moyenne et extrême raison.

Il est bon d'avertir que dans le *Liber quadratorum* de Léonard de Pise on trouve l'énoncé du même théorème qui fut donné comme exemple par Fermat; il y était énoncé dans les termes suivants : *Aucun nombre carré ne peut être un nombre congruent*. Le traité du géomètre italien ne renferme aucune démonstration; on y lit seulement que la démonstration se tire d'un autre théorème établi dans ce traité. J'ai essayé, dans l'article cité, de remplir cette lacune et j'ai donné deux démonstrations très simples. Je fis aussi d'autres applications de la méthode de Pierre Fermat et j'ai prouvé que le nombre 10 n'est pas un nombre congruent, proposition établie aussi par M. Matthew Collins, professeur à Dublin, mais seulement en 1858. J'ai démontré encore qu'aucun nombre congruent n'est le double d'un carré et que l'équation $x^4+x^2y^2+y^4=z^2$ est impossible en nombres entiers; plus tard j'ai prouvé la même chose par rapport à l'équation $x^4+6n^2y^2-\frac{1}{7}y^4=z^2$. En 1855 j'ai énoncé sans démonstration quelques autres théorèmes sur les nombres dans un journal de Turin et en 1874 dans les *Comptes rendus de l'Académie des Sciences de Paris* (voir la Note *Sur l'impossibilité de quelques égalités doubles*); un de ces théorèmes est une généralisation de celui relatif au nombre 10 que j'ai cité plus haut, car il affirme qu'un nombre qui est le double d'un nombre premier de la forme $8n + 5$ n'est jamais un nombre congruent.

Lagrange se servit de la méthode de Fermat, non pour prouver l'impossibilité de certaines équations, mais pour trouver les solutions les plus simples en nombres entiers de certaines équations possibles. J'ai signalé cette application dans une Note (*Sopra tre problemi aritmetici di P. Fermat*) présentée le 2 avril 1876 à l'Académie des Sciences de Turin, où je me suis occupé de trois problèmes arithmétiques de Fermat.

Mais l'usage du même tour de raisonnement pour établir des théorèmes affirmatifs n'avait été jusqu'ici employé par aucun de ceux qui essayèrent de prouver les propriétés des nombres découvertes par Fermat. En conséquence nous ne pouvons pas lire sans étonnement dans le manuscrit de la Bibliothèque de Leyde qu'il eut recours à cet artifice pour démontrer, par exemple, que chaque nombre premier de la forme $4n + 1$ est la somme de deux carrés. Il avoue que cela lui donna beaucoup de peine et qu'il dut employer bien du temps et bien des méditations, mais qu'enfin il atteignit son but. « Et les questions affirmatives passèrent par ma méthode à l'aide de quelques nouveaux principes qu'il y fallut joindre par nécessité. Ce progrès de mon raisonnement en ces questions affirmatives était tel : Si un nombre premier pris à discrétion qui surpasse de l'unité un multiple de 4, n'est point composé de deux carrés, il y aura un nombre premier de même nature moindre que le donné ; et ensuite un troisième encore moindre, etc. en descendant à l'infini jusques à ce que vous arriviez au nombre 5, qui est le moindre de tous ceux de cette nature, lequel il s'ensuivroit n'être pas composé de deux carrés, ce qu'il est pourtant ; d'où l'on doit inférer par la déduction à l'impossible, que tous ceux de cette nature sont par conséquent composés de deux carrés. »

Il ajoute que d'autres questions « demandent de nouveaux principes pour y appliquer la descente » et que quelques-unes se traitent seulement avec une grande peine. Telle est la proposition : chaque nombre est la somme de quatre carrés. « Je l'ai enfin rangé sous ma méthode et je démontre que si un nombre donné n'était point de cette nature, il y en auroit un moindre qui ne le seroit pas non plus, puis un troisième moindre que le second, etc. à l'infini, d'où l'on infère que tous les nombres sont de cette nature. » On rencontre des difficultés égales, même plus grandes, pour prouver que si a est un nombre quelconque non carré, l'équation $y^2 = ax^2 + 1$ aura une infinité de solutions en nombres x et y entiers. « Je la démontre (dit Fermat) par la descente appliquée d'une manière toute particulière. »

Or, tous les théorèmes que j'ai cités ont été établis rigoureusement, particulièrement par Lagrange, mais sans que l'on ait jamais eu recours à la méthode de *la descente*.

XV.

UNE FAUSSE ATTRIBUTION.

(Tome II, LXXVI, p. 315-320.)

Cette lettre est une lettre de de Sluse à Brunetti (*Œuvres de Blaise Pascal*, éd. Brunschvicg, Boutroux et Gazier, t. VII, 1914, p. 241-242 et 248-255).

XVI.

UNE PUBLICATION DE FRENICLE.

(Tome II, p. 332-335; Tome III, p. 554-571, 604, 605.)

On a cru perdues les solutions de Frenicle sur les questions proposées, en 1657, par Fermat à tous les mathématiciens de l'Europe, quoiqu'il fût connu que Frenicle les avait publiées, bientôt après, avec celles de Van Schooten (1). Or voici le titre exact de cette publication :

(1) *Voir* aussi Ch. Henry, *Recherches*, etc. (1880), p. 159-162, 167, 172, 179 (la note 2), et *Œuvres complètes de Chr. Huygens*, t. II (1889), p. 11-17, 23-28, 29-32, 146.

Solutio duorum problematum circa numeros cubos et quadratos, quæ tanquam insolubilia universis Europæ Mathematicis a clarissimo Viro D. Fermat *sunt proposita et ad D.* Cl. M. Laurenderium *Doctorem Medicum transmissa. A D.* B. F. D. B. (1) *inventa. Necnon alia duo problemata numerica a D.* Cl. M. Laurenderio *vicissim proposita, cum quibusdam solutionibus ab eodem D.* B. F. D. B. *datis. His accessit inquisitio in solutionem prioris problematis a D.* Francisco a Schooten *in Academia Lugduno Batava Matheseos Professore datam. In qua continentur sex aliæ solutiones prioris problematis terminis analiticis ab eodem D.* B. F. *sub forma problematis datæ. Insuper et solutio alterius problematis ab eodem Cl. viro D.* Fermat *circa numeros unitate a quadrato deficientes propositi; cum ipsius solutionis constructione.*

Parisiis, apud Jacobum Langlois, Typographum Regium, in monte Sanctæ Genouefæ, sub signo Reginæ pacis. M.DC.LVII.

In-4°, 3 ff. n. ch., 30 pp., 1 f. bl.

Pendant l'impression actuelle, nous avons reconnu qu'un exemplaire de la publication de Frenicle se trouve dans un recueil, qui est constitué par des opuscules, dont plusieurs ont été en possession de Blaise Pascal, et qui se trouve aujourd'hui à la Bibliothèque de la ville de Clermont-Ferrand (B. 5568. R.).

(1) Bernard Frenicle de Bessy.

VARIANTES ET NOTES CRITIQUES [1].

TOME PREMIER.

PROPOSITION SUR LA PARABOLE (p. 418).

Leçons de *G* f° 19 r° à 19 v° ; *F* f° 110 v° à 112 r°.

P. **84**. 4 (*titre* :) Propositio. — Per 4 puncta Parabolem describere *F*, *G* ★ 5 Proposui per data quatuor puncta parabolen describere *om. F*, *G* ★ 6 utrique sequens præmittendum lemma *F*, *G* (sequentis *F*, sequent. *G*) ★ *Le mot* Lemma *répété comme titre de l'exposé suivant* *G* ★ 7 Sit in sequenti figura Parabole *F*, *G* ★ 10 dari] datam *F* ★ 11 et *om. F*, *G* ★ dato *omis G*.

P. **85**. 1 in angulo dato *G* ★ 4 CM]CN *F* ★ 5 sive extremum diametri *omis G* ★ 7 M,N]M et N *G* ★ 8 Si fiat]Et si fiat *G* ★ 9 ita NB ad] ita NB data ad *G* ★ 10 parabolæ *G* ★ Z recto latere]recto latere Z *F*, *G* ★ 13 primus] 1us *F*, *G* ★ in 2^a fig.]in sequenti figura *F*, *G* ★ 14 iungis *F* ★ 15 neutra]nulla *G* ★ alteri *omis F*, *G* ★ 17 utraque *omis G* ★ 18 cum (*aussi* 20 *et* 23) *F*, *G* ★ 20 dentur *omis F*, *G* ★ 21 applicatarum] applicatur *F* ★ 22 DBACF *omis G* ★ 23 neutra]nulla *G* ★ duo]datarum *G* ★ 24 datis *omis G* ★ In 3^a fig sint]Sint in sequenti figura *F*, *G*.

P. **86**. 1 quatuor] 4 *F*, *G* ★ 2 NX *om. F*, *G* ★ 3 parabolam *G* ★ 5 ad] in *G* ★ 6 parabolæ] parallelæ *G* ★ 7 *et suivantes. Le texte de G porte toujours* H *au lieu de* S ★ 9 et 15 cum *F*, *G* ★ 11 parabolen *om. G* ★ 12 17, III Apollonii] 13,3 lib. Apollonii *G* ; 16,3 lib. Appollonii *F* ★ 14 ita quadratum AS ad quadratum SB. Datur autem ratio rectanguli XVN ad rectangulum RVD] *om. F* ★ 16 quatuor] 4^{or} *F*, *G*.

P. **87**. 1 angulus] ang° *F* ★ 2 cum (*aussi* 5) *F*, *G* ★ 3 Igitur in triangulo *F*, *G* ★ ad *om. G* ★ 4 igitur triangulum specie *G* ★ 5 HP ad rectam *G* ★ contingentem *G* ★ 6 parabolæ *G* ★ 29, II Apollonii] 19.1 lib. Apoll. *G* ; 29.2 Apoll. *F* ★ 7 autem *om. G* ★ 10 ipsius *G* ★ datum *F* ★ 11 qui a *F* ★ 12-13 applicatarum] applicabitur *G* ★ 14 ex] et *G* ★ 16 proppositum *F* ★ 17 rectæ *om. G*.

(1) *G* indique la copie la plus ancienne, dans le manuscrit de Groningue ; *F* celle du manuscrit de Florence, qui est revisée par Fermat et ressemble le plus au texte des *Varia* de 1679.

LIEU A TROIS DROITES (p. 419, et IV, p. 243-244).

Leçons de *G* f° 20 r°; *F* f° 112 r° à 113 r°.

P. **87**. 20 (*titre* :) Alterum Propositio missa ad D. B. *F*, *G* ★ 21 *F porte en marge en écriture du texte :* deleatur.

P. **88**. 1 ad *om. G* ★ 2 coni] conicis *G* ★ *En F espace blanc et la note* deest ★ 4 FOC] FOE *F* ★ *La figure manque dans les deux sources.* ★ 7 OCD] OED *F* ★ dato] datis *G* ★ 8 cum (*aussi* 17) *F*, *G* ★ 9 OC] OE *F* ★ 10 (*aussi* 12) FOC] FOE *F* ★ 13 propter datum specie triangulum OIN : ergo ratio rectanguli FOC ad quadratum ON *omis F* ★ 15 Si *omis G*; Si fertur AQ *F* ★ *Au lieu de* U *les deux sources portent toujours* V ★ 17 MRU] MVR *G* ★ 18 circa diametrum AQ describatur *G* ★ 19 ex diverso *F*, *G*.

P. **89**. 1 recta] autem *G* ★ 2 cum (*deux fois*, *aussi* 9) *F*, *G* ★ 4 rectangulum] triangulum *G* ★ 5 ex decima sexta propositione III Apollonii] ex 16 prop. 3 Apoll. *G*; propter tertii Apoll *F* ★ 7 igitur rectangulum *F*, *G* ★ 11 reliquæ] rectæ *F*. *G*.

LIEUX PLANS ET SOLIDES (p. 419).

Leçons de *G* f° 1 r° à 4 v°; *F* f° 75 r° à 80 r°,
et pour l'*Appendix G* f° 5 r° à 6 r°; *F* f° 80 r° à 82 v°.

Dans *G*, le copiste a adopté la notation cartésienne : notation exponentielle, le coefficient en exposant à l'avant, simple juxtaposition des lettres dans chaque monôme, distinction des lettres géométriques et des lettres algébriques, qui sont en minuscules; au lieu des mots *æquatur*, *æquetur*, *æquabitur*, etc., le signe d'égalité ∞. Dans *F* aussi notation exponentielle et le coefficient en exposant à l'avant; mais on a indiqué les produits par *in* et l'on ne distingue pas entre les lettres géométriques et les lettres algébriques; l'égalité est exprimée le plus souvent par le mot, parfois aussi par le signe ∞ ou }.

P. **91**. *Au-dessous du titre* A. D. F. *G* ★ *En haut :* Ubi margini adscriptum est deleatur, significat author scripta nolle ista *F* ★ 3 haud] aut *F* ★ 4 Libri septimi] lib. 7 *F*, *G* ★ 5 de locis solidis *G* ★ 6 ipsis] iis *G* ★ 7 expresserint *G* ★ 8 propriæ] propriâ *F*, *G* ★ 10 æqualitate] æquatione *G* ★ reperiantur *G* ★ 12 curvam] curva *F* ★ 14 ignotæ] lineæ ignotæ *F* ★ 15 circulum] circularem *F*, *G* ★ parabolam *F*. *G* ★ 16 hyperbolen vel] hyperbolam aut *G*.

P. **92**. 1 ex locorum planorum *G* ★ 4 possunt institui *F*, *G* ★ 5 quem] quam *G* ★ 6 datæ] data *F* ★ 8 ex dictis *G* ★ *Fig.* 78. *G* porte deux figures, l'une au bas de la feuille 1 recto, l'autre en haut de la feuille 1 verso. Dans la première la droite IM n'est pas tracée; elle figure cependant dans la figure seconde, où on a noté aussi la lettre *r* pour la distance NM, mais supprimé la droite IN. Dans la figure de *F* la droite IM manque ; en regard de la figure il y a inscrit « DA | BE », comme dans *Va* (*voir* p. 419). En outre *G* porte à droite de sa seconde figure encore une autre (ligne horizontale ON, en O et N des perpendiculaires OA et NQ et une droite VM perpendiculaire en V entre O et N ; à droite de cette figure deux traits horizontaux (B la plus grande et y dessous D, ainsi que B est environ égale à la ligne OV et D à la ligne VN), mais toute cette figure est barrée ★ 12 D in A æquetur B in E] et esto *da* (¹) ∞ *be* *G* ★ 13 lineam *omis* *G* ★ 16 Ergo data est ratio *a* ad *e* *G* ★ ad (*seconde fois*) *omis* *G* ★ 17 INZ datur. Datur *G* ★ 18 ergo datur *G* ★ 19 æqualitatem] æquationem *G* ★ 20 admixtæ *G* ★ datas] datis *G* ★ 22 Z^p — *da* *G*; Z^p — DA *F* ★ æquetur] ∞ *G*; | *F*.

P. **93**. 1 Z^p *F*, *G* ★ 6 ZI] EI *G*, mais le E surchargé de Z au crayon ★ sed angulus ad Z datur *F*, *G* ★ 10 afficiuntur *F* ★ 12 v. g. 7ma propositio lib. *F*, *G* ★ I] 7 *G*; 7^i *F* ★ 15 nos *omis* *F*, *G* ★ 19 efficietur *F*, *G* ★ spacio *F*, *G* ★ 23 Z^p *G* ★ en marge AE | Z^p *F* ★ 24 hyperbolam *F*, *G* ★ 25 NZ] ZN *G* ★ quodlibet] quodvis *F*, *G* ★ 27 Z pl^o *G*.

P. **94**. 1 cum *F*, *G* (*aussi* 19, 20) ★ 2 NMO] ipsi NMO *G* ★ *Fig*. 79. Dans *G* la courbe est tracée au crayon; au long d'elle il y a écrit au crayon le mot « Hyperbole » et dans la figure « 3^{tia} ». Dans *F* la courbe n'est pas tracée; ZI plus long que NR ★ 4 aut E aut A] vel ab *e*, vel ab *a* *G*; vel E, aut A *F* ★ adfecta *F*, *G* ★ 6 dp *G* ; D^p *F* (*aussi* 8, 14 et 15) ★ *en marge* D^p + AE ∞ R *a* + SE *F* ★ 9 Estingatur *F* ★ 11 après *reperiantur* on trouve dans *F* le texte des *Va* rapporté p. 419, avec la figure qui y appartient ★ erunt] et sint *G* ★ 16 et *omis* *F* ★ parallela ZI fiat æqualis R ; per punctum D *omis* *F* ★ 17 per punctum O *omis* *F*, *G* ★ 19 NZ ipsi *a* *G* ★ 20 ZI ipsi *e* *G*.

P. **95**. 1 D *pl.*] *dp* *G* ; D^p *F* (*aussi* 3) ★ 2 hyperbolem *F*, *G* ★ *Fig*. 80. Dans la figure de *G* la distance NO est indiquée par un *s*, VO allongé en bas au crayon, la courbe tracée aussi au crayon et allongée en bas et à droite ; au long d'elle il y a écrit au crayon « Hyperbole » et en haut « 4ta fig. ». Dans *F* il y a deux figures. L'une, dans le texte, ne reproduit pas la courbe; la lettre A se trouve entre O et V, près de O. L'autre figure, plus complète, se trouve sur une feuille séparée numérotée 76^a entre les feuilles 76 verso et 77 recto. Elle est tournée de 90 degrés (le point D en bas à gauche), la courbe y est tracée ; on a tiré des droites verticales par I et Y et ajouté R—E et A—S aux distances PI et ZO ★ 3 Rectangulum n (*lisez* nempe) *G* ★ æquetur *bc*, sumptoque *G* ★ 3-4 et ipsi VO ducta *G* ★ 4 VXY æquetur *b* *G* ★ 5 PV et VO *G* ★ describatur hyperbole *F* ★ quæ per *G* ★ 7 cum *F*, *G* ★ vel *omis* *G* ★ 8 e^2, vel cum a^2 est ad e^2 in ratione data *G* ★ 11 ex *a* *G* ★ ex *e* *G* ★ 12 rectam *omis* *G* ★ 14 NZ quadratum plus *G* ★ ad ZI *omis* *F*; ad ZI quadratum *G* ★ *Fig*. 81 et 82. Dans *F* ces figures sont confondues et les courbes ne sont pas tracées. Dans *G* on trouve la figure 82 en premier lieu ; on y a tracé la diagonale NI, au-dessous d'elle au crayon la courbe avec le mot « parabole » ; au crayon aussi une droite verticale RO (R sur la diagonale, O sur la droite NZ) et en haut « 5ta figura ». La figure 81 à gauche de la précédente; au long de la diagonale NI on a écrit à l'encre « recta linea » ★ 17 positione datam *G* ; datam *omis* *F* ★ 18 Sumatur n. (*lisez* nempe) *F*, *G* ★ quadrati ex *G*.

P. **96**. 2 satisfacit *G* ★ propositio *F* ★ 5 perquirere *F*, *G* ★ 12 parabolam *G*; parabolem *F* (*aussi* 15) ★ 12-13 *F ajoute :* constituantur NZ et ZI ad quemcumque angu-

(¹) Le fait qu'il y avait écrit d'abord DA et qu'on a barré ces lettres pour écrire *da* dans l'interligne, fait supposer que l'original de Van Schooten suivait la notation de Viète.

lum Z ★ *Fig.* 82 *voir ci-avant les Variantes de la page* 95 ★ 15 NZ] NP *G* ★ 16 IZ] IP *G, mais barré au crayon et écrite dans l'interligne* ★ NZ] NE *G*; *le* E *surchargé de* Z *au crayon* ★ *Au lieu de cette ligne F donne le texte des* Va *reproduit à la page* 420.

P. **97.** 6 applicata recta NP parallela *F*, *G* ★ *Fig.* 83. Dans *G* la courbe est tracée au crayon et allongée à droite; au long d'elle le mot « parabola » et en haut au crayon « 6ta fig. ». Dans *F* la courbe n'est pas tracée ★ 20 (*deux fois*) OI æquabitur *F*; ∞ *G* ★ NZ] NE *F*, *G*, mais dans *G* E surchargé de Z au crayon ★ quadrato *F*, *G* (*aussi* 21) ★ 22 latus rectum *G* ★ 26 Eoque $de - b^2 \infty a^2$ *G*.

P. **98.** 1 Similes *G* ★ ab *E* et *Aq. omis F*, *G* ★ 4 Si $b^2 - e^2 \infty^{\text{etur}}\, a^2$ *G* (Si *au crayon*) ★ *Fig.* 84. Dans *G* il y a deux figures : dans la première le cercle est tracé au crayon, au long le mot « circulus »; les lettres *a* et *e* (IZ et NZ) au crayon et la droite NI tracée par points au crayon; en haut « fig. 7ma ». Dans la seconde intitulée en haut au crayon « fig. 8va » le cercle est tracé partiellement au crayon. Dans *F* le cercle n'existe pas, la droite NM est allongée à gauche et à son bout la lettre O ★ 10 *Pas de parenthèses F, G* ★ 11 reducantur *F*, *G* ★ adfectæ *F*, *G* ★ 16 utrinque *F*, *G* ★ fietque *G* ★ 19 Ergo auferendo *S* et *D* quod utrimque fuerat additum *F*.

P. **99.** 5 Simili ratione *G* ★ 6 2 lib. Apollonii *F*, *G* ★ ellipsim *F*, *G* ★ 9 suiv. Il existe une figure ainsi dans *F* qu'en *G*, dont la dernière est la plus complète et ressemble le plus à la *Fig.* 86. Dans *G* on a complété l'ellipse en traçant la moitié gauche au crayon, comme celle du diamètre NM; au crayon aussi, on a écrit au long de la courbe « Ellipsis » et y dessus « 9na figura » comme les distances NZ et ZI sont indiqées par *a* et *e*. Dans la figure incomplète de *F* on a allongé le diamètre NM aussi à gauche, où on a placé à nouveau la lettre O, mais on n'a pas tracé la courbe, ni les droites NOR et ZO, tandis qu'on a supprimé les lettres *A* et *E* ★ 12 diametro *G* ★ N] Z *F* ★ centrum N *omis G* ★ 13 ellipsis centro N *G* ★ applicata *F*; recta *F* ★ parallela *F* ★ 18 Ad hanc æquationem *G* ★ 19 adfectionis *F*, *G* ★ 22 angulus] locus *G* ★ immisceantur] commisceantur *F, G* ★ 23 et] ex *G* ★ 27 hyperbolem *F*, *G*.

P. **100.** 1 hyperbola *F*, *G* ★ applicata *F* ★ 2 parallela *F* ★ una cum RO quadrato *omis F* ★ 3 ratione data *G* ★ 4 *Pas de parenthèses F*, *G* ★ *Fig.* 85. Dans *G* le rectangle ONIZ se trouve au-dessus de l'axe; la branche droite, au long de laquelle on a écrit « Hyperbole » est tracée fautivement; en haut : « 10 fig.[a] »; toute la figure au crayon. Dans *F* on ne trouve pas les lettres *A* et *E* ★ 7 in OI *F* ★ 8 NZ sive $a^2 + b^2$ *G*; NZ sive A^2 una cum B^2 *F* ★ 12 hyperbolem ★ 13 æquationem *F*, *G* ★ 14 et] vel *G* ★ adficiuntur *F* ★ 16 adfectionis *G* ★ 19 adficiantur *G* ★ 21 æquatur *F*.

P. **101.** 1 utrinque ★ 4 et R *F* ★ 6 MN] NM *G* ★ *Pas de parenthèses G* ★ NZ quadratum ★ 7 *Pas de parenthèses F*, *G* ★ *Fig.* 86. Dans *G* les droites NZ et VI sont marquées *a*, comme NM marquée *b*; la droite NI est tracée; toute la figure au crayon. Dans *F* les lettres *A* et *E* ne sont pas indiquées ★ 11 IZ *G* ★ NM *G* ★ 12 cum *F*, *G* ★ NM *F* ★ 13 toti] tota *F* ★ 19 NO] RO *F*, *G*; dans *G* le R surchargé de N au crayon.

P. **102.** 2 Le signe — *omis F* ★ 4 superius] supra *G*; superioribus *F* ★ 5 ellipsim *F*, *G* ★ 8 immiscebantur *G* ★ 13 lib. 1 Apollonii *F*, *G* ★ 20 spacio *G* ★ continget *G* ★ datum *omis G* ★ 21 ad *omis G* ★ practicem *F*, *G* ★ 23 habeant rationem datam *G*.

P. **103.** 2 NM] ZM *F*, *G* ★ 3 adplicetur *G* ★ *Fig.* 87. Dans *G* la figure (pour la plus grande partie au crayon) porte en haut : « 10 (*sic*) fig. ». Quant à *F* les mêmes remarques que pour *Va* (*voir* p. 421). Dans les deux figures on n'a pas tracé la droite NI et l'arc

OM ★ 6 RN, RM] NR, MR *G* ★ 9 præcocis] pecoris *F* ★ 10 non *omis F* ★ interesset *F* ★ rudia et simplicia] nobis *F* ★ 12 augescant *F* ★ 7-14 Cet alinéa est omis dans *G* (1) ★ 15 ISAGOGEM *F*, *G* (2) ★ *Les deux copies portent presque toujours* parabolem *et* hyperbolem, paraboles *et* hyperboles, parabole *et* hyperbole ★ 17 detegantur *G* ★ 18 supra dicto *F*, *G*.

P. **104**. 1 coarctanda] constanda *F* ★ 2 extra] ultra *F*, *G* ★ 8 explicatur] explicabitur *G* ★ 10 utraque] itaque *G* ★ pars æqualitatis *G* ★ potest] pars *G* ★ 13 cum *F*, *G* ★ (*aussi* 19) ★ 14 æquetur] sit *G* ★ 15 ergo *omis G* ★ 16 au lieu du texte on a ajouté au crayon : $a^2 + ba \infty be$, $a^2 \infty be - ba$ vel $a^2 \infty b$ in $c - a$ *G* ★ 17 parabolem *F*, *G* (*aussi* 25) ★ 20 æquotur] sit *G* ★ 22 æquabitur] ∞ *G* ★ 23 hyperbolem *F*, *G* ★ 25 dabitur] datur *F*. *G* ★ 26 synthesim *F* ★ 28 enim] n. (*lisez* nempe) *G* ★ adfectis *F*, *G* ★ 29 adfectis *G* ★ 31 quadrato-quadratis *F*, *G* ★ 32 *Aqq*] A^4 *F* ; a^4 *G* ★ *Bs* in *A*] B^5 in A *F*; $b^5 a$ *G* ★ *Zq* in A*q*] Z^p in A^2 *F*; $Z^p a^2$ *G* ★ æquetur] ∞ *G* ★ D*pp*] D^{pp} *F*; d^{pp} *G*. Ces notations se retrouvent dans le texte suivant.

P. **105**. 2 æquabitur] ∞ *G* (*aussi* 7, 12) ★ 3 homogenea ipsi *F*, *G* ★ 4 Cum *F*, *G* (*aussi* 9) ★ 8 parabolem (*aussi* 18) *F*, *G* ★ æquetur] ∞ *G* ★ 11 omnibus per *Zq*. divisis] erit *G* ★ 14 est *omis G* ★ datur positione *G* ★ 15 quæstiones] æquationes *G* ★ Vietæ] Vieta *F* ★ cap. 1° De emendatione æquationum *G*; cap. 1° De emend. *F* ★ *Pas de parenthèses F*, *G* ★ 17 adfectione *F*, *G* ★ 18 reliquisque *G* ★ 19 hyperbolem ★ 22 proport. *F* ★ sunt] sint *F*, *G* ★ 23 æqualis] ∞ *G*.

P. **106**. 2 æquale] ∞ *G* (*aussi* 4 *et* 19) ★ 5 quæstio *omis G* ★ intersectionem] sectionem *G*; sectione *F* ★ 7 quævis recta *G* ★ *Fig*. 88. Dans *G* la figure est tournée de 90° (le point O à gauche en haut), MV pointillé comme aussi la droite MA parallèle à ON; au long de MA on a écrit *a*, au long de OA *e* (pas chez VM); au long de la courbe MZ au crayon : *Hyperbole*, et au long de la courbe OM: *Parabole*; d'ailleurs à gauche de la figure deux droites verticales et parallèles en regard desquelles on a écrit *d* et *b*. Dans *F* les courbes ne sont pas tracées; les lettres *A* et *E* sont supprimées ★ 12 æquatur] ∞ *G* ★ 13 parabolem *F*, *G* ★ 14 et AO applicatæ *G*; et AS applicata *F* ★ parallelæ *omis F*, *G* ★ 15 parabole *F*, *G* ★ 16 secunda] prima *G*; 2ª *F* ★ 18 ubi] ut *G* ★ 19 ONZ] OVZ *F* ★ rect^{lo} *F*, *G*.

P. **107**. 1 dabitur] dabit ut *F* ★ 2 transit] transibit ★ 5 igitur sunt] sunt igitur *G* ★ mediæ proportionales *G* ★ per intersectionem] intersectione *G* ★ 7 quadrato-quadrata] quadrat. quad. *F* ★ extendente *F* ★ 9 æquabitur] ∞ *G* ★ 11 æqualitates] æquationes *G* ★ 12 Aq. æq.] $a^4 \infty$ *G* ; A^2 et *F* ★ D in A æq. Eq.] $b^2 da \infty b^2 e^2$; les b^2 aux deux côtés biffés; ajouté au crayon : $a^2 \infty be \mid a^2 \infty da$. *G*; *D* in *A* et E^2 *F* ★ 13 parabolem *F*, *G* (*aussi* 23) ★ 15 et 16 *omis G* ★ 17 climacticæ *omis F*, *G* sans qu'il existe une lacune ★ Vieteœ ★ 18-19 cubarum *G* ★ 23 cubicorum et quadraticorum per *G*; cubicorum, quadratoquadraticorum et quadraticorum, mais *quadratoquadraticorum* en marge *F* ★ 26 —] + ★ æquari] ∞ *G* ★ 28 æquabitur *Zs* in *A* + *Dpp*] $\infty d^{pp} - Zsa$ *G*.

P. **108**. 4 Addatur *F*, *G* ★ suplementum *F* ★ 7 —] +, mais corrigé en — au crayon *G* ★ æquale] ∞ *G* (*aussi* 10, 13) ★ 8 + *Zs* in *A*] — $Z^s a$ *F*, *G* ★ 11 æqualitatis

(1) On est incliné à croire qu'il a été ajouté par Fermat pendant la révision de l'écrit.

(2) Cet écrit fut imprimé aussi d'après une ancienne copie parmi les œuvres de Roberval (*Ouvrages de math. et de phys. par Messieurs de l'Académie royale des Sciences*, *Paris*, 1693, p. 133).

partibus G ★ 14 parabolem F, G ★ 16 $+\frac{Zs \text{ in } A}{Nq}+\frac{Dpp}{Nq}$ æquale Eq] $-\frac{Z^s a + d^{pp}}{n^2} \infty e^2$ G; $-\frac{Z^s \text{ in A} + \text{D}^{\text{PP}}}{\text{N}^2}$ F ★ 21 adficiantur G ★ 22 quadratoquadratæ F, G ★ 23 adfectione (*aussi* 25) G ★ erit *omis* F, G ★ 25 Cum F, G ★ æquationes] adfectiones G ★ quadrato] qd^to^ F, G ★ 27 quadratoquadratica] quadratoquadrata F, G ★ adficietur G ★ 29 curandum] observandum G.

P. **109**. 1 ex] et G ★ adfectionis G ★ 3 enim] n. (*lisez* nempe) F, G ★ 4 æquale Zpl in Aq] ∞ $\text{Z}^p a^2$ G ; ∞ Z^{pl} in a^2 F ★ Zs] Z^s F, G ★ 5 abs] ab F, G ★ 7 (*aussi* 9) Bq. in Aq bis] 2 A^2 in B^2 F; ${}^2b^2$ a^2 G ★ 11 æquale] ∞ G (*aussi* 15, 17, 28) ★ 13 et Zpl] $-\text{Z}^p$ G ; et Z^p F ★ 18 Z *plano*] Z^p G; Z^p F (*aussi* 21) ★ 19 adficeretur G ★ defectus] defectis G; deffectus F ★ hyperbolem F, G ★ 23 adficitur G ★ 26 æqualis] ∞ G, æq. F.

P. **110**. 1 utrinque F, G ★ 2 $\text{B}q$ in $\text{A}q$ bis (*la* 2*de* *fois*)] ${}^2\text{A}^2$ in B^2 F ★ 4 æquale ∞ G (*aussi* 6, 8) ★ 5 æqualitates æquentur G ★ 7 Parabolen] Parabolem F; Parabolam G ★ fiet istinc F, G.

MAXIMA ET MINIMA (p. 423).

I. — Leçons de G f° 6 v° à 7 r°, F f° 83 r° à 84.

Voir pour les notations de F et G ci-avant p. 160. Au lieu du coefficient écrit comme exposant à l'avant, on trouve cependant parfois dans F la notation abrégée (ainsi E'' au lieu de ${}^2E$ ou Ebis).

P. **133**. 5 maxima et minima F ★ 6 in notis] ignotis F, G ★ 7-8 *Pas de parenthèses* F, G (1) ★ 9 aut gradibus *omis* F, G ★ 10 prius esse terminus F, G ★ 13 maxima aut minima F ★ 14 *la première parenthèse avant* ab F, G ★ 15 vel ad elatiorem ipsius F ★ adficiuntur F, G ★ adplicentur G ★ elapsiorem F ★ 16 aliquid G

P. **134**. 1 adfectione G ★ utrinque F, G ★ sub *omis* F, G ★ 4 adfirmatis F, G ★ ultima F ★ æqualitatis] æquationis G ★ 5 quo cognito G ★ 8 rectamgulum F ★ maximum etc. G ★ 9 ipsius *omis* F, G ★ 11 B *omis* G ★ 13 $-A$ in E bis] $-{}^2ea$ G; $-{}^2E$ in A F ★ 17 adæquabitur] æquabitur ipsis G ★ A in E bis $+ Eq$] ${}^2ea - e^2$ G; A in $E'' + E^2$ F ★ 20 E] e igitur G ★ 22 Igitur] Ergo G ★ 23 dari] tradi G ★ 26 quibuscunque F, G.

P. **135**. 1 verbi gratia] v. g. F, G ★ 3 parabolam G ★ *Fig.* 92 verticale (les points B, O à gauche) ★ 6 CD] CP F (*aussi* 11) ★ 7 parabolem G ★ 12 Cum F, G ★ B] P F ★ 13 æqualis D] ∞b, mais b surchargé au crayon de d G ★ esse] ∞ G (*aussi* 14) ★ 16 proportionem] rationem F, G ★ 17 A in E bis] ${}^2ae$ G; A in E'' F ★ 19 D in A in E bis] ${}^2dae$ G; D in A in E'' F ★ 20 Adæquentur igitur iuxta superiorem methodum : demptis itaque communibus, D in Eq. — D in A in E bis *omis* F ★ D in A in E bis] $de^2 - dae''$ G.

P. **136**. 2 adæquabitur] ∞ G ★ D in A in E bis] ${}^2dae''$ (le coefficient au crayon) G; D in A in E'' F ★ 4 D in $E + Aq$ adæquabitur D in A bis] $de + a^2 \infty {}^2da$ (le coefficient au

(1) *Voir* aussi ci-après les leçons relatives à la page 153.

crayon) G; D in E'' adæquab. D in A'' F ★ 6 æquabitur] ∞ G (*aussi* 8) ★ A bis] a'' G; A^2 F ★ 8 D bis] d'' G; D″ F ★ 9 CD] CP F ★ 10 immo F (*aussi* 15) ★ 11 enim]. n. (*lisez* nempe) F, G ★ 15 proportionibus] proportione F, G ★ eis] ipsis G ★ 16 jam *omis* F, G ★ Domino] d[no] F, G.

II. — Leçons de G f° 7 r° à 7 v°; F f° 84 à 85.

P. **136.** 20 IA] MA G ★ 21 perpetuæ F.

P. **137.** 4 posset] possit F, G ★ 7 similibus] simibus F ★ paraboles G ★ *Pas de parenthèses* G ★ 9 parabola G ★ 12 baseos] basis F, G ★ 17 quæ] qua F ★ æquabitur] æquatur G ★ 22 quod idcirco G.

P. **138.** 1 petit. 9 F, G ★ 2 de æquipd cum F, G ★ 3 cavas F ★ 5 cum F, G (*aussi* 19) ★ 9 B in E bis] be'' G; B in E'' F (*aussi* 12 *deux fois*, 16 *deux fois*) ★ 14 esse] est G ★ 17 æquabitur] appellabitur G; applicatur F ★ 18 B in A in Eq bis] $ba^2 - e^2$, mais le signe — barré au crayon G; B in A in ${}^2E^2$ F ★ Bq in E bis] b^2e'' G; B^2 in E″ F.

P. **139.** 1 igitur] ergo G ★ 2 Bq. in E bis] b^2e'' G; B^2 in $E''F$ ★ 3 deductis F ★ 4 Bq in A bis — Bq in $E + B$ in A in E] b^2 in ${}^2a - b^2$ in $e - bae$ G; B^2 in${}^2A - B^2$ in E — B in A in E F ★ 6 *Le second terme est* e^3 G, E^3F ★ 7 utrinque F, G ★ 8 abs] ab F, G ★ adfecta F, G ★ 9 Bc bis] $2B^2$ F ★ æqualis] ∞ G ★ 17 quibuslibet] quibusdam G ★ parabolis] parabolicis G ★ 19 verbi gratia] v. g. F, G ★ 20 vaccat F ★ 22 proportionem ut G.

III.

Voir ci-après, p. 174-175.

IV. — Leçons de F, f°s 93 v° à 96 r°, qui a conservé les notations de Viète.

P. **147.** 8 (*titre :*) ANALYTICA EIUSDEM METHODI ([1]) INVESTIGATIO ★ 12 exinde] deinde ★ 13 quæ et ★ 14 proffligantur ★ 15 Maxima ★ minima ★ quod] quæ ★ 16 veteres] omnes.

P. **148.** 1 μοναχός] monachos ★ diffitetur] deffiteatur ★ 4 duas] duæ ★ 8 nec] et ★ 10 seconda] sectanda ★ 11 quod] quæ ★ 13 intercipiuntur] intercipientur ★ 14 alicujus] alterum ★ segmentum] sequentur ★ 26 quum] quoniam ★ divisionis] divisionum.

P. **149.** 1 divisionem omnino ★ μοναχή *omis* ★ 2 vel] non tam ★ fient quantitates *omis* ★ 4 Cum ★ 5 æquabitur] æquetur ★ 5-7 *Pas de parenthèses* ★ 17 Vietæ] Vietæam ★ 22 Ut] Et ★ 26 Et constat.

P. **150.** 1 practice] prattice ★ conveniens] commodum ★ 2 per] secundum ★ differentiam] differentias ★ 3 aplicatione ★ 10 Eq. in A ter] E in A *qu*. ter ★ 21 methodi prædictæ præceptis] superioris præceptis methodi ★ 23 sunt *omis* ★ dabit] abit in ★ 24 Cum ★ 27 ab E adfecta] ad E affecta ★ utpote] ut potest.

([1]) Dans le manuscrit cet écrit fait suite immédiate à celui imprimé au tome I (pages 158-167) sous le n° VI.

P. **151.** 2 novas] novam ★ species] speciem ★ 3 tacet] siluit ★ 4 propositione] propositio est ★ *Pas de parenthèses* ★ determinationem ipsi ★ 5 difficilem ★ 11 (*aussi* 13) +] — ★ 17 — Z in A in $Eq.$] + Z in A in $Eq.$ ★ 18 parte *omis* ★ 20 + Z in E in B in A] — Z in E in B in A ★ 22 — (seconde fois) *omis* ★ 23 — (première fois) + ★ + (première fois) —.

P. **152.** 1–2 La parenthèse avant *quod* se trouve dans le ms. avant *ut* ★ 6 $A-E$] AE ★ 7 enim] eins ★ 8 divisione admittenda ★ 10 —] + ★ 16 —] + ★ 17 quo] quâ ★ 19 æqualitatis] æquationis ★ prodet se quippe ★ 24 nimis ut] minus et ★ 26 tamen *omis* ★ dictum est] diximus ★ 27 peritioribus] provestioribus.

P. **153.** 1 pronunciamus ★ semper] veram ★ P. **133.** 7 *Pas de parenthèses* ★ 8 proposito] propositio ★ 11-12 gradibus *omis* ★ 12 ut loquitur Diophantus *entre parenthèses* ★ 13 minimæ aut maximæ ★ 15 adficiuntur ★ P. **134.** 1 adfectione ★ Elidantur deinde utrimque] Elisio dehinc utrinque ★ homogenea] homogeneis ★ 2 sub *omis* ★ involutis ★ et *omis* ★ 4 adfirmatis ★ P. **153.** 6 supersint ★ 7 pronuntient ★ 10 si ducantur] duo et.

V. — Leçons de *F*, f°s 115 v° à 117 r°.

On a adopté la notation cartésienne (*voir* ci-avant, p. 160), la racine carrée est indiquée par le signe $\sqrt{\ }$ et les mots *æqualis*, *æquatur*, *æquabitur*, etc. par ∞, mais il n'est fait aucune distinction entre les lettres géométriques et algébriques, qui sont toutes deux en majuscules.

P. **153.** 13 *En marge de la main du texte :* 21 avril 1644 ★ 14 asymmetriâ ★ 15 triplicatas] triplicitas ★ libeat] libet ★ 20 rectarum *om.* ★ 21 ponatur *om.* ★ esse] sit ★ 22 *latus* (B in A — A quad.)] $\sqrt{BA - A^2}$ *et ainsi de suite.*

P. **154.** 4 Quia vero ★ sunt nimium ★ Après *scansuræ* petite lacune avec la note : *figura præcedens*, c'est-à-dire *Fig.* 98, où la droite CD est tirée dans la partie gauche ★ 5-6 *Une parenthèse avant* Vietæam *et après ?* ★ 8 $A + \sqrt{BA - A^2} \infty$ o *et ainsi de suite* ★ 13 est instituenda ★ 18 Cum ★ 21 asymetriâ.

P. **155.** 8 dimid. B] $\frac{1}{2}$ B (*aussi* 13, 15, 17) ★ 19 B quad. $\frac{1}{4}$] $\frac{1}{4}$ B^2 ★ 21 B quad. $\frac{1}{8}$] $\frac{1}{8}$ B^2 ★ 26 Rectangulum AB] Rectangulum ABC.

P. **156.** 1 in BC *om.* ★ 5 AB in BC] ABC ★ 7 *O plano*] O^p (*aussi* 8) ★ 10 *O plani*] O^p ★ *Fig.* 99. Le cercle complet, AD vertical (A en haut), AB à gauche ★ 12 hoc in] huic ★ 15 sufficit] suffiecet ★ 19 ergo AD quad. *om.* ★ 21 ad quæ] quod ad ★ proportionem] rationem.

P. **157.** 2 B quad.] B ★ 5 minima] maxima ★ 8 maxima] minima ★ 11 deprimitur] deprimetur ★ 15 immò ★ 16 asymetrias ★ 19 resolvuntur] resolventur ★ 25 Si quæreretur ★ 26 hyperbola (*aussi* 29) ★ 27 hyperbolæ ★ *Pas de parenthèses.*

P. **158.** 1 tangat] tanget ★ 2 contactûs] contactuum ★ 3 hyperbola (*aussi* 5) ★ 4 hyperbolam ★ *Fig.* 100. La droite BD est tracée, la droite MB pointillée ★ 5 Cum (*aussi* 13) ★ 9 posito centro M *entre parenthèses* ★ *A la fin et de la main du texte :* Post hunc tractatum sequi debet tractatus quem ad te misi, cuius titulus : Novus sitandarum (*sic*) et ulterioris ordinis radicum in analyticis usus.

VI. — Leçons des manuscrits *F* et *G*.

F_1 = copie de Viviani à f°s 7 v° à 15 r° } du manuscrit de Florence.
F = copie de f°s 89 r° à 92 r° }
G = copie de f°s 10 r° à 11 v° du manuscrit de Groningue.

F_1 a conservé les notations de Viète et ressemble le plus au texte imprimé. *F* et *G* ont adopté la notation cartésienne, mais on y trouve parfois les produits indiqués par *in*, le plus souvent dans *F*. D'ailleurs *G* distingue entre les lettres géométriques (majuscules) et les lettres algébriques (minuscules) et indique la racine carrée parfois par $\sqrt{}$.

P. **158**. 15 *En marge de la main du texte :* Si crede del Sig^r Michelangelo Ricci Romano. — Anzi è di monsù Fermat stampata nelle sue Opere F_1 ★ 16 Titre *omis* F_1; DE TANGENTIBUS LINEARUM CURVARUM *F*, *G*; *F porte en marge :* Ad eamdem methodum ★ 18 maximæ] maximarum F_1; maxima *G* ★ minimæ] minima *G*.

P. **159**. 1 diorestícæ *G* ★ 2 Libri VII] lib. 7^{mi} F_1, *F*, *G* ★ 3 determinantur] terminantur F_1 ★ 5 speciffica s *F* ★ rectas tantum *F*, *G* ★ 7 consisum G ★ 8 sed tamen (legitimum) tandem] sed tandem *G*; sed tamen tandem F_1; sed tamen sufficiens *F* ★ repertum] retectum F_1 ★ 10 nempe] enim F_1 ★ 11 lubeat *G* ★ adplicata *G* ★ nuncupatur *G* ★ 13 speciffica m *F* ★ 14 et] ut *G* ★ 15 quæ monet] quod monstrat *G* ★ de maxima et minima] maximæ et minimæ *G*; de maximis et minima F_1 ★ 19 *cissoidis*] circoidis *ou* cirsoidis, *corrigé par autre main en* cissoidis F_1; Cessoidis *F* ★ 20 duabus] duobus F_1 ★ sectis *G* ★ 21 cissois] cirsois F_1; cessoris *F* ★ 22 circoidem F_1 ★ 23 secet] sen F_1 ★ CG] GC F_1 ★ 25 esse *E*] ∞ *e*.

P. **160**. Cum F_1, *F*, *G* ★ proprietate] proprieto *F*, *G* ★ cirsoidis F_1; cessoidis *F* ★ data] recta *G* ★ 12 latus (*Z* in *N* — *Z* in *E* + *N* in *E* — *Eq*.) *Pas de parenthèses* F_1, *F*; $\sqrt{zn - ze + ne - e^2}$ *G*, *qui a la notation cartésienne* ★ 13 Cum *F*, *G* ★ *Fig*. 101. *La lettre* U *est omise F*, *G* ★ 15 adplicatur *G* ★ 17 *Pas de parenthèses* F_1, *F*, *G* ★ *Eq*.] E^2F; e^2 *G* ★ *N* — *E*] *NE* *F* ★.

P. **161**. 1 asymetriam *F* ★ 2 *Eq*.] E^2 (*deux fois*) *F* ★ 3 *Nq* + *Eq*] $n^2 - 2ne + e^2$ *G* ★ *Rq* in *A* in *E* bis] R^2A^2E *F* ★ 4 *A* quadratum] a^2 *G*; A^2 *F*; *Aq*. F_1 ★ 5 extremis ex præceptis artis adæquetur ei *G* ★ 6 monet] monstrat *G* ★ 7 *Z* in *A* ter] *Z* in $3a$ *G*; *Z*3*A* *F* ★ *Z* in *N* bis] *Z* in $2n$ *G*; *Z*2*N* *F* ★ 8 igitur] itaque F_1 ★ 9 CA] A *G*, *F* ★ U] V F_1, *F*, *G* (*et ainsi de suite*) ★ recta *omis* F_1 ★ AC rectæ *G*, *F* ★ 10 applicetur et] applicatum F_1 ★ Iuncta FH] iuncta recta FH *G*, *F*; iunctaque DFeaF_1 ★ 11 cirsoidem F_1; cessoidem *F* ★ 12 etiam] et F_1 ★ 13 prolixior] proclivior *G*, *F* ★ 12 et 14 Nicomedæa F_1, *F*, *G* ★ 15 figura sequens] fig. seq. *G* ★ KG] KHG *G* ★ *G* porte à côté de la *Fig*. 102 au crayon : *Nota, Hæc figura duobus locis debet apponi* ★ 16 asimptotos F_1 ★ curvæ NE *G* ★ asyntoton F_1 ★ 17 in curva a quo ducenda sit *G* ★ est *omis* *F* ★ NBA] BA F_1, *F*, *G* ★ 20 curvæ] cur viz. (*lisez :* cur videlicet) *G*; curvâ *F* ★.

P. **162**. 1 paralella F_1 ★ 4 orietur] ponetur *F* ★ 6 procedat] prodeat *G* ★ 7 recta CA F_1 ★ vocetur *E*] sit *E* *F* ★ vocetur *Z*] sit *Z*, *G*, *F* ★ 9 Invenientur F_1, *F* ★ 10 ut dictum est *G* ★ 11 priore] priori F_1 ★ 12 iis] his *G*; hiis *F* ★ negocio *F* ★ Dominus] D^{nus} F_1, *F*, *G* ★ De Cartes *F* ★ 16 implicabuntur] implicantur *F* ★ 17 per] secundum *G* ★ Immò *F* ★ Asymmetria *F* ★ 18 causa] caussa F_1; causæ *F* ★ superiori F_1, *G* ★ 20 *Pas de parenthèses* ★ 22 monimus] monicimus *G* ★ propositio *F* ★ 23 (in margine :) *Cycloide F* ★ 24 cuius *omis G* ★ 25 quodlibet] quod est *F* ★

26 est ducenda *G* ★ 27 in]ad *G* ★ 28 est specifica *G* ★ RD]AD F_1 ★ 29 portionis *F* ★ applicata *F*.

P. **163**. 1-2 eadem ... naturæ *entre parenthèses* F_1, *F*, *G* ★ *Fig.* 103 *au lieu de* U : V *comme dans le texte suivant F*, *G*; *la droite* MC *tirée en crayon G*; la figure manque dans F_1 ★ 4 quæsita *omis G* ★ *Entre les lignes* 4 et 5 *G ajoute* : sic DB quæsita ∞ *a* ★ 5 æqualis]∞ *G* ★ 6 vocetur ∞ *d G* ★ 7 vocetur *R*]∞ *r G* ★ vocetur *Z*]∞ *z G* ★ data *omis F* ★ 8 vocetur *N*]∞ *n G*; sit *N F* ★ 9 vocetur *E*]∞ *e G*; sit *E F* ★ 10 EOUIN] OVIN F_1 ★ paralella F_1 ★ 13 NIOVE F_1, *F*, *G* ★ 14 adæquari] æquari *F*, *G* ★ propter curvæ proprietatem specificam quæ *G*; *pas de parenthèses F* ★ 16 minus]— F_1, *F*, *G* (*aussi* 17 *F*, *G*) ★ adæquari]æquari *F*, *G* ★ 19 asymetriam *F* ★ superiore *F* ★ 21 adjaceat *G*.

P. **164**. 1 fiat *F*, *G* ★ 6 triangulorum similitudinem *F*, *G* ★ 7 ipsi *omis F*, *G* ★ 8 igitur]ergo *G* ★ fiet]fit *F*, *G* ★ adæqualitas]æqualitas *G*; glitās *F* ★ 11 consistet adæqualitas inter *omis F*, *G* ★ 12 et]∞ *G*; } *F* ★ *R* in *A* in *E*]*rea G* ★ *B* in *N* in *A*] *nab G* ★ *D* in *A* in *E*]*dea G* ★ 13 Cum *F*, *G* ★ 14 æquetur]∞ *G* ★ 16 ex una parte *omis F*, *G* ★ æquatur]∞ *G*; { *F* ★ *B* in *N* in *A*]*nba G* ★ ex altera *omis F*, *G* ★ 17 comparentur nempe *F*, *G* ★ 18 nempe *omis* F_1, *F*, *G* ★ 20 ellisio *G* ★ Aequetur *omis F*, *G* ★ 21 cum]∞ *F*, *G* ★ 22 fiet igitur]Et fiet *F*, *G* ★ 24 *Constructio omis* F_1, *F*, *G* ★ Ad]An F_1.

P. **165**. 4 DC]DE *F* ★ 6 paralella BR F_1 ★ 7. En marge de la main du texte : *v'è errore* F_1 ★ nanciscuntur F_1 ★ 11 quadratariæ *G* ★ 13 MI]IM *G* ★ 15 ut IM ad MN ita portio quadrantis MD ad rectam NO F_1, *F*, *G*.

P. **166**. 1 Nicomedæa F_1, *F*, G ★ 2 Domini]Dni F_1, *F*, *G* ★ 3 excepta prima F_1 ★ *Pas de parenthèses* F_1, *F*, *G* ★ 4 possint F_1 ★ investiganda]invenienda F_1 ★ 8 in sequenti figura *omis* F_1 ★ 9 verb. g^{tia} *F*, *G* ★ *Fig.* 105 dessinée en crayon dans *G* à la fin de l'écrit, à droite BE horizontale (le point G en haut); la courbe tracée au delà du point G; le point M choisi entre H et G ainsi que N tombe entre B et D, le point F choisi entre H et A ainsi que D tombe entre N et A; les droites FK et MO ne sont pas tirées; il manque la lettre E ([1]). Dans *F* la conchoïde est tracée aux deux côtés de l'axe de symétrie BE, allongée vers droit et gauche, tandis qu'on a tracé au-dessous de EG l'asymptote de la courbe. Les droites HB, MN, HC, FD se trouvent dans la moitié gauche de la figure; EG, FK, OM n'y figurent pas ★ 12 enim].n.(*lisez* : nempe) *F*, *G* ★ punctum *omis G* ★ 19 cum *F*, *G* ★ formæ]formarum *G* ★ 20 verbi gratia] v. g. F_1, *F*, *G*.

P. **167**. 1 superiori F_1, *G* ★ 2 sumptum]punctum F_1 ★ 4 CB]HB *G* ★ 5 ea]ECA F_1 ★ statione]ratione *F*, *G* ★ ad B *omis G* ★ 7 *En marge*, *mais biffé* : hæc delenda *F* ★ maxima et minima F_1 ★ artificio]ædificio F_1 ★ 8 Domino]D. F_1, *F*, *G* ★ 10 et *omis* F_1 ★ possent *G* ★ et (2e *fois*) *omis* F_1 *G*, ★ curva data *G* ★ 11 asymptoti]asynthoti F_1.

VII. — Leçons du manuscrit *G* (f°s 20 v° à 21 r°).

P. **167**. 13 ad R. P. M. ★ 10° die Novemb. ★ 20 *entre* cylindri *et* similis *on lit entre parenthèses* : similis est rectangulo DEA plus dimidio qd^{ti} ex DE. Et omnibus duplicatis.

([1]) La construction de la tangente à la conchoïde de Nicomède d'après la méthode de Fermat fut insérée par Van Schooten dans ses Commentaires à la *Géométrie* de Descartes (éd. de 1659, p. 253-255).

P. **168.** *Fig.* 106. Le cercle complet, la droite DF verticale, F en haut. La droite par G parallèle à EF coupe le cercle en deux points I, desquels on a abaissé des perpendiculaires au diamètre, pointillés et nommés IN; les deux points I unis par des droites pointillées à A, le second aussi avec D; un troisième point I est pris plus proche de D, uni par une droite pointillée à A et à D et à nouveau tirée la droite pointillée IG, parallèle à EF, et IN perpendiculaire au diamètre ★ 11-12 concurrens ★ 13 Cum (*aussi* 25) ★ 16 ut *omis* ★ 26 rectarum] rectangulum.

P. **169.** 2 sectæ] diuisæ ★ *Après* minus *on ajoute :* vide in altera pagina (*où se trouvent les trois corollaires de la note* 1) ★ 8 quandoque] quandoquidem ★ 10 Cum ★ 12 quæstionem] propositum. ★ Les trois corollaires se trouvent à la fin de l'écrit en français sous les titres Notéz 1 (correspondant au Corollarium secundum), Notéz 2e (correspondant au Corollarium tertium) et Notéz 3e (au Corollarium primum). Le problème en question est traité par Roberval aussi dans la partie inédite de ses *Observations sur la composition des mouvements;* on trouve des extraits de son traité *De conis et cylindris sphæræ inscriptis et circumscriptis* aux pages 75-79 des *Hydraulica pneumatica*, etc. qui font partie des *Cogitata* que Mersenne publia en 1644.

TOME SECOND (1).

Lettre III (Variantes de *F*, fos 113 ro à 113 vo). — *En haut :* Extrait d'autre lettre du 3 juin 1636 ✶ Mon Révérend Père *om.* ✶ Les paragraphes **1** et **2** sont omis ✶ **3**, 1-3 Je vous enuoierois présentement la démonstration de l'hélice; mais ✶ 3 traittez ✶ 4-5 pour cela... véritable *omis* ✶ 4, 1 traitté ✶ exprès *om.* ✶ feray ✶ de] des ✶ 2 aussy ✶ 3 goust ✶ voicy ✶ peut-estre ✶ cette] celle ✶ ligne *om.* ✶ 4 le *om.* ✶ 6 Après AMN une lacune pour la figure et la note *deest* ✶ 7 quadratus ✶ Les lignes 9 et 10 *om.* ✶ 11 Pronuntiamus ✶ 13 *Pas de parenthèses* ✶ 14 Après le mot *spatii* une lacune pour la figure et la mention *deest* ✶ orti] ortum ✶ P. **14**, 2 et *om.* ✶ Les lignes 3-23 sont supprimées.

IX (Variantes de *F*, fos 97 ro à 97 vo, et *G*, fo 12 vo). — *En haut :* Extrait d'une lettre du 23 (*G* : 25) Aoust 1636 à Mssrs P et R *F*, *G* ✶ *F porte en marge l'annotation biffée :* Deleatur ista Epistola ✶ Messieurs *om.* ✶ Les paragraphes **1** à **6** sont omis ✶ **7** Les lignes 1 et 2 *om.* ✶ 3 Soit la parabole CAB ✶ 4 conoides] conois *F*, *G* ✶ parabolice *G*; parabolicus *F* ✶ Archimedææ *G*; Archimedæus *F* ✶ La figure est verticale (A en haut) ★ 6 circumvertatur] convertatur *F*, *G* ✶ conoides] conois *G*; conus *F* ✶ 8 nos] non *G* ★ vacabat] vacat *G* ✶ 9 immo *F* ✶ **8** les lignes 1 et 2 *om.* ✶ 3 mais *om.* ✶ plus que tout le reste est une] le plus c'est ma *F*, *G* ✶ 4 moien *F* ✶ trouve] treuvay *G* ✶ **5-9**, 3 l'invention Max. et Min. sans laquelle ie n'eusse jamais pû (*G* : peu) résoudre les questions suivantes *F*, *G* ✶ **9**, 4 et 6 Datâ sphærâ *F* ✶ 6 cylindrum inscribere *G*; inscribere *om.* *F* ✶ 6-7 omnium inscribendorum ambitu maximum] etc. ut in (*F* : de) Cono ★ 8 par] per *F*, *G* ✶ superficus conicus *F* ✶ 9 composé] compris *F*, *G* ✶ 10 à partir du mot *superficie* jusqu'au mot *superficie* à la ligne suivante le texte est omis dans *F* ✶ 13 cognoissance de *G*. ✶ Le paragraphe **10** omis dans *F* et *G*.

XIII (Variantes de *F*, fos 97 vo à 98 vo, et *G*, fos 12 vo à 13 ro). — *En haut :* Extrait d'une lettre du 22 Septemb. 1636 à M. R. *F*, *G* ★ *F porte en marge l'annotation biffée :* Deleatur et ista ★ Monsieur *om.* *F*, *G* ★ Le paragraphe **1** manque *F*, *G* ★ **2**, 1 de maximis et

(1) *Voir* la note à la page 501 de ce Tome second.

minimis, vous savez que]de Max^is^. ★ 2 vu]veu *F*, *G* (*aussi* 3) ★ M]Monsr *F*, *G* ★ 3 baillai] donné *G*; donnay *F* ★ sept] 7 *F*, *G* ★ estant *F*, *G* ★ 4 Bourdeaux *F* ★ 5 là *om. F*, *G* ★ ressouviens]souviens *F*, *G* ★ M]M^r^ *F*, *G* ★ aiant *F* ★ receu *F*, *G* ★ 6 proposiés *G* ★ 7 treuver *F*, *G* ★ auront] ★ avoient *F*, *G* ★ esgale *F*, *G* ★ 8 donnai] donné *G*; donnay *F* ★ M]M^r^ *F*, *G* *Après* Prades *le reste de ce paragraphe et* **3**, 1, 2 *supprimé F*, *G* ★ **3**, 3 en diversifiant un peu *jusqu'à* 13, 4° *supprimé F*, *G* ★ 13 Aux] aux *F*, *G* ★ ausquels *F*, *G* ★ *Le paragraphe* **4** *supprimé F*, *G* ★ *Le paragraphe* **5** *commence :* Par elle j'ay quarré plusieurs figures *etc.* ★ **5**, 4 comme si vous vous imaginés par exemple une figure *F*, *G* ★ 5 soyent *F*, *G* ★ 7 ce que au lieu *F*, *G* ★ 8 celle-cy *F*, *G* ★ 9 Mr Beaugran *G*; M^r^ B *F* ★ 11 i'ay demonstré *F*, *G* ★ mesme *F*, *G* ★ 12 haulteur *G* ★ Vous ... fallu]et il n'y a fallu *F*, *G* ★ 13 voye *F*, *G* ★ 14 et .... là *om. F*, *G* ★ **6**, 1 avés treuvé la *F*, *G* ★ 2 voicy *F*, *G* ★ *Fig.* 38 est verticale (B *en haut*) ★ 3 *Si*]*Sit F*, *G* ★ 3–4 cujus .... AF *entre parenthèses F*; AF]AD *F*, *G* ★ 4 speciei]species *F*, *G* ★ P. **74**, 1 axim *F*, *G* ★ 2 conum]conus *F* ★ in]et *F*, *G* ★ 11 aides]coydes *F* ★ 12 seruy *F*, *G* ★ circonscripts *F*, *G* ★ **7**, 1 obmis *F*, *G* ★ 2 servy *F* ★ particulièrement au lieu que j'avois treuvé (trouvé *F*) sy (si *F*) difficile *F*, *G* ★ 4 punctis datis *F*, *G* ★ 5 spacio *G* ★ 5-6 continget et *F* ★ Les lignes 3–6 soulignées dans *F* ★ 7-11 et **8** omis *F*, *G*.

XV (Variantes de *F*, f°s 98 v° à 99 r°, et *G* 13 r°). — *En haut :* Extrait d'une lettre du 4e Novemb. 1636. *F*, *G*; M. R. *G*; M. Roberval *F* ★ *F porte en marge l'annotation biffée :* deleatur et ista ★ Monsieur *om. F*, *G* ★ *Les paragraphes* **1**, **2**, **3** et **4** *omis F*, *G* ★ **5**, 1 envoyeray *F*, *G* ★ aussi une autre fois *om. F*, *G* ★ 2 pour le trouver *om. F*, *G* ★ 3 scaurez *F*, *G* ★ celuy *G*; celluy *F* ★ du demi-conoïde *jusqu'à* 5 celui *om. F*, *G* ★ 7 ou]Or *G* ★ 8 *pas de crochets F*; de son diamètre *om. G* ★ 8–9 *pas de crochets F*, *G* ★ 9 d'embas *G* ★ celuy *F*, *G* ★ 10 mesme (*deux fois*) *F*, *G* ★ Les paragraphes **6**, **7** et **8** supprimés *F*, *G* ★ **9**, 1 i'ay *F*, *G* ★ 2 car *om. F*, *G*. ★ voicy *F*, *G* ★ exclud *G* ★ laquelle]que *F*, *G* ★ 3 i'ay coppiée (copiée *F*) *G* ★ vériffier *F* ★ peut-estre *F*, *G* ★ moy *F*, *G* ★ auray failly *F*, *G* ★ je vous l'écrirai la première fois]je vous le manderay *F*, *G* ★ P. **87**, 3 Primum]1um *F*, *G* ★ 4 visum fuerit]apparuerit *F*, *G* ★ *Fig.* 45 *à gauche de* H *la lettre* G; *dans G la tangente* BV *est allongée en crayon et coupe* AF *en* O, *mais ce point se trouve, à cause de la défectuosité de la figure entre* A *et* H ★ 5 FIB]FB *G* ★ 6–7 demittatur BD *G* ★ 7 BFI]FBI *F*, *G* ★ 8 ID] HD *F*, *G* ★ 10 *om. F*, *G*.

XVIII (Variantes de *F*, f° 99 v°, et *G*, f° 13 v°). — *En haut :* Extrait d'une lettre du 16 Decemb. A° 1636 à Mr R. *F*, *G* ★ *F porte en marge l'annotation :* deleatur ★ L'extrait ne se rapporte qu'au paragraphe **8** ★ **8**, 1 Au reste *om. F*, *G* ★ de ce *om. F*, *G* ★ treuvé *G* ★ P. **95**, 1 supposé]ie suppose *G* ★ que aux *G* ★ 2 segments *F*, *G* ★ entr'eux *F*, *G* ★ 3 mesmes *F*, *G* ★ vray aussy qu'estant *F*, *G* ★ tournés *G* ★ 4 diuisée *F*, *G* ★ 6 voye *F*, *G* ★ dont]que *G* ★ j'ay *F*, *G* ★ un exemple *om. G* ★ M. de Beaugrand]Mr B. *F*, *G* ★ 7 ie mettray *F*, *G* ★ j'ay treuvé *F*, *G* ★ 8–9 s'il vous plait *om. F*, *G* ★ 9 tireray *F*, *G* ★ 10 malaysé *G* ★ treuver *G* ★ 10–11 treuverez *G* ★ 11 vienent *F*, *G* ★ 12 comme des *G* ★ quarre-quarréz *G*; quarrés-quarrez *F* ★ quoy *F*, *G* ★ baillés *F*, *G* ★ 13 parabolis]parabolicis *G* ★ quadrato Cubis *G* ★ 14 methodum *F* ★ conoideôn]conoidum *F*, *G* ★ 16 ex tua]extra *G* ★ Le reste du paragraphe est supprimé *F*, *G*.

XXXV (Variantes de *F*, f°s 107 r° à 110 r°, et *G*, f°s 17 v° à 19 r°). — *En haut :* Extrait d'une L. du 22e Octobre 1638 au R. P. M. *F*, *G* ★ *F porte en marge :* Deleatur ★ Le paragraphe **1** est omis *F*, *G* ★ **2**, 1 ie satisferay *F*, *G* ★ 2 parallèle *omis G* ★ fasse]face *G* ★ 3–4 qu'il a paru *F* ★ 4 M. de Roberval]M^r^ R, *G*; Mr Roberval *F* ★ n'ai]n'ay *F*, *G* ★

encor veu *F*, *G* ★ 5 M]M^r *F*, *G* ★ servi]servy *F*. *G* ★ 7 miraculeux]merveilleux *F*, *G* ★ 8 asymetries *F* ★ *Après* fin *dans F un espace resté en blanc pour la figure*, *avec la note en marge* deest ★ 12 quel]quelque *G* ★ preniés *F*, *G* ★ P. **170**, 1 OS]OR *G* (*deux fois*) ★ égal]égale *G*; esgal *F* ★ deus *G* ★ 2 *toute la ligne omise G;* soubs *F* ★ esgal *F* ★ 3 costé *F*, *G* ★ fasse]face *G* ★ 4 égal à]par exemple *G*; esgal à *F* ★ *Fig.* 71. Dans *G* il y a tracé une droite RD partant de R et parallèle à SD ★ 6 égale à *omis G*; esgalle à *F* ★ 7. La formule s'écrit dans *G* : $\frac{{}^2b^3 - d^3}{zb - {}^3d^2}$; dans *F* : $\frac{{}^2B^3 - D^3}{ZB - {}^3D^2}$ *et mêmes notations cartésiennes ensuite pour les deux manuscrits* (dans *G* le coefficient comme exposant en avant du produit, dans *F* à la place qui lui convient directement; *dans F lettres majuscules*) ★ 8 sy *G* ★ estoit *F*, *G* ★ embas *G* ★ égale à]∞ *G*; esgalle *F* ★ 12 inconnue]incogüe *F* ★ 13 OD]OD ∞ ★ *G* 15 demy-droit *G* ★ 16 esgales *F*, *G* ★ 17 soit égal à]∞ *G* ★ 18 sera égal à]∞ *G* ★ *Aq*. in E ter]$A^2 - 3E$ *F* ★ P. **171**, 2 est égal à]∞ *G*; est esgal à *F* ★ *Les lignes* 4-6 *sont remplacées dans G par l'équation* ${}^3e^2 - za \infty ze - 3a^2$ ★ 4 esgal à *F* (*aussi* 6 et 8) ★ 8 *Eq*.]${}^3e^2$ *G* ★ 9 avons]aurons *F*, *G* ★ *ellipsim F*, *G* ★ 12 second *omis G* ★ 13 pourres *F* ★ 14 esgal *F*, *G* ★ voudres *F* ★ 15 mesme *F*, *G* ★ proportion]raison *F*, *G* ★ 17 advis *F*, *G* ★ asses *F* ★ tegmoigner *G*; tesmoigner *F* ★ 18 scay *F*, *G* ★ **3**, 1 *Roullette F* ★ loing *G* ★ mistere *F* ★ 3 ceste *F*, *G* ★ m'eschapper *F*, *G* ★ scaurez *F*, *G* ★ mesme *F*, *G* ★ 5 portions]points *G* ★ P. **172**, 1 aussy *F*, *G* ★ 3 leurs diametres *F*, *G* ★ **4**, 1 ay desia *F*, *G* ★ veoir *G* ★ roullette *F* ★ voicy *F*, *G* ★ 2 le]la *G* ★ circonscript *F* ★ 3-4 envoyay *G*; envoiay *F* ★ M. de Roberval]Mr Roberval *G*; Mr de Roberval *F* ★ *L'ovale de Fig.* 72 *ressemble dans G à une ellipse. On n'y a pas biffé la note erronée :* Cette figure de Roulette appertient à la lettre précedente (*du* 5 *août* 1638) ★ 5 soit descrit *F*, *G* ★ le]la *F*, *G* ★ 6 couppé *F* ★ par les deux diametres a angles droits *G* ★ 7 NU]NRT *G*; NV *F* ★ 8 OU]OV *F*, *G et aussi dans le suivant au lieu de* U *un* V, *qui se retrouve dans la figure* ★ esgal *G* ★ demy *G* ★ 10 esgale *F*, *G* ★ 12 BC]BE *F* ★ **5**, 1 voicy *F*, *G* ★ 2 un' autre *F*, *G* ★ 3 mesme *F*, *G* ★ 4 esgale *F*, *G* ★ de la *G* ★ 4-5 l'appliquée esgale à la portion de parabole EA *F*; FG∞EA *G* ★ P. **173**, 1 focus]foyer *G* ★ 2 ainsy que *G*; ainsy *F* ★ **6**, 1 aisez *F*, *G* ★ 5 sy *G* ★ voules *F*, *G* ★ veoir *G* ★ 6 Mr de Rob. *F*, *G* ★ sy *F*, *G* ★ 7 M]M^r *F*, *G* ★ 5 que l'on]qu'on *F*, *G* ★ mesme *F*, *G* ★ 6 marquée une]imaginée un' *F*, *G* ★ 7 mesme *F*, *G* ★ MB]MA *F*, *G* ★ 8 soyent *G* ★ moiennes *F* ★ 9 AB]BA *G* ★ 10 treuver *G* ★ 12 voules *F* ★ 13 elipse *F* ★ consents *G* ★ 14 croyiez]croyez *F*; voyez *G* ★ donneray *F*, *G* ★ 15 asymetrie *F* ★ **7**, 1 encor *G*; encores *F* ★ P. **174**, 1 semble être]qui est tres *G*; qui est *F* ★ l'estriviere *G*; l'esniviere *F* ★ 2 i'ay *F*, *G* ★ treuvée *G* ★ 3 *superfitiem G* ★ 4 que]qu' *G* ★ aprez *F* ★ treuvé *G* ★ satisface *G* ★ 5 d']de *F* ★ *Après* exemple *F a un espace blanc avec la note :* deficit figura ★ 6 donnéz *F*, *G* ★ treuvé *G* ★ quel]quelque *G* ★ 7 superfitie *G* ★ quarrez *F* ★ 8 esgaux *F*, *G* ★ espace]space *F* ★ 9 au centre *G* ★ descrivés *G*; descrivez *F* ★ 12-15 *omis F*, *G* ★ **9**, die]dise *F* ★ treuver *G* ★ 2 voye *F*, *G* ★ 3 du]de *F*, *G* ★ Galland *G* ★ 4 cerché *G* ★ 5 elipse *F* ★ *Après* coniques *F a un second espace blanc et la note* deest figura ★ P. **175**, 1 costé *F*. *G* ★ incognu *F* ★ *Fig.* 76 *manque dans G* ★ 2 *B*]*b G* ★ est une *G* ★ incognüe *F* ★ 5 DN]DX *G* ★ 8 esgale *F*, *G* ★ aurons]avons *G* ★ 9 *Aqq*.] *A F* ★ égal à]∞ *G*; esgal à *F* (*aussi* 11) ★ 12 treuver *G* ★ 14 cognüe *F* ★ costé *F*, *G* ★ Z]*c G*; *C*, *F* ★ cognu *F* ★ 15 celuy cy *F*, *G* ★ 16 costé *F*, *G* ★ celuy cy *G*; celluy cy *F* ★ 17 ainsy *F*, *G* ★ une]un' *F*, *G* ★ 19 faite]facile *F*, *G* ★ 20 en]a *F*, *G* ★ n'ay *F*, *G* ★ 21 le *omis F* ★ *Au lieu des paragraphes* **10** *et* **11** *on lit dans les deux manuscrits :* Ces deux vers suivans sont a la fin de la lettre (*suivent les lignes* **11**, 4 et 5).

SUPPLÉMENT AUX TOMES I-IV.

I. — LA SPIRALE DE GALILÉE.

P. **17.** 6 E, *p, q*]EP9 ✶ 7 E, *l, m*]ELN ✶ 8 E, 11, 12]E 14 15 ✶ 11 ordo]ordro ✶ 15 *f*E*g*]fEG

P. **18.** 12 169]269 ✶ sic]sit ✶ 13 E, *m*]EM ✶ 18 tertium]3[um]

II. — LA CHUTE DES GRAVES.

P. **36.** 11 et si hæc non placeat aliam dabimus *écrit en marge et précédé d'un signe d'intercalation qui est reproduit dans le texte après* repugnantem; *pas de parenthèses* ✶ 15 celeritas]celeritatem ✶ 19 numquam — 20 in punct.

P. **37.** 2 gratiâ]grat. (*aussi* 11) ✶ 11 puncto]punct. ✶ *La seconde parenthèse se trouve après* E *lin.* 11 ✶ *Le signe d'interrogation manque* ✶ 20-21 *Pas de parenthèses* ✶ 26 AF]A*f*; *le minuscule se retrouve dans la figure* 10. ✶ 27 F]*f* (*aussi* 29).

P. **38.** 1-2 verbi gratia]verb. grat. (*aussi* 4) ✶ 13 F]*f* (*aussi* 16, 19, 21, 22, 25, 26) ✶ 7 AF]A*f* (*aussi* 10, 13, 17) ✶ 27 Galilæo]Galilæi.

P. **39.** 6 figura]fig[a] ✶ 10 propositio]prop.

P. **40.** 3 puncto]punct. ✶ 7 primò]1° ✶ 9 gratiâ]grat. ✶ 23 punctum]punct. ✶

P. **41.** 3 punctum]punct. (*aussi* 5, 10, 19) ✶ puncto]punct. (*aussi* 4, 5, 9, 16, 22) ✶ 8 *Pas de parenthèses* ✶ 17 propositio]prop. ✶ 20 figura]fig.

P. **42.** 3 puncto]punct. (*deux fois, aussi* 25, 26) ✶ 4 propositionem]prop. ✶ 5 verbi gratiâ]verb. grat. ✶ 6 figura]fig. ✶ 20-21 punctum]punct.

P. **43.** 3 proprior (*aussi* 4).

III. — POINTS D'INFLEXION DE LA CONCHOÏDE DE DROITE.

P. **45**. *Titre :* Extrait d'une lettre de M^r R du 22 novembre A° 1636 *F*, *G* ✶ *F porte en marge :* deleatur ✶ 2 ie *omis F* ★ *Fig.* 15 *ne se trouve pas dans G*; *celle de F est défectueuse* ✶ 11 convexe en dedans]convexe en dehors *G*, *mais* convexe *barré et* concave *écrit dans l'interligne au crayon.*

IV. — EXTRAITS DE LA CORRESPONDANCE DE GALILÉE SUR LA SPIRALE ET LA CHUTE DES GRAVES.

N° **3**. Texte italien. P. **56**, 12 circa le spirale]*une des copies porte* la spirale ✶ P. **59**, 15 partendosi]partirsi (*tous les deux copies*) ✶ P. **63**, 5 ad]da (*tous les deux copies*).

Texte français. P. **51**, 3 mouvement *entre parenthèses* (*aussi* 15) ✶ P. **53**, 8 la ligne parabolique qui est la perpendiculaire au centre va tousjours de plus en plus s'esloignant de l'essieu ✶ P. **55**, 9 la haute horizontaulx, *mais peut-être le x final suscrit d'une autre lettre* ✶ P. **61**, 3 FG]fg.

V. — MÉTHODE DE MAXIMIS ET MINIMIS.

G fol. 7 v°-f° 9 v°; *F* f° 85 v°-88 r°.

(*G* a adopté la notation exponentielle; les coefficients au commencement des termes comme exposant en avant. *F* a aussi la notation cartésienne, sauf les exceptions mentionnées aux pages 73-74.)

P. **74**. *En haut :* Hæc sequentia Latine vertenda sunt. *F* ★ *titre :* Touchant la mesme méthode *F*, *G* ★ 4 quelque]quel *F* ★ 8 en notes]et notez *G* ★ *B*]*b G*, *qui a toujours des lettres minuscules pour les lignes algébriques* ★ 9 faudra]faut *F* ★ 12 de (*première fois*) *omis F* ★ 14 *A* in *Eq*. ter — *Aq*. in *E* ter]*a* in 3*e G*; *A* in 3E² — A² in 3E² *F* ★ 20 παρισότης *G* ★ peut] veut *G*

P. **75**. 1 et *omis G* ★ 4 homogenees *F* ★ 10 Adæqualitatem]ad æqualitas *F* ★ 12 *Aq*. ter]3*a G* ★ 18 plus *omis G* ★ 21 quæ adficiuntur ab *E entre parenthèses F* ★ 22 *B* in *A* bis]*ba G* ★ 26 *B* bis]*b G* ★ sera esgal à]∞ *G*

P. **76**. 7-8 qui peuvent *jusqu'à* ce soit]etc. ★ 10 Appollon *F* ★ 12-13 et ie *jusqu'à* difficiles *omis G* ★ 21 à la question *omis F* ★ 23 proportion]question *F*, *G* ★ 25 ie *jusqu'à* 1, P. 77, soit *entre parenthèses* ★ 26 conioint *omis G* ★ 27 minimes *G* ★ Père] P *G*

P. 77. 1 il] et *F* ★ 3 droitte] ligne *G* ★ 8 donnée *omis G* ★ 9 s'appelle *omis F* ★ donnée ∞ *G*, *G* ★ 15 proportion] proposition *F* ★ 22 avec] à *G*.

P. 78. 1 quatriesme] 4e *F* ★ 2 second] 2e *F* (*aussi* 14) ★ troisiesme] 3e *F* (*aussi* 17) ★ 6 quatriesme] dernier *F* ★ 16 *le dernier terme manque dans G* ★ 19 *B* in *Z* in *G* in *A*] *bzea G* ★ 23 le *omis G* ★ ces] les *G*

P. 79. 3-7 *omis dans G* ★ 10 ∞ *G* ★ 14 nous *omis G* ★ 15 treuuer *omis G* ★ 22 comme quoy ie *F*

P. 80. 2 qui est *omis G* ★ 5-6 entre le point V pris a discretion entre le point O *F*, *G*

P. 81. la *omis G* ★ 4 quarré de VM *G* ★ 5 raison] proportion *F* ★ 9 esgale à] ∞ *G* ★ 12 en notes *omis F* (*aussi* 14) ★ 15 aura] a *G* ★ raison] portion *F* ★ 24 +] — *G*

P. 82. 1 restera a *G* ★ 7 costé *omis G* ★ 11 esgal à] ∞ *G* ★ 17 ZO — ON à ON ainsy *omis F* ★ 20 reviennent] revient *G* ★ 23 premier] 1ier *G*.

P. 83. 1-2 mieux en faire paroistre *G* ★ 3 centres de gravité, asymptotes et autres *F* (1) ★ me] en *G* ★ 4 *en marge :* quæ sequuntur usque ad finem paginæ delenda sunt *F* ★ 11 qui] qu'il *G* ★ quels] quel *G* ★ 12 les autres mesmes *F*.

VI. — MÉTHODE DE MAXIMIS ET MINIMIS.

Variantes de *G*, f° 12 r°, et *F*, fos 96 r° à 97 r°. — *En haut :* Extrait d'une lettre du 15 juin 1638 (*G porte* 1636) au R. P. Morsenne (*F porte* R. P. M., *mais en marge de la main appostillatrice :* Reverend Pere Mersenne, *et d'ailleurs :* delenda hæc epistola). P. 84, 1 recu *F* ★ Roberval] R. *F*, *G* ★ 3 investigatione] inventione *F* ★ P. 85, 1 répondray *G* ★ 5 mesgarde *F* ★ 7 au dit] aus *G* ★ 8 i'envoyais *F* ★ Beaugrand] B *F*, *G*; *G porte en marge :* B. sig<nifie> Beaugrand ★ 9 trois] 3 *F* ★ 11 Ce] et *F* ★ veriffier *F* ★ 12 Beaugrand] B *F*, *G* ★ 14 si on *F* ★ 15 beaucoup de] plusieurs *F* ★ 17 de Maxis etc. *F* ★ 20 Monr Decheartes *G* ★ 21 trouver *F* ★ 23 ne reste *G* ★ 24 premier] 1ier *G* ★ 25 syntese *F* ★ P. 86, 2 des moindres] de moindres *G* ★ des centres] de centres *G* ★ 4 voir *F* ★ 6 ne *omis F*, *G* ★ 8 1° *omis F*, *G* ★ 10 eiusmodi] hujusmodi *F* ★ 11 etiamsi *précédé d'une parenthèse F* ★ 15 reciprocas] reciproce *F* ★ 16 centrum] rectum *G* ★ 17 preuvent] peuvent *F* ★ 19 que ayant *F* ★ 20 sa] la *G* ★ 21 des quarrés] qui quarre *F* ★ 22 M. Roberval] Mr Roberval *G*; Mr R. *F*.

(1) *Cf.* Tome I, page 147 note (1). Il est question de la recherche des asymptotes par la méthode de Fermat dans l'écrit de 1640 (t. I, p. 167), dans la lettre de Fermat à Cavalieri de 1642 (t. I, p. 195-196), au lieu reproduit au t. I, p. 152, et dans la lettre de Torricelli du 12 mars 1645, ci-avant, page 139. Cependant nous avons conservé la leçon du manuscrit *G* et non celle de *F* (et par conséquent de l'impression de 1679), cette dernière rédaction étant due sans doute à une intercalation postérieure de Fermat, qui rend d'ailleurs ici le texte moins clair et moins précis.

VII. — QUADRATURE DES ROULETTES ET CONSTRUCTION DES TANGENTES.

I. (Variantes de *G*, f°s 16 r°–16 v°, et *F*, 103 v°–105 r°). — *En haut :* Extrait d'une lettre au R. P. M. *F*, *G*; *F porte aussi :* Deleatur ✶ P. **88**, 2 Roberval]R. *F*, *G* ✶ 5 figure]fig. *F*, *G* ✶ 8 AF est perp. sur PR et le *G* ✶ P. **89**, 4 en]dans *G* ✶ 5 duquel *omis G* ✶ 7 est esgale à]∞ *G* ✶ la ligne *omis F* ✶ 8 demy-*omis G* ✶ 9 PF]BF *F* ✶ 12–14 et ainsy *jusqu'à* du cercle JA *omis G* ✶ 14–15 de la *jusqu'à* de mesme *omis G* ✶ 18 AB, BC, CD, DE, EF. Et ensuite des points]est B, C, D, E, F, et desdicts *G* ✶ 22 PF, EY, DX, CV, BT, AQ à toutes les lignes *omis F* ✶ 26 aux]autres *F* ✶ DH]DK *G* ✶ P. **90**, 1 IA, KA]etc. *G* ✶ 2 CI, BK]etc. ✶ 4 DX, CV, BT, AQ]etc. *G* ✶ 7 à BK, CI etc. *omis F* ✶ 8 FGA]AFGA *F* ✶ 9–10 première]1re *G* ✶ 11 seule]seulement *G* ✶ 14-15 CV, BT, AQ *omis G* ✶ 15 IA, KA]etc. ✶ 17 VC, BT, AQ *omis G* ✶ 18 HA, IA, KA *omis G*; IA, KA *F* ✶ 19 etc. *omis G* ✶ 23 paralogismes *G* ✶ 24 etc. *omis G* ✶ IH, etc. *omis G* ✶ 27 etc. à l'infiny *omis G* ✶ 28 Roberval]R. *F*, *G* (*aussi* P. **91**, 2) ✶ P. **91**, 3 etc. *omis G* (*deux fois*) ✶ 6 etc. *omis G* ✶ seroient]seroit *G* ✶ 7 etc. *omis G* ✶ 8 droites]lignes *G* ✶ 11-12 PAF *jusqu'à* PAR]et le rectangle PS à toute la figure *G* ✶ 16 estendre]entendre *G* ✶ 17 croys *G* ✶ 18 M. Roberval]Mr R. *F*, *G*.

II. (Variantes de *G*, f°s 16 v° à 17 r°, et *F*, 105 r° à 106 v°). — *En haut :* Suite du mesme sujet d'une (*F* : dans une) lettre du 27 juillet 1638 (*F ajoute :* R. P. M. *et* Deleatur ✶ P. **92**, 1 Roberval]R. *F*, *G* ✶ 3 refute]reffuge *F* ✶ 5 retraite]retracte *F* ✶ 12 générallе]agréable *G* ✶ 19 prouver]premier *G* ✶ P. **93**, 4 IC]IO *F* ✶ les dites lignes *omis F* ✶ 5 feront]seront *G* ✶ 6 font]sont esgales à *G* ✶ 10 deux]2 *F* ✶ 11 prise]passe *G* ✶ 20 ne *omis F* ✶ 22 Roberval]R. *F*, *G* (*aussi* P. **94**, 2) ✶ P. **94**, 8 sur le plan *omis G* ✶ 9 une]un *F* ✶ 12 que soit cett']soit l'*G* ✶ 16 roulement] mouvement *G* ✶ 17 circonvolution]convolution *F* ✶

III. (Variantes de *G*, f° 17 r°, et *F*, f°s 106 v° à 107 r°). — *En haut :* Extrait d'une lettre du 5 Aoust 1638 au R. P. M. *F*, *G*; *F ajoute :* Deleatur ✶ P. **96**, 1 Roullette *F* ✶ (*aussi* 6) ★ Roberval]R. *F*, *G* ★ 2 advoue *F* ★ tiró]tirée *F* ★ P. **97**, 1 trouver *F* ✶ 8 BD]DB *F* ★ *en marge gauche la note erronée :* La fig. est en bas de la page suivante (*cf.* la leçon ci-avant, p. 171 relative à la P. **172**, **4**); puis barré. ★ 10-11 de CD *jusqu'à* etc. *omis G*.

VIII. — EXPOSÉ DE BEAUGRAND.

P. **102**, 3 Cher ami]C. A. ★ 5 Cartes]C. ★ P. **103**, 5 proposition]p. ★ *les accolades et les termes* hh *manquent toutes les deux fois* ★ P. **104**, **4** proposition]p. ★ 7–9 comme **2** BD à DE, ou bien si BD est à DA *omis* ★ P. **105**, 5 proposition]prop. ★ 8 Cartes]C. (*aussi* P. **106**, **11**; **108**, **12**; **111**, **1**) ★ P. **107**, 2 CS]CB ★ *La figure* 28 *porte à droit un trait horizontal, au-dessus duquel il y a écrit :* d ★ 10-13 *La seconde* *accolade et le chiffre* o *manquent* ★ P. **110**, 3 *dde*]*dd* ★ 13 i'ay remarqué] ie remarqué ★ P. **111**, 19 IM]*D'abord* LM, *puis ces deux lettres barrées et en marge* IM ★ La figure 30 se retrouve ici (fol. 160 v°) en haut de la page ★ 20 2me proposition] 2 prop. ★ P. **112**, 3 IA]*D'abord* LA, *barré et en marge* IA ★ 10 2*koo*]*koo* ★ 18 3me]3 ★ P. **113**, 11 4me]4 ★ 18 Cher Ami]C. A.

IX. — PROPRIÉTÉ DE L'ELLIPSE.

Dans le texte imprimé ci-avant on a restitué les mots *quarré* et *rectangle* au lieu des petites figures géométriques dont s'est servi le copiste.

P. **117**, 12 proposition]prop. ★ P. **118**, 6 le quarré γδ *bis*]²□γδ ★ 21 triangle]Δ gle (*deux fois*) ★ Eξθ]Eξη ★ 22 ξη plus grand de

X. — MÉTHODE DE MAXIMIS ET MINIMIS.

(Leçons de *F*, f°s 113 v° à 115 r°.)

P. **121** (*titre :*) Extrait d'une lettre du dernier May 1643 ★ *en marge :* A M^r^ Br ★ 1 minima]min^a^ ★ 4 par ex. ★ P. **122**, 5 Pappus]Papp. ★ 16-17 par ex. ★ 28 dict] d'★ P. **123**, 13 par ex. ★ 21 l'ex. ★ P. **124**, 15 $BA^2 - A^3$ *omis* ★ 16 et que *omis* ★ 26 cet ex. ★ P. **125**, 5 BE^2]BE ★ 16 est moindre que le terme marque +, est moindre que le terme marque —

TABLES DES MATIÈRES ET DES AUTEURS CITÉS

DANS LE SUPPLÉMENT AUX TOMES I-IV.

INDEX DES MATIÈRES.

([1]) Il apparaît d'une lettre de Bouchard, écrite de Rome, le 18 juin 1633, aux frères Dupuy, que déjà alors il avait reçu des réflexions sur la doctrine de Galilée sur le flux et reflux de la mer, énoncée dans le *Dialogo* de 1632, de la part de « certains maistres de vostre Académie ». Et bientôt après, il reçut de la part des mêmes savants de nouvelles communications, dont il fit part à Galilée dans une lettre du 5 septembre 1633 (*Le Opere di Galileo Galilei*, ed. naz., vol. XV, 1904, p. 159, 251-252).

INDEX DES NOMS (1).

(1) On a négligé les renseignements biographiques pour les auteurs cités et biographiés déjà dans l'*Index*, à la fin du Tome IV.

ADDENDA CORRIGENDA.

Page 15, ligne 4, *au lieu de* destiné pour Carcavi seul, *lire :* adressé à Carcavi.

Page 18, ligne 8, » multitudinis, *lire :* multitudine.

Page 19, ligne 4, » tota, *lire :* toto.

Page 20, dans la figure 6 abaisser CE perpendiculaire à AB.

Page 46, ligne 6, *à lire :* SUR LA SPIRALE ET LA CHUTE DES GRAVES.

Page 87 : Ainsi le ms. de Groningue (folio 13 verso-15 verso) que celui de Florence (folio 99 verso-103 verso) comprend une longue lettre de Roberval à Mersenne du 6 janvier 1637, dans laquelle il donne la construction de la courbe et annonce d'en avoir trouvé de diverses propriétés. Probablement cette lettre de Roberval fut envoyée par Mersenne à Fermat au cours de l'année 1637; en marge de la copie dans le ms. de Florence, il y a écrit : *Deleatur et ipsa epistola.* La lettre est publiée dans le *Bulletin des Sc. math.*, Série II, t. XLV, 1921.

Page 112, ligne 4 en montant, *au lieu de* nela, *lire :* ne la.

Page 120 : Le R. P. H. Bosmans S. J. a consacré à cette lettre une Note très intéressante dans les *Annales de la Société scientifique de Bruxelles*, *Session du 27 janvier* 1921, *Première section*, p. 135-141.

Page 158 : Un autre exemplaire, conservé à la Bibliothèque nationale à Paris, est signalé par M. Pierre Boutroux (*Bull. des Sc. math.*, Série II, t. XLV, août 1921, p. 219).

62764 Paris. — Imprimerie GAUTHIER-VILLARS et Cie, quai des Grands-Augustins, 55.

ECCE · LABORA
CONTRISTARI
ET · NOLI ·

www.ingramcontent.com/pod-product-compliance
Lightning Source LLC
LaVergne TN
LVHW010600110826
845149LV00003B/717

* 9 7 8 1 4 1 8 1 8 0 9 8 0 *